# LAJOS PORTISCH

## Portrait eines Schachspielers
## mit 114 Partien

D1728447

# Egon Varnusz

# Lajos Portisch

Portrait eines Schachspielers
mit 114 Partien

Verlag Harri Deutsch
Frankfurt/Main – Thun

CIP–Titelaufnahme der Deutschen Bibliothek
**Varnusz, Egon:**
Lajos Portisch: Portrait eines Schachspielers mit 114 Partien/
Egon Varnusz. [Übers. von Béla Tomor]. – Frankfurt/M.; Thun:
Deutsch, 1990
Einheitssacht.: Lajos Portisch «dt.»
ISBN 3–8171–1101–0

© Egon Varnusz, 1990
Übersetzt von Béla Tomor
Einbandentwurf von Mariann Gelányi
Printed in Hungary 1990
Druckerei Franklin, Budapest
ISBN 3–8171–1101–0
Gemeinschaftsausgabe des Verlages Harri Deutsch, Frankfurt/M. - Thun,
mit Corvina Kiadó, Budapest

„Von den jetzt aktiven Großmeistern –
abgesehen vielleicht von Fischer – gefällt
mir der Stil des ungarischen Großmeisters
Lajos Portisch am besten. Sein Spiel ist von
einer Art dauerhafter Initiative gekenn-
zeichnet, die weder mit Tollkühnheit noch
mit Ängstlichkeit verwechselt werden darf,
und das macht seine Partien stets aufre-
gend.“

*(Harry Golombek)*

# VORWORT

Einige wichtige Daten über Lajos Portisch.
Geboren 1937, Ungar, Internationaler Großmeister, achtmaliger Weltmeisterkandidat. Seine höchste bisherige Wertzahl beträgt 2655, seine beste Plazierung in der Elo-Liste ist der 2–3. Rang.

*

Der Leser hält die Partiensammlung eines der besten Schachspieler unserer Zeit in der Hand. Lajos Portisch steht seit zwei Jahrzehnten in der vordersten Reihe der Weltschachs. Er war Sieger zahlloser „Superturniere", etliche Male ließ er auch den Weltmeister hinter sich.
Der ungarische Champion ist – seit der Einführung der internationalen Weltrangliste – Mitglied des Klubs der Großmeister mit über 2600 Elo-Punkten. Seit den siebziger Jahren belegte er im allgemeinen den 3. – 4. Platz dieser Liste, er teilte sogar 1981 hinter Karpow mit Kortschnoi den zweiten Rang.
Über ihn spricht vielleicht noch mehr sein eigenartiger Rekord: Seit 1964 qualifizierte er sich von neun Vorkämpfen achtmal für das Kandidatenturnier. Seit 1956 ist er Mitglied der ungarischen Olympiamannschaft, seit 1962 spielt er am ersten Brett. Neben seinen zahlreichen Silber- und Bronzemedaillen hatte er auch einen entscheidenden Anteil am Olympiasieg in Buenos Aires 1978.
Die großen Schachtalente zeichnen sich im allgemeinen durch einen wilden Angriffsstil in ihrer Jugendzeit aus und eignen sich erst später eine positionelle Kampfweise an. Bei Portisch geschah es umgekehrt. Schon als Junge war er ein phänomenaler Positionsspieler, kombinatorischen Verwicklungen jedoch vorerst noch abgeneigt. Der Jungmeister erhielt 1956 folgende Kritik: „In verwickelten positionellen Mittelspielstellungen fühlt sich Portisch wohl wie ein Fisch im Wasser. Er denkt in phantastischen äußerst schwierigen Stellungen sehr tief und findet den richtigen Plan sicher und ohne Mühe."
(Béla Zsedényi Berger)
Aus der Schachgeschichte ist bekannt, daß sich viele Spieler an einen gewissen Stil übermäßig gewöhnt haben. Gedacht ist an Flohr oder Reshevsky. Hier muß man aber auf zwei wichtige Eigenschaften von Portisch hinweisen: seine gründliche Selbstkritik und seine außerordentliche Programmierkunst.

Er erkannte die Einseitigkeit seines Stils und lenkte sein Spiel bewußt in eine kombinatorische Richtung. Das ist auch der Grund dafür, daß in der vorliegenden Partienauswahl die scharfen Angriffe, die brillianten Kombinationen nicht in den Jugendpartien, sondern in den Werken des gestandenen Großmeisters zu finden sind.

Was ist bezeichnend für den Stil von Portisch?

Der ungarische Landesmeister eröffnet meistens mit 1. d4. Mit beiden Farben spielt er fast ausschließlich Hauptvarianten. Diese studiert er zuvor mit großer Sorgfalt. Deshalb kennt er sie ausführlich. Ein Abenteurertum jeder Art liegt ihm fern. Sein Stil ist korrekt, er stellt nie eine Falle. Gleichgültig, ob sein Gegner schwach ist oder stark, Portisch sucht immer nach dem besten Plan, dem stärksten Zug in der gegebenen Stellung. In seinem Spiel stehen Strategie und Taktik in ästhetischem Einklang. Kurzgefaßt: Er ist einer der größten Klassiker der Schachgeschichte.

Und noch etwas Interessantes. Es gab große Schachspieler, die schon in ihrer Jugendzeit das Maximum ihrer Möglichkeiten erreicht hatten, doch so schnell wie sie emporgekommen waren, ebenso schnell verschwanden sie auch. Sie glichen nicht Fixsternen, welche jahrzehntelang Licht verbreiten. Portisch ist einer, der stufenweise, langsam das reife Stadium erreicht und lange Zeit in voller Blüte steht.

Was können wir von ihm lernen?

Zuerst die Eröffnungsbehandlung durch das Studieren dieser Partiensammlung. Es wäre weitgefehlt zu meinen, daß man die Eröffnung aus den heutigen Büchern, die eher Logarithmentafeln ähneln, am besten erlernen könne. Die beste Methode des Eröffnungsstudiums ist das Studieren von Partiensammlungen, welche ausführlich analysierte Partien enthalten. Daraus erwächst das Verständnis für die Zusammenhänge zwischen Eröffnung, Mittelspiel und Endspiel. Man kann sich mit den wichtigen typischen Stellungen vertraut machen.

Hinzu kommt die Beschäftigung mit der Strategie, da diese Partien vielfach auf dem gleichen Niveau wie die von Rubinstein und Capablanca stehen.

Ferner kann man auch Taktik, Technik, Abwicklung, Endspiel, also alles, was zum Spiel eines Großmeisters gehört, studieren.

Freilich kann man aus diesem Buch nicht nur lernen; diese Sammlung bereitet auch denen Spaß, die nur zur Unterhaltung zu ihr greifen.

So oder so werden alle, die in diesem Buch blättern, unser uraltes Spiel unter der Führung von Portisch immer besser kennenlernen.

*Egon Varnusz*

# DIE WICHTIGSTEN ERGEBNISSE VON PORTISCH

| TURNIERE | Jahr | Platz |
|---|---|---|
| Vorfinale zur ungarischen Meisterschaft | 1952 | 1 |
| Halbfinale zur ungarischen Meisterschaft | 1952 | 11–12 |
| Meisterturnier, Sztálinváros | 1952 | 13–15 |
| Vorfinale zur ungarischen Meisterschaft | 1953 | 3 |
| Halbfinale zur ungarischen Meisterschaft | 1953 | 8–11 |
| Vorfinale zur ungarischen Meisterschaft | 1954 | 7–9 |
| Meisterturnier, Keszthely | 1954 | 1 |
| Jugendweltmeisterschaft, Antwerpen | 1955 | 4 |
| Halbfinale zur ungarischen Meisterschaft | 1955 | 1 |
| Meisterturnier, Budapest (Sportklub „Vörös Lobogó") | 1955 | 4–6 |
| Ungarische Meisterschaft | 1955 | 10–11 |
| Meisterturnier, Budapest (Aljechin-Gedenkturnier) | 1956 | 1–2 |
| Meisterturnier, Budapest (Sportklub „Szikra") | 1956 | 1–2 |
| Meisterturnier (zur Aufstellung der ungarischen Auswahl), Budapest | 1956 | 1–2 |
| Ungarische Meisterschaft | 1957 | 5–6 |
| Halbfinale zur ungarischen Meisterschaft | 1957 | 1 |
| Ploieşti | 1957 | 6 |
| Ungarische Meisterschaft | 1958 | 1 |
| Balatonfüred* | 1958 | 1 |
| Ungarische Meisterschaft** | 1958 | 1–3 |
| Hastings | 1958/59 | 2 |
| Dreikampf um die ungarische Meisterschaft | 1959 | 1 |
| Moskau | 1959 | 4–6 |
| Balatonfüred | 1959 | 3–5 |
| Ungarische Meisterschaft | 1959 | 1–3 |
| Dreikampf um die ungarische Meisterschaft | 1960 | 3 |
| Zonenturnier, Madrid | 1960 | 1–4 |

\* Internationales Turnier. Von dieser Zeit an nimmt Portisch – mit Ausnahme der ungarischen Meisterschaft – ausschließlich an internationalen Turnier teil.
\*\* Die ungarische Meisterschaft des Jahres 1957 zog sich bis 1958 hin, so wurden 1958 zwei Landesmeisterschaften ausgetragen.

| | | |
|---|---|---|
| San Benedetto del Tronto | 1960 | 1 |
| Viererturnier um den Einzug ins Interzonenturnier, Madrid | 1960 | 2–3 |
| Ungarische Meisterschaft | 1961 | 1–2 |
| Maróczy-Gedenkturnier, Budapest | 1961 | 4–7 |
| Bled | 1961 | 15–16 |
| Malaga | 1961 | 8–9 |
| Moskau | 1961 | 5–7 |
| Interzonenturnier, Stockholm | 1962 | 9–10 |
| Sarajevo | 1962 | 1–2 |
| Ungarische Meisterschaft | 1962 | 1–2 |
| Kecskemét | 1962 | 2–3 |
| Ungarische Meisterschaft | 1963 | 4 |
| Sarajevo | 1963 | 1 |
| Zonenturnier, Halle | 1963 | 1 |
| IBM-Turnier, Amsterdam | 1963 | 1 |
| Beverwijk | 1963 | 3 |
| Torremolinos | 1964 | 2–3 |
| Ungarische Meisterschaft | 1964 | 1 |
| Interzonenturnier, Amsterdam | 1964 | 8–9 |
| Havanna | 1964 | 5 |
| Beverwijk | 1964 | 1–2 |
| Zagreb | 1965 | 4–5 |
| Jerewan | 1965 | 5 |
| Ungarische Meisterschaft | 1965 | 1 |
| Mar del Plata | 1966 | 3 |
| Kecskemét | 1966 | 1–2 |
| Santa Monica | 1966 | 4–5 |
| Palma de Mallorca | 1966 | 3 |
| Zonenturnier, Halle | 1967 | 1 |
| Amsterdam | 1967 | 1 |
| Moskau | 1967 | 6–8 |
| Interzonenturnier, Sousse | 1967 | 5 |
| Palma de Mallorca | 1967 | 4 |
| Wijk aan Zee | 1968 | 2–4 |
| Monte Carlo | 1968 | 6–8 |
| Skopje-Ohrid | 1968 | 1 |
| Ungarische Meisterschaft | 1968 | 2 |
| Wijk aan Zee | 1969 | 3–4 |
| Monte Carlo | 1969 | 1–2 |
| IBM-Turnier, Amsterdam | 1969 | 1 |
| Zonenturnier, Raach | 1969 | 2–5 |

| | | |
|---|---|---|
| Hastings | 1969/70 | 1 |
| Budapest | 1970 | 5–7 |
| Stichkampfturnier um den Einzug ins Interzonenturnier, Prag | 1970 | 1 |
| Interzonenturnier, Palma de Mallorca | 1970 | 7–8 |
| Adelaide | 1970/71 | 1 |
| Hastings | 1970 | 1 |
| IBM-Turnier, Amsterdam | 1971 | 2–4 |
| Vrsac | 1971 | 2 |
| Ungarische Meisterschaft | 1971 | 1 |
| Palma de Mallorca | 1971 | 3–4 |
| Wijk aan Zee | 1972 | 1 |
| Teesside | 1972 | 3 |
| Las Palmas | 1972 | 1 |
| San Antonio | 1972 | 1–3 |
| Portorož | 1973 | 1 |
| Interzonenturnier, Petropolis | 1973 | 2–4 |
| Dreikampf um den Einzug ins Kandidatenturnier, Portorož | 1973 | 1 |
| Madrid | 1973 | 6–7 |
| Manila | 1974 | 11–12 |
| Wijk aan Zee | 1975 | 1 |
| Budapest | 1975 | 4–5 |
| Portorož-Ljubljana | 1975 | 6–7 |
| Mailand | 1975 | 1 |
| Ungarische Meisterschaft | 1975 | 1 |
| Las Palmas | 1976 | 5–7 |
| Interzonenturnier, Biel | 1976 | 2–4 |
| Dreikampf um den Einzug ins Kandidatenturnier, Varese | 1976 | 2 |
| Wijk aan Zee | 1978 | 1 |
| Bugojno | 1978 | 11–12 |
| Lone Pine (Schweizer System, bei 68 Teilnehmern) | 1978 | 3–5 |
| Nikšić | 1978 | 4–5 |
| Tilburg | 1978 | 1 |
| Montreal | 1979 | 3 |
| Interzonenturnier, Rio de Janeiro | 1979 | 1–3 |
| Tilburg | 1979 | 3 |
| Tilburg | 1980 | 2 |
| Linares | 1981 | 7 |
| Kombinierter Mannschaftskampf, Mar del Plata | 1981 | 4 |
| Moskau | 1981 | 5–6 |
| Amsterdam | 1981 | 2–3 |

| | | |
|---|---|---|
| Ungarische Supermeisterschaft | 1981 | 1–2 |
| Tilburg | 1981 | 3–4 |
| Mar del Plata | 1982 | 2 |
| London | 1982 | 4–7 |
| Turin | 1982 | 3–4 |
| Interzonenturnier, Toluca | 1982 | 1–2 |
| Tilburg | 1982 | 7–9 |
| Nikšić | 1983 | 3–4 |
| Tilburg | 1983 | 2–3 |
| Indonesien | 1983 | 2 |
| Ungarische Supermeisterschaft | 1984 | 2–4 |
| New York (Schweizer System, bei 61 Teilnehmern) | 1984 | 2–6 |
| Amsterdam (Schweizer System, bei 23 Teilnehmern) | 1984 | 2 |
| Tilburg | 1984 | 7–8 |
| Reggio Emilia | 1984/5 | 1 |
| Wijk aan Zee | 1985 | 5 |
| Linares | 1985 | 3–4 |
| Interzonenturnier, Tunis | 1985 | 3 |
| Portorož-Ljubljana | 1985 | 1–3 |
| Kandidatenturnier, Montpellier | 1985 | 10–12 |
| Reggio Emilia | 1985 | 4 |
| London | 1986 | 6–8 |
| Bugojno | 1986 | 4–6 |
| Tilburg | 1986 | 4–6 |
| Brüssel | 1986 | 6 |
| Reggio Emilia | 1986/7 | 6–9 |
| Reykjavík | 1987 | 4–5 |
| New York (Schweizer System, bei 88 Teilnehmern) | 1987 | 15–28 |
| Interzonenturnier, Szirák | 1987 | 3–4 |
| Reggio Emilia | 1987/8 | 4–6 |

## WETTKÄMPFE

| Gegner | Jahr | Resultat |
|---|---|---|
| Szabó (um die ungarische Meisterschaft) | 1961 | 2 1/2:1/2 |
| Uhlmann (Zweikampf um den Reserveplatz für die Kandidatenwettkämpfen) | 1962 | 2:2 |
| Lengyel (um die ungarische Meisterschaft) | 1962 | 3 1/2:1 1/2 |

12

| | | |
|---|---|---|
| Reshevsky (Zweikampf um die Zulassung zu den Kandidatenwettkämpfen) | 1964 | 2 1/2:1 1/2 |
| Tal (Kandidatenwettkampf) | 1965 | 2 1/2:5 1/2 |
| Larsen (Kandidatenwettkampf) | 1968 | 4 1/2:5 1/2 |
| Kortschnoi (Sowjetunion–Weltauswahl, 3. Brett) | 1970 | 2 1/2:1 1/2 |
| Smyslow (Zweikampf um den Reserveplatz für die Kandidatenwettkämpfe) | 1971 | 3:3 |
| Petrosjan (Kandidatenwettkampf) | 1974 | 6:7 |
| Ljubojević (Mailand) | 1975 | 2 1/2:1 1/2 |
| Karpow (Mailand) | 1975 | 2 1/2:3 1/2 |
| Larsen (Kandidatenwettkampf) | 1977 | 6 1/2:3 1/2 |
| Spasski (Kandidatenwettkampf) | 1977 | 6 1/2:8 1/2 |
| Spasski (Kandidatenwettkampf) | 1980 | 7:7 |
| Hübner (Kandidatenwettkampf) | 1980 | 4 1/2:6 1/2 |
| Kortschnoi (Kandidatenwettkampf) | 1983 | 3:6 |
| Timman (Trainingswettkampf) | 1984 | 2 1/2:3 1/2 |
| Nunn (Zweikampf um die Zulassung zu den Kandidatenwettkämpfen) | 1987 | 4:2 |
| Waganjan (Kandidatenwettkampf) | 1988 | 3 1/2:2 1/2 |
| Timman (Kandidatenwettkampf) | 1989 | 2 1/2:3 1/2 |

# DER ANFÄNGER. DER JUNGMEISTER. BESTER IN UNGARN 1937–1959

Lajos Portisch wurde am 4. April 1937 in Zalaegerszeg, einer kleinen Stadt in der Nähe der österreichischen Grenze, geboren.

Der kleine Lajos war ein ausgezeichneter Schüler der dortigen Schule. Mit zwölf Jahren begann er, Schach zu spielen. Das scheint nur auf den ersten Blick früh zu sein, da Spasski bereits mit fünf und Fischer mit sieben Jahren das Schachspiel erlernt haben. Portisch selbst hat sich später darüber beklagt, daß es vieljähriger, harter Arbeit bedurfte, um den Nachteil des verspäteten Erlernens gegenüber seinen Konkurrenten ausgleichen zu können.

In der Zeit von 1949 bis 1952 entwickelt er sich zum besten Schachspieler seiner Geburtsstadt. An einem Landesturnier beteiligt er sich zum ersten Male im Jahre 1952. Seine Resultate verbessern sich gleichmäßig. 1954 erfüllt er schon die ungarische Meisternorm. Angesichts dieser Erfolge wird er 1955 vom Ungarischen Schachverband für die Jugendweltmeisterschaft in Antwerpen nominiert, wo er sich gut behauptet. (Er belegt den 4. Platz hinter Spasski, Mednis und Farré.)

1955 beendet er seine Ausbildung an der Mittelschule, siedelt nach Budapest über und widmet seine ganze Kraft dem Schachspiel. Die Wirkung zeigt sich bald an seinen Turniererfolgen. 1956 bleibt er Sieger in mehreren stark besetzten Turnieren, allein oder in totem Rennen. Da an diesen Turnieren – mit Ausnahme des Spitzenreiters László Szabó – alle hervorragenden ungarischen Schachspieler (so auch der mehrmalige Landesmeister Barcza und der spätere Weltmeisterkandidat Benkő) teilnahmen, kann festgestellt werden, daß Portisch bereits damals zu den Besten des Landes gehört. Die Kritiker halten ihn für den Mann der Zukunft, beanstanden aber im allgemeinen seinen überwiegend positionellen Stil.

Auf der Moskauer Olympiade 1956 ist Portisch schon Mitglied der ungarischen Olympiamannschaft und trägt mit seinem vorzüglichen Spiel zur Erringung des 2–3. Platzes bei. Im Jahre 1957 tippen schon viele darauf, daß Portisch in Abwesenheit von Szabó die Landesmeisterschaft erringt. Das gelingt ihm aber erst 1958 zum ersten Mal, als Szabó wiederum abwesend war.

1958 erringt er seinen ersten internationalen Erfolg, als er beim Turnier in Balatonfüred, vor Tolusch, Bilek, Szabó usw. auf dem ersten Platz landet.

Ende 1958 wird noch eine ungarische Meisterschaft veranstaltet, wo Portisch Szabó begegnet. Die Landesmeisterschaft endet mit dem Sieg von drei Spielern: Portisch und die beiden ewigen Rivalen der vorigen Generation, Szabó und Barcza. Danach schrieb der Schachverband für sie einen Stichkampf aus, den Portisch sicher gewann. Ungefähr von diesem Moment an wird Portisch für den besten Schachspieler Ungarns gehalten (er war neunmal ungarischer Landesmeister), trotzdem er sich im darauf folgenden Jahr, als sich das tote Rennen wiederholte, im Stichkampf mit dem letzten Rang begnügen mußte. Dieser Fall kann aber ruhig als ein Intermezzo angesehen werden, da Portisch in der Zeit zwischen den beiden Meisterschaften immer bessere internationale Erfolge erzielte.

## DAMENGAMBIT

### 1.

### Portisch–Honfi
### Budapest 1956

1. d4 d5 2. c4 e6 3. Sc3 c5 (Eine von Tarrasch herrührende Fortsetzung, die auch heute noch beliebt ist. Für den isolierten Bauern, den Schwarz dabei eventuell in Kauf nehmen muß, hofft er, gutes Figurenspiel zu bekommen.) 4. c×d5 (Diese Variante haben Schlechter und Rubinstein ausgearbeitet; sie wird gegenwärtig für die beste Methode gehalten. Nach 4. – e×d5 nimmt Weiß mit 5. Sf3 nebst 6. g3 und 7. Lg2 den Bauern d5 aufs Korn.) 4. – c×d4?! 5. Da4+ Ld7 6. D×d4 e×d57. D×d5 Sc6 8. Sf3 Sf6 9. Dd1 (Man kann sich leicht davon überzeugen, daß die Dame kein besseres Feld findet.) 9. – Lc5! (Verhindert die ideale Aufstellung g2–g3 nebst Lg2, da 10. g3 mit 10. – Db6! beantwortet wird, wonach Schwarz

ausreichenden Ersatz für den geopferten Bauern besitzt.) 10. e3 De7 11. Le2 0-0-0 12. 0-0 g5?! (Ein weiteres Opferangebot, das jedoch im Hinblick auf die sich dabei öffnende g-Linie nicht ohne Bedenken angenommen werden kann. Im Augenblick droht g5–g4 mit Angriff oder fortdauernder Einschnürung. Deshalb muß Weiß sehr energisch auftreten, um nicht in Nachteil zu geraten ) 13. b4! (Dem schwarzen Bauernvorstoß stemmt sich Weiß mit einem Gegenangriff entgegen. Er verfolgt damit den gleichen Zweck wie sein Gegner, nämlich Linienöffnung, die gegen den feindlichen König gerichtet ist. In einer Wettkampfpartie Polugajewski–A. Saizew, Sowjetunion 1969, geschah 13. Sd4 g4?!, und jetzt hätte Weiß laut Petrosjan durch 14. Lb5! in Vorteil kommen können. Deshalb hat der Exweltmeister 13. – De5! als Verbesserung vorgeschlagen.) 13. – L×b4 14. Db3!? In der erwähnten Partie ergab (mit Zugumstellung) 14. Lb2 g4 15. Sd4 h5 16.

Scb5!? Kb8 17. Da4 a6 18. S×c6+ L×c6 19. L×f6! D×f6? 20. D×b4 klaren Vorteil für Weiß, aber mit 19. – De4! hätte der Nachziehende große Verwicklungen heraufbeschwören können.
14. – g4 15. Sd4 S×d4 16. e×d4 Le6 17. Db2 L×c3? (In der irrtümlichen Meinung, das Feld d5 für den Springer erobern zu können, begeht Schwarz einen entscheidenden Fehler. Besser war nach Portisch 17. – Sd5, obwohl 18. S×d5! T×d5 19. Lf4! oder 18. – L×d5 19. Lf4! De4?! 20. Tac1+ Lc6 21. L×g4+! f5 22. Lf3 gleichfalls vorteilhaft für Weiß verläuft.)
18. D×c3+ Kb8 19. Dg3+! Ka8 20. Lg5! (Schwarz übersah bei seinem 17. Zug diese Fesselung. Nun droht 21. De5 oder 21. Dh4. Das Zwischenschach 19. Dg3+ war nötig, um dem Ausfall Se4! vorzubeugen.) 20. – h6 21. Lh4 Td5 (Schwarz hat keinen besseren Zug.) 22. Lc4 Tf5 (22. – Th5 23. d5! L×d5 24. Tfe1 Le6 25. Te5!, und Weiß gewinnt.) 23. d5! (Dieses überraschende Bauernopfer legt die Diagonale a1-h8 frei.) 23. – L×d5 24. Tfe1! Le6 (Wiederum erzwungen.

Die Dame konnte wegen 25. Tad1 nicht auf die d-Linie ausweichen, während auf 24. – Dc5 die Fortsetzung 25. Ld3 Sh5 26. D×g4 entschieden hätte.)
25. Dc3!!
Die Pointe des Bauernopfers, nach dem nun 26. Ld3 droht. Schwarz geht jetzt an der Schwäche der großen Diagonale zugrunde.
25. – Tc8?!
Verliert sofort, aber der Nachziehende befand sich jedenfalls in keiner beneidenswerten Lage.
Portisch gibt folgende Varianten an: a) 25. – Te8! 26. Ld3 Sd5 27. L×e7 S×c3 28. L×f5, und Weiß kann die Qualität angesichts der gegnerischen Bauernschwächen am Königsflügel mühelos zur Geltung bringen; b) 25. – Dc5 26. L×f6 D×f2+ 27. Kh1 Tc8 28. L×e6! T×c3 29. L×f5 mit entscheidendem Übergewicht; c) 25. – g3 26. h×g3 Dc5 27. L×f6! D×f2+ 28. Kh1 L×c4 29. Lh4 Tc8 30. D×c4! bzw. 28. – Tc8 29. L×e6 T×c3 30. L×f5 D×f5 31. Te8+ Tc8 32. T×c8+ D×c8 33. Td1 mit Gewinn.
26. L×e6! (Ein Scheinopfer. Infolge der Schwäche der Grundreihe gerät Schwarz in entscheidenden materiellen Nachteil.) 26. – T×c3 27. L×f5 Schwarz gab auf. Nach 28. L×f6 ist sein Turm nicht mehr zu decken.

# DAMENGAMBIT

## 2.

**Portisch–Forintos**
**Ungarische Meisterschaft**
**Budapest 1958**

**1. d4 d5 2. c4 c6 3. Sf3 Sf6 4. Sc3 d×c4 5. e3!?** Diese Variante des Slawischen Damengambits war in den dreißiger Jahren populär. Seit der Partie Reshevsky–Smyslow (Radiowettkampf Sowjetunion – USA 1945) ist sie aber aus der Mode gekommen. Heute wird fast ausschließlich 5. a4 gespielt.

**5. – b5 6. a4 Sd5?**
Der richtige Zug ist 6. – b4!, worauf Weiß sein strategisches Ziel – die Eroberung des Feldes c4 – wegen der erforderlichen Umgruppierung seiner Figuren nur unter Zeitverlust anstreben kann. Inzwischen vermag sich Schwarz jedoch bequem zu entwickeln. In der erwähnten Partie folgte darauf 7. Sa2 e6 8. L×c4 Lb7! 9. 0–0 Le7 10. De2 0–0 11. Td1 a5! 12. Ld2 Sbd7 13. Sc1 Db6 14. Sb3 c5 15. Le1 Tfd8 mit ausgeglichener Stellung, die beiden Seiten Chancen bietet. Etwas besser scheint 7. Sb1 La6 8. Dc2 e6 9. L×c4 L×c4 10. D×c4 Dd5 11. Sbd2 ∞ zu sein. Es ist nicht bekannt, welche Verbesserung Portisch, der sich bereits in seiner Jugendzeit sorgfältig auf jede Partie vorzubereiten pflegte, in Reserve hielt.
Der Textzug wird von der Theorie jedenfalls als unbefriedigend angesehen, woran auch die vorliegende Partie nichts ändert.

**7. a×b5 S×c3 8. b×c3 c×b5 9. Se5 Lb7** (Es drohte 10. Df3, und – 9. Dd5? taugte wegen 10. Le2! nichts.)

**10. Tb1 a6** (Schwarz kann den Mehrbauern ohnehin nicht behaupten: 10. – Dd5 11. f3 f5 12. Dc2 e6 13. Db2 +–, Rubinstein – Alapin, Piestany 1912).

**11. L×c4 e6 12. 0–0!**
Hier bieten sich zwar einige kombinatorische Wendungen an, aber keine davon wäre empfehlenswert, z.B. 12. L×e6? f×e6 13. Dh5+ g6 14. S×g6 h×g6 15. D×h8 L×g2 16. Tg1 Le4 oder 12. S×f7? K×f7 13. Dh5+ g6 14. De5 Df6! 15. L×e6+ D×e6 16. D×h8 L×g2 usw., in beiden Fällen mit Vorteil für Schwarz.

**12. – Sd7?!** (Besser scheint 12. – Ld6 nebst 13. – 0–0 zu sein.)

**13. T×b5!**

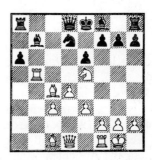

Die Schwierigkeit dieses Opfers besteht darin, daß Weiß die Folgen des schwarzen Gegenspiels genau berechnen mußte.

**13. – a×b5 14. L×b5 Ld6** (14. –

Lc8 15. Df3 f6 16. D×a8 f×e5 17. d×e5 +−, Portisch)
**15. L×d7+ Ke7** (Nach 15. − Kf8 stände der schwarze König zwar ungefährdeter, aber die Entwicklung wäre erschwert, zumal sich die Türme nicht leicht verbinden ließen. Portisch gibt hierzu folgende Varianten an: 16. c4 Dc7 17. Lb5 L×e5 18. d×e5 19. Dd7! mit großem Vorteil bzw. 16. − f6? 17. f4! usw. Meister Ferenc Portisch, der Fachlektor dieses Buches, ergänzt die letzten Züge noch wie folgt: 17. f4! f×e5 18. f×e5+ Ke7 19. e×d6+ K×d7 20. Tf7+ Kc8 21. Tc7+ Kb8 22. Db3 Ta7 23. c5 Ka8 24. Db6 Db8 25. d7! +− oder 24. − Dh4 25. h3 De1+ 26. Kh2 D×c1 27. c6 +−.) **16. Sc6+ L×c6 17. L×c6 Tc8**
Hier und im folgenden hatte Schwarz die Möglichkeit, mit L×h2+ Gegenspiel zu suchen, aber angesichts des in der Brettmitte steckengebliebenen schwarzen Königs schlagen alle Versuche zugunsten von Weiß aus. Nach Portisch war sofort 17. − L×h2+ verhältnismäßig am besten: 18. Kh1! Tc8 19. d5 e×d5 20. L×d5 Ld6. Nach 21. c4, gefolgt von f4 und e4, hätte Schwarz indes Mühe gehabt, sich zu behaupten.
**18. d5! e×d5 19. L×d5 T×c3 20. Lb2 Tc5 21. e4!** (Weiß läßt sich gern auf die Absichten seines Gegners ein, da er für die Qualität einen mehr als ausreichenden positionellen Ersatz behält.) **21. − L×h2+ 22. Kh1 Db6 23. Dd4! Tb5**
Auf die ursprünglich geplante Falle

23. − Dh6 (24. D×c5+?? Ld6+!) würde Weiß durch 24. D×g7! D×g7 25. L×g7 Tg8 26. Ld4 die Qualität zurückerobern und einen Mehrbauern behalten. Trotz der ungleichfarbigen Läufer wäre der Sieg dann nur noch eine Frage der Zeit.
**24. D×g7!**
In beiderseitiger Zeitnot läßt sich Portisch nicht überlisten.

Tatsächlich ergäbe 24. K×h2 T×b2 25. D×g7 T×f2! 26. T×f2 D×f2 27. D×h8 nur Remis, während Weiß nach der verführerischen Fortsetzung 24. La3+ Ld6 25. De5+ Kd7 26. Df5+ Kd8 27. Tc1? durch 27. − Tb1! 28. Dc8+ Ke7 29. D×h8 T×c1+ 30. L×c1 D×f2 sogar matt gesetzt werden würde!
**24. − T×b2 25. D×f7+! Kd8 26. K×h2 Dd6+?!**
(Es heißt das Schicksal herauszufordern, angesichts einer derart gefährdeten Königsstellung auf den Damentausch zu verzichten. Allerdings wäre Schwarz auch nach 26. − Dc7+ verloren.) **27. Kg1 De7 28. Dh5** (Selbstverständlich weicht Weiß dem Abtausch aus, um schneller ans Ziel zu gelangen.) **28. − Tf8**

29. Ta1 Tb8 30. Lc6! Df7 31. Td1+ Kc7 32. De5+! (Das ist noch überzeugender als die prosaische Abwicklung 32. Td7+. Durch das Läuferopfer wird die Stellung endgültig geöffnet, so daß Schwarz nicht imstande ist, das Matt oder einen entscheidenden Materialverlust abzuwehren.) **36. – K×c6 33. Tc1+ Kb7 34. Db5+ Ka8 35. Ta1+ Da7 36. Dd5+ Tb7 37. T×a7+ K×a7 38. Dc5+ Ka6 39. D×f8** Schwarz gab auf.

## RÉTI-ERÖFFNUNG

### 3.

**Lengyel–Portisch**
**Ungarische Meisterschaft**
**Budapest 1958**

**1. Sf3 Sf6 2. c4 e6 3. g3 d5 4. b3 d4!?** (Das Überschreiten der Mittellinie ist in diesem frühen Partiestadium ein riskanter Entschluß. Schwarz beabsichtig zwar, die Diagonale des weißen Läufers b2 zu verstellen, nimmt dabei aber in Kauf, daß sich die Reichweite des Läufers g2 verlängert und der vorgestoßene Bauer dem Gegner später als Zielscheibe dienen kann.) **5. d3** (Hier, aber auch noch in den folgenden Zügen, kam e2–e3 mit Übergang in die Benoni-Verteidigung stark in Betracht, zumal Weiß auf ein Mehrtempo pochen kann.) **5. – Sc6!?** (Schwarz strebt nach schnellem Figurenspiel. 5. – c5 schützt den Bauern d4 nur scheinbar zuverlässiger, denn gelingt es Weiß, den Flankenstoß b3–b4 zu verwirklichen, gerät die schwarze Bauernphalanx ins Wanken.) **6. Lg2 Le7 7. 0–0 0–0 8. Sa3** (Weiß beabsichtigt, mittels Tb1, Sc2, a3 und b3–b4–b5 d. h. mit dem für derartige Stellungen charakteristischen Aufbau – die Initiative am Damenflügel zu ergreifen.) **8. – e5 9. Sc2 Te8** (Sichert vorsorglich den Bauern e5 gegen den drohenden Vormarsch b3–b4–b5 und bereitet gegebenenfalls den Vorstoß e5–e4 vor.) **10. a3 a5 11. Tb1** (Noch immer kam 11. e3 in Betracht, doch Weiß glaubte, angesichts der Drohung b4–b5 besser zu stehen.)

**11. – Tb8!**
Unter den obwaltenden Umständen ist das ein ungewöhnlicher Zug. Sein Zweck besteht darin, das gegnerische Spiel am Damenflügel zu hemmen. Beispielsweise ergibt nach 12. b4 a×b4 13. a×b4 b5! sowohl 14. c5 Sd5 15. Ld2 als auch 14. c×b5 T×b5 15. Ld2, wonach übrigens 16. Sa3 nebst Da4 droht, nur eine etwa gleiche Chance. Die folgende gekünstelte Fortsetzung erlaubt es Schwarz indes, allmählich die Initiative zu übernehmen.

**12. Sg5? h6 13. Sh3** (Weiß überschätzt den Nutzen des Vorstoßes f2–f4. Deshalb war 13. Se4 in Erwägung zu ziehen.) **13. – Lf5** (Nun droht 14. – Dd7, und zugleich wird e5–e4 vorbereitet. **14. f4 e4 15. Sf2!** (Soll den Gegner zu 15. – e3 ver-

19

leiten, worauf 16. Se4! mit gutem Spiel für Weiß folgen könnte. Dagegen hätte 15. d×e4? nur die Schwächen der weißen Stellung bloßgelegt.) 15. – Lf8 16. g4 (Gegen die Drohung 16. – e3 gibt es nichts Besseres, denn der Abtausch auf e4 hätte die weiße Königsstellung ebenfalls geschwächt.) 16. – S×g4 17. S×g4 (Auf e4 durfte Weiß nicht schlagen, denn bei 17. L×e4 oder 17. d×e4 hätte er durch 17. S×f2! einen Bauern eingebüßt, während sich 17. S×e4 wegen 17. – L×e4! 18. d×e4 – 18. L×e4?? Dh4! – 18. – d3! verbot, denn Schwarz erhielte dabei entscheidenden Vorteil, z. B. 19. e×d3 Lc5+ 20. Kh1 Dh4 21. h3 Dg3! oder 19. D×d3 Lc5+ 20. Kh1 Dh4 bzw. 20. – Sf2+ usw.) 17. – L×g4 18. d×e4?

Der entscheidende Fehler, der es Schwarz gestattet, durch ein vorübergehendes Bauernopfer in ein gewonnenes Endspiel einzulenken. Nach 18. L×e4 f5! 19. Lf3 Lxf3 20. T×f3 b5! stände Schwarz in Anbetracht der geschwächten weißen Bauernkette zwar überlegen, aber die

Lage von Weiß wäre noch nicht hoffnungslos.
18. – d3! 19. D×d3 D×d3 20. e×d3 Le2 21. Te1 Lc5+ 22. Le3 L×e3+ 23. S×e3 L×d3 24. Tbd1 L×e4 25. Sd5 L×g2 26. K×g2 (Damit endet die Abwicklung. Schwarz hat einen Bauern gewonnen, aber es fällt angesichts der aktiven weißen Figuren nicht leicht, den Vorteil zu verwerten. Doch Portisch behandelt das Endspiel mit gewohnter Genauigkeit.) 26. – T×e1! 27. Txe1 Sd4! 28. Te3 (Nach 28. S×c7 S×b3 wäre die weiße Bauernstellung noch mehr aufgerissen. Ihre Anfälligkeit erleichtert ohnehin schon die Aufgabe von Schwarz.) 28. – c6 29. Sb6 Td8 30. Td3 Kf8 31. c5 Ke7 32. Sc4 Se6 33. Te3?! (Schwieriger hätte sich die Gewinnführung für Schwarz bei 33. T×d8 gestaltet, doch wäre nach der besten Fortsetzung 33. – K×d8 34. S×a5 Kc7! 35. b4 S×f4+ 36. Kf3 Sd5 37. Ke4 g6!, gefolgt von 38. – f5+ und f4, der Ausgang des Kampfes unzweifelhaft gewesen.) 33. – Kf6 34. S×a5 Td7! 35. b4 S×f4+ 36. Kf3 g5 37. Sc4 Sd5! (Weiß setzt seine letzten Hoffnungen auf den sich auf d6 festsetzenden Springer. Aber Portisch trifft von vornherein die nötigen Vorkehrungen, um den Eindringling unschädlich zu machen.) 38. Tb3 Sc7! 39. Sd6 Sb5 40. S×b5 c×b5 41. Tc3 Ke5 42. Ke2 Td4 43. c6 b×c6 44. T×c6 h5 45. Ke3 f5
Weiß gab auf.

# NIMZOWITSCH-INDISCHE VERTEIDIGUNG

## 4.

**L. Szabó–Portisch**
Stichkampfturnier um die ungarische
Meisterschaft
Budapest 1959

**1. d4 Sf6 2. c4 e6 3. Sc3 Lb4 4. a3!?
L×c3+ 5. b×c3 c5 6. e3 0–0
7. Ld3 Sc6** (Verzögert im Hinblick
auf 8. e4? c×d4 9. c×d4 S×d4
10. e5 Da5+! 11. Kf1 Se8 12. Ld2
Dd8! − +, Szabó–Smyslow, Moskau 1956, den Vorstoß e4.)
**8. Se2 b6**
Unter den zahlreichen Varianten
dieses Aufbaus kann man zwei
Grundtypen unterscheiden:
1. Schwarz widersetzt sich dem weißen Angriff mittels d5 und ist bestrebt, den Läufer c1 einzusperren. In
diesem Fall vermag sich der Anziehende aber seiner Hauptschwäche,
nämlich des Bauern c4, zu entledigen, ohne auf das Läuferpaar und
sein festes Zentrum verzichten zu
müssen.
2. Schwarz blockiert durch c7–c5
den weißen Doppelbauern, um ihn
später mittels b6, La6 und Sa5 aufs
Korn zu nehmen. Sein d-Bauer verharrt dabei entweder in der Ausgangsstellung oder rückt auf die 6.
Reihe vor. Unterdessen bemüht sich
Weiß, in der Brettmitte oder am
Königsflügel einen Angriff einzuleiten.
**9. e4 Se8!** (Ein von Capablanca herrührendes, typisches Verteidigungsmanöver. Schwarz beugt auf diese
Weise der Fesselung vor und beabsichtigt, später mit f7–f5 die Verteidigung elastisch zu führen.)
**10. Le3** (Das Ziel dieses Zuges
besteht darin, einen Druck auf den
Bauern c5 auszuüben und den Punkt
d4 zu sichern. Nach Taimanow
kommt hier auch 10. e5 stark in
Betracht.) **10. – La6! 11. Da4?!**
Verfehlt wäre 11. d×c5 b×c5 12.
L×c5 d6 13. Le3 Se5 usw. Weiß
konzentriert sich zunächst auf die
Verteidigung des schwachen Bauern
c4, um erst später (siehe den 15.
Zug) zum Angriff am Königsflügel
überzugehen. Trotzdem erscheint es
ratsamer, die Dame nach e2 zu entwickeln, z. B. 11. Sg3 Sa5 12. De2
Tc8 13. Tc1 Sd6 14. e5 c×d4! 15.
L×d4 Sf5 16. Dg4 usw. mit beiderseitigen Chancen.
**11. – Dc8! 12. 0–0** (12. d×c5?!
b×c5 13. L×c5? Se5 14. L×f8
S×d3+ 15. Kd2 Sb2! 16. Dc2
S×c4+ 17. Ke1 K×f8 − +). **12. –
Sa5! 13. d×c5 d6!** (Seinerzeit eine
Neuerung von Simagin, durch die
aus dem Angegriffenen plötzlich der
Angreifer wird.) **14. Sg3?!** (In der
Stammpartie Geller–Simagin, Halbfinale zur Meisterschaft der Sowjetunion 1954, geschah besser 14.
c×b6 a×b6 15. Dc2 S×c4 16.
L×c4 L×c4. Zum Ausgleich genügt nach dem ungarischen Meister
Flesch auch 14. Sd4, z. B. 14. –
d×c5 15. Sb3 Sc6 16. f4 f5 17. Sd2
Sf6 18. Dc2 Sg4 19. Tae1 oder 16. –
e5 17. f5 f6 18. g4 usw.) **14. – d×c5**

**15. e5!** (Auf diesen Vorposten will Weiß seinen Angriff stützen.) **15. – f6!** (Nach dem Abtausch hat die Schwäche des Bauern e6 nur theoretische, die des Bauern c4 dagegen praktische Bedeutung. Weiß muß auf f6 nehmen, denn nach 16. f4 Dc6! 17. D×c6 S×c6 hätte er gegen die Drohung Sa5 keine Parade.) **16. e×f6 S×f6 17. Se4?** (Dieses Tauschangebot arbeitet nur dem Gegner in die Hände, weil die weißen Bauern schwach sind. Der Versuch, auf die 7. Reihe einzudringen, wird von Portisch vereitelt. Ob gut oder schlecht, Weiß müßte 17. Lg5 ziehen, um nach dem Abtausch des Läufers gegen den Springer mittels Te1 etwas Gegenspiel zu bekommen.) **17. – S×e4! 18. L×e4 Lb7** (Der schwarze Plan ist offensichtlich: Durch weitere Vereinfachungen soll das Endspiel angestrebt werden.) **19. L×b7 S×b7** (Nach 19. – D×b7? 20. L×c5 Tfc8 21. Ld4 S×c4 22. Te1 nebst Dd1 – g4 oder Db5–g5 erhielte Weiß laut Flesch sogar noch Angriff.) **20. Tad1 De8!**
Portisch wehrt die gegnerische Initiative kaltblütig ab, indem er die Besetzung der 7. Reihe verhindert

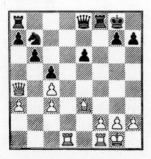

und das wichtige Feld e6 für Schwarz erobert. Neben der Partiefortsetzung standen Weiß noch folgende Möglichkeiten zu Gebote:
a) 21. Dc2 Dc6!
b) 21. D×e8 Ta×e8 22. Td7 Tf7 23. Tfd1 T×d7 24. T×d7 Td8! 25. T×d8+ S×d8 26. Kf1 Sc6 27. Ke2 Se5 28. Lf4 S×c4 29. Lb8 a5 30. La7 a4! 31. Kd3 Se5+ 32. Ke4 Sd7 33. Kd3 b5 usw.
c) 21. Db5 Dxb5 22. c×b5 Tad8 23. Lg5 Td5 24. T×d5 e×d5 25. Te1 Sd6 26. a4 (26. Le7 Te8) Se4 usw. (Flesch)
**21. Da6 Dc6! 22. Td3 Sa5 23. Tfd1 Da4** (Nun ist das Schicksal der weißen Damenflügelbauern besiegelt.)
**24. Td6 D×a3 25. T×e6 Da4** (In Betracht kam auch 25. – Tad8 26. Tf1 Tf7.) **26. Tb1 D×c4 27. D×c4 S×c4 28. Te4 S×e3 29. f×e3 Tad8!** (Das Endspiel bereitet Schwarz kein Kopfzerbrechen mehr, denn er besitzt einen gesunden Mehrbauern und droht, auf der 2. Reihe einzudringen.) **30. Ta4 Tf7 31. Tba1 a5 32. Te4 Td2 33. Tb1 T7f2 34. T×b6 T×g2+ 35. Kf1 T×h2** (Schwarz hat nichts zu befürchten, weil die weißen Türme nicht gut zusammenwirken.) **36. Tb8+ Kf7 37. Tb7+ Kf6 38. Tb6+ Kg5 39. Kg1 Tdg2+ 40. Kf1 Tc2 41. Kg1 Thd2!** (Dank der Mattdrohung auf der Grundreihe unterbindet dieser Zug endgültig jedes Gegenspiel.) **42. Tb1** Der Abgabezug, doch Weiß gab auf, ohne die Partie fortzusetzen.

# SIZILIANISCHE VERTEIDIGUNG

## 5.

**Dückstein–Portisch**
Mannschaftskampf Österreich–
Ungarn
Wien 1959

**1. e4 c5 2. Sf3 e6 3. d4 c×d4 4. S×d4 a6 5. Sc3** (Üblicher ist hier 5. Ld3, wogegen die Popularität von 5. c4 im Schwinden begriffen ist.) **5. – Dc7 6. Ld3 Sc6 7. Le3 Sf6 8. 0–0 S×d4?!** (Heutzutage wird hier 8. – Se5 für besser gehalten.) **9. L×d4 Lc5 10. L×c5** (Der eigentliche Prüfstein für das schwarze Vereinfachungsmanöver besteht in der Fortsetzung 10. L×f6! g×f6 11. Dg4! Kf8 12. Kh1 h5 13. Dh4 Le7 14. f4 +=, Tolusch–Matulović, Jugoslawien–Sowjetunion 1965.) **10. – D×c5 11. De2** (Nachhaltiger ist 11. Sa4! Da5! 12. c4 b5 13. c×b5 a×b5 14. Sc3 b4 15. Sb5 0–0 16. e5 Sd5 17. a4 Lb7 usw. mit minimalem Vorteil für Weiß, Spasski–Polugajewski, Sowjetunion 1962.) **11. – d6 12. a4?!** (Der Anziehende versucht, den schwarzen Damenflügel zu blockieren, schwächt dabei aber seinen eigenen.) **12. – 0–0 13. a5?! e5!** (Auf diese Weise kontrolliert Schwarz die Zentrumsfelder und bereitet Le6 vor. Dagegen hätte er sich mit 13. – Ld7 und 14. – Lc6 die c-Linie verstellt und dadurch die Initiative verschenkt.) **14. De3?** (Weiß glaubt,

ohne Damen mehr zu erreichen, doch war 14. Kh1 nebst f4 unbedingt vorzuziehen.) **14. – D×e3** (14. – Db4? 15. Sa4!) **15. f×e3 Le6 16. Ta4 Tac8 17. Tb4 Tc7 18. Td1** (Die Aktivität des Anziehenden ist nur äußerer Schein, denn seine Türme wirken nicht zusammen.) **18. – Td8 19. Le2 Kf8! 20. Td2 g6 21. Sa4?!** (Weiß liebäugelt schon seit geraumer Zeit damit, das Feld b6 als Vorposten auszubauen, doch nutzt ihm in dieser Stellung ein Springer dort recht wenig, solange dieser im feindlichen Lager keine angreifbaren Schwächen vorfindet.) **21. – Ke7 22. Lf3**

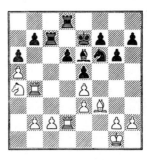

**22. – d5!**
Portisch befreit den Gegner unbefangen von dem Doppelbauern, denn er erzwingt dabei für Schwarz vorteilhafte Vereinfachungen.
**23. e×d5 S×d5 24. L×d5** (24. Tb3 S×e3!) **24. – T×d5 25. T×d5 L×d5 26. Sb6**
Scheinbar sind die weißen Figuren wirkungsvoll postiert, in Wirklichkeit aber bewegen sie sich im luftleeren Raum.
Eine weitere, äußerst wichtige Eigen-

art dieser Stellung besteht darin, daß die Bauern ungleich verteilt und beweglich (d. h. nicht blockiert) sind. In derartigen Fällen ist der weitreichende Läufer dem kurzschrittigen Springer stets überlegen, da er wendiger ist, eigene Freibauern zu unterstützen und gleichzeitig feindliche aufzuhalten. Portischs Plan sieht deshalb vor, die Bauernmehrheit am Königsflügel zu mobilisieren.

**26. – Lc6! 27. Tc4 Kd6 28. b4 f6 29. Tc5 Tf7 30. c4** Weiß bemerkt nicht, daß danach sein Turm eingesperrt ist.) **30. – Tf8 31. Sd5 f5! 32. Kf2 g5! 33. g3 f4!** (Verhilft dem schwarzen Turm zu einer offenen Linie und bildet einen starken Freibauern.) **34. e×f4 g×f4 35. g×f4 e×f4 36. Sc3** (36. Kf3 Tf7! 37. Kf2 Tf5!) **36. – Tg8 37. Th5 Tg2+ 38. Kf1 Tc2 39. Th6+ Ke5 40. Th5+ Kd4 41. Sd5**
Hier wurde die Partie abgebrochen, dann aber von Weiß aufgegeben.

## KÖNIGSINDISCHE VERTEIDIGUNG

### 6.

**Portisch–Dr. Dittmann**
**Studenten-Mannschaftswelt-**
**meisterschaft**
**Budapest 1959**

**1. d4 Sf6 2. c4 g6 3. Sc3 Lg7 4. e4 d6 5. Sf3 0–0 6. Le2 e5 7. d5** (7. 0–0) **7. – Sbd7 8. Lg5 h6 9. Lh4 a6?!**

Schwarz möchte am Damenflügel Gegenspiel erhalten, aber dieser Versuch erweist sich als zu passiv. **10. Sd2 c5 11. g4!** (Dieser Zug erzwingt wegen der Drohung 12. g5! die Blockade der Stellung, so daß Weiß ohne Bedenken rochieren kann.) **11. – g5 12. Lg3 Te8** (Schwarz beabsichtigt das Manöver Sf8–g6–f4, doch Portisch macht seinem Gegner einen Strich durch die Rechnung.) **13. h4! Sf8 14. h5 Ld7 15. f3 Da5** Es scheint so, als ob sich Schwarz mit b5 gute Chancen am Damenflügel verschaffen könnte. Portischs wohldurchdachtes Spiel weist aber nach, daß Weiß infolge der am anderen Flügel abgeschnittenen schwarzen Figuren auch hier Herr der Lage ist. **16. 0–0! b5** (Wartet der Nachziehende untätig ab, so organisiert Weiß sein Spiel am Damenflügel mit Dc2, Tfb1, a3 und b4.) **17. c×b5 a×b5 18. a4!** (Das trifft den Kern der Sache! Weiß erobert nun das Feld c4 und eventuell auch noch den Punkt b5, wonach die Schwächen der schwarzen Stellung offenbar werden.) **18. – b×a4** (18. – b4? 19. Sb5! Ta6? 20. Sc7! oder 19. – Db6? 20. Sc4 bzw. 19. – L×b5 20. L×b5 und 21. Sc4, in allen Fällen mit großem Vorteil.) **19. Sc4! Dc7 20. S×a4 Teb8**

20. – Lb5? war wegen 21. Scb6! L×e2 (L×a4) 22. S×a8 nicht angängig. Der Textzug soll deshalb helfen, den Läuferausfall vorzubereiten und obendrein die einzige Schwäche von Weiß, den auf der

offenen Linie zurückgebliebenen Bauern b2, aufs Korn zu nehmen. Wegen der Übermacht der weißen Figuren am Damenflügel ist diesem Unternehmen aber ein Fiasko beschieden.

**21. Sc3 Se8?**
Schwarz berücksichtigt nur seinen eigenen Plan (Se8–c7–b5) und verkennt völlig die drohende Gefahr. Der sofortige Turmtausch hätte dem auf der a-Linie entstehenden Druck die Wucht genommen.

**22. Ta3!**
Der Kampf um die Beherrschung der a-Linie beginnt. Dabei muß beachtet werden, daß das Schlagen auf a3 seine Bedenken hat, weil Weiß in diesem Falle einen bedrohlichen Freibauern erhält.

**22. – Lf6 23. Da1! Db7** (Den Vorzug verdiente 23. – T×a3, obwohl der richtige Zeitpunkt für den Turmtausch bereits verpaßt war.) **24. Da2 Le7** (Wegen des anfälligen Bauern d6 kann Schwarz seine Figur nur sehr umständlich ins Spiel bringen.) **25. Ta1 Sc7**
Nun vereitelt Weiß den schon

skizzierten Plan des Gegners mittels einer kleinen, aber wirkungsvollen Kombination. Die Lage von Schwarz war indes in jedem Fall schwierig. 25. – T×a3 26. b×a3 Sc7 hätte der Partiefortsetzung geähnelt, während auf 26. – f6 der a-Bauer langsam aber sicher gewänne.

**26. L×e5! T×a3 27. b×a3 d×e5 28. d6 L×d6** (28. – Sb5 29. S×b5 L×b5 30. d×e7 D×e7 31. Se3!) **29. S×d6**
Dank der taktischen Abwicklung hat Weiß seinen Figuren neue wichtige Stützpunkte verschafft, von denen aus er nunmehr sogar den feindlichen Königsflügel zu beunruhigen vermag. In der plötzlich offen gewordenen Stellung gelingt es den schwarzen Leichtfiguren nicht, gebührend zusammenzuwirken.

**29. – Db3 30. D×b3 T×b3 31. Sd5 Sce6** (Endlich kann Schwarz einen Springer nach d4 bringen, aber es ist bereits zu spät. 31. – Sfe6?? 32. Sf6+ hätte eine Figur gekostet, jetzt entscheiden indes der a-Bauer und die anderen positionellen Vorteile – vor allem die Unbeholfenheit des Springers f8 – den Kampf zugunsten von Weiß.) **32. a4 Sd4 33. Ld1! Tb8** (33. – S×f3+? 34. Kf2!) **34. a5 Lc6 35. a6 L×d5 36. e×d5 Sd7 37. La4! Sf6** (Falls 37. – Sb6 geschieht, so folgt 38. Tb1 nebst Lc6 und a7.) **38. a7 Ta8 39. Lc6 S×c6 40. d×c6 Sd5 41. Sb5**
Schwarz gab angesichts der Zugfolge 41. – Kf8 42. c7 Sb6 43. Sd6 und 44. c8D die Partie auf.

# DER JUNGE GROSSMEISTER.
## ZUM ERSTEN MAL KANDIDAT
## 1959—1964

1960 schaltet sich Portisch zum ersten Mal in die Weltmeisterschaftskämpfe ein. Beim Zonenturnier in Madrid erringt er den 1-4. Platz, und weil sich nur drei Teilnehmer für das Interzonenturnier qualifizieren konnten, muß er zu einer „Nachprüfung". Sie besteht er aber ohne Schwierigkeit. Auf der Leipziger Olympiade 1960 spielt er am 1-2. Brett sehr erfolgreich. Nominell ist zwar Szabó der erste Spieler in Ungarn, aber er kann mit seinem jungen Rivalen nur noch schwer Schritt halten. Die ungarische Meisterschaft 1961 ergibt wiederum Gleichstand zwischen Portisch und Szabó. Im darauffolgenden Stichkampf trägt bereits Portisch den Sieg (2 1/2:1/2 Punkte) davon.

Der FIDE-Kongreß verleiht ihm 1961 den Großmeistertitel, den die öffentliche Meinung ihm schon lange vorher „verliehen" hatte.

Das Interzonenturnier 1962 in Stockholm war das erste, an dem Portisch teilnahm. Hier war Fischer der Star, überflügelte in diesem Turnier zum erstenmal die sowjetischen Großmeister. Der ungarische Großmeister näherte sich zwar nach einem schlechten Start der Qualifikation, verlor aber gegen einen Spieler der unteren Tabellenhälfte und schied aus.

In den folgenden Jahren wurde sein Spiel kontinuierlich stärker. Er erzielte zwar keinen durchschlagenden Erfolg, spielte jedoch überall auf Großmeisterniveau. Das unterstreichen seine folgenden Resultate: 1962 siegte er gemeinsam mit Gligorić in Sarajevo, und im gleichen Jahr gewann er die ungarische Meisterschaft zusammen mit Lengyel. (Er blieb auch im Stichkampf mit 3 1/2:1 1/2 Punkten Sieger.)

Auf der Olympiade in Warna 1962 vertritt Portisch Ungarn schon am Spitzenbrett. Im Finale holt er aus 10 Partien 6 Punkte heraus.

Das Jahr 1963 beginnt unglücklich. In der Landesmeisterschaft muß sich Portisch mit dem 4. Rang abfinden. Dann wird er aber wiederum Erster in Sarajevo (vor Ivkov, Gligorić, Uhlmann, Simagin, Pachmann, Szabó u. a.) Imponierend ist auch sein Sieg beim Zonenturnier in Halle, wo ihm Larsen und Ivkov folgten, ferner wird er ebenfalls Sieger im IBM-Turnier in Amsterdam. Anfang 1964 führt er lange im stark besetzten Turnier in Beverwijk, aber eine unerwartete Niederlage wirft ihn hinter Keres und Nei zurück.

Dann folgt Torremolinos (2–3.), und danach gewinnt er wiederum die ungarische Meisterschaft.

In diesen Jahren existierte noch keine amtliche Rangliste. Wenn es eine solche gegeben hätte, so hätte Portisch einen Platz unter den ersten 15 bis 20 eingenommen. Das wird durch seinen 8–9. Platz im Zonenturnier in Amsterdam 1964 bestätigt. Er gewann den Stichkampf gegen Reshevsky und wurde dadurch zum ersten Mal Weltmeisterkandidat! (Nach dem Reglement dieses Zonenturniers durfte jedes Land – so auch die Sowjetunion – nur eine limitierte Zahl von Spielern zum Kandidatenturnier entsenden.) Aufgrund seiner bisherigen Ergebnisse gehört Portisch noch nicht unbedingt zu den Weltbesten. Er wird aber immer fähiger, um in den eigentlich entscheidenden Kämpfen (Kandidatenturniere, Olympiaden) standzuhalten.

Im Jahre 1964 modifizierte die FIDE das System der Weltmeisterschaftskämpfe. Das Wesen besteht darin, daß anstelle von Kandidatenturnieren Kandidatenwettkämpfe ausgetragen werden. Das Los bestimmte Exweltmeister Tal als Gegner von Portisch. In der Zwischenzeit beteiligte sich Portisch noch an einigen bedeutenderen Turnieren. Von denen sind die Olympiade in Tel Aviv, wo er ein ausgezeichnetes Resultat (75%) erzielte, und das traditionelle Hoogoven-Turnier, im Januar 1965, das er gemeinsam mit Geller gewann, erwähnenswert.

Bezüglich des Kandidatenzweikampfes sprach die „Papierform" nicht für Portisch. Im Gegensatz zu Portisch, der sich kontinuierlich entwickelte, tauchte Tal 1957/58 plötzlich in der internationalen Arena auf, war auch ein Jahr lang sogar Weltmeister. Damals hatte er zwar bereits seine Glanzzeit überschritten, spielte aber noch eindeutig stärker als Portisch. Dies zeigte sich auch im Zweikampf. (Wie zu erwarten war, erwies sich Portisch auf taktischem Gebiet als schwächer.)

## NIMZOWITSCH-INDISCHE VERTEIDIGUNG

### 7.

**Donner–Portisch**

**Schacholympiade, Leipzig 1960**

1. d4 Sf6 2. c4 e6 3. Sc3 Lb4 4. e3 0–0 5. Sf3 d5 6. Ld3 c5 7. 0–0 d×c4

**8. L×c4 Sbd7** (Ein elastischer Zug, der noch offenläßt, ob der Damenläufer nach b7 entwickelt oder mittels e6–e5 freigekämpft werden soll. Vollwertige Abspiele leiten hier außerdem die Fortsetzungen 8. – b6, 8. – a6, 8. – De7, 8. – Sc6 und 8. – Ld7 ein.) **9. De2** (Auch der Anziehende hat mit seinem Damenläufer Sorgen. Der Textzug schafft dem Turm Platz und bereitet e3–e4 vor. Üblich ist außerdem 9. Ld3 oder auch 9. Dd3.) **9. – b6** (Eine andere Hauptvariante ergibt sich nach 9. – a6, worauf b7–b5 droht, aber auch 9. – c×d4 wird des öfteren gespielt.) **10. Td1** (Hier verdient 10. d5!? ernsthaft geprüft zu werden.) **10. – c×d4** (10. – Lb7? 11. d5! L×c3 12. d×e6 La5 13. e×d7 Dc7 14. a4! S×d7 15. Sg5 +–, Polugajewski–Petrosjan, XXVII. Meisterschaft der Sowjetunion.) **11. e×d4 Lb7 12. d5!?** Seinerzeit beurteilte man diesen Zug als günstig für Weiß, doch haben Portisch und Forintos in ihren Analysen nachgewiesen, daß dieseBewertung nicht zutrifft. Weniger verpflichtend sind die Fortsetzungen 12. Ld3, 12. Ld2 oder 12. Lg5, bei denen Weiß für den isolierten Bauern aktives Spiel erhält. **12. – L×c3** (12. – e×d5? 13. S×d5 Te8 14. Dc2 S×d5 15. L×d5 L×d5 16. T×d5 De7 17. Lg5 De6 18. Tad1 Sf6 19. Te5 +–, Donner–Matanović, Leipzig 1960) **13. d×e6 L×f3!** Das ist die Pointe der Analyse der beiden ungarischen Meister. Ihr Wesen besteht darin, daß die weiße Bauernkette völlig zerrüttet wird, denn auf 14. D×f3 erobert Schwarz mit 14. – Se5! 15. De2? Dc7 mindestens eine Qualität. Später wurde zwar eine interessante Verbesserung für Weiß gefunden, aber auch diese reicht nur zum Remis: 14. D×f3 Se5 15. e×f7+ Kh8 16. T×d8 S×f3+ 17. g×f3 Ta×d8 18. b×c3 Td7 (annehmbar ist auch 18. – Sd5 19. Lg5 Td7 20. Te1 h6 21. L×d5 T×d5 22. Te8 T×g5+

23. Kf1 Tf5) 19. La3 Tf×f7 20. L×f7 T×f7 21. Td1 Td7 22. T×d7 S×d7, und Weiß ist nicht imstande, seinen Mehrbauern zu verwerten, Portisch–Donner, Hamburg 1965. **14. g×f3!? f×e6 15. b×c3 Dc7 16. L×e6+ Kh8 17. f4?** Der Konzeption des Nachziehenden liegt die Erkenntnis zugrunde, daß Weiß trotz seines Läuferpaares und des Mehrbauern mit Schwierigkeiten zu kämpfen hat, denn alle weißen Bauern sind vereinzelt und schwach. Von dem Textzug erhoffte sich Donner offenbar, den Vorposten auf e6 verstärken zu können, aber das gelingt ihm nicht, so daß letztlich nur die weiße Königsstellung empfindlich geschwächt wird. Eine Runde später führte 17. Le3 Sc5 18. Ld5 S×d5 19. T×d5 in der Partie Gligorić–Unzicker zu gleichem Spiel. **17. – Sc5 18. f5?!** (Zäher war 18. Lh3 nebst Lg2.) **18. – Sfe4!** (Besiegelt das Schicksal des Anziehenden, der eine weitere Auflockerung seiner Königsstellung nicht umgehen kann.) **19. Td4 S×e6! 20. T×e4** (Danach ist der schutzlose Bauer f5 bald dem Untergang geweiht, wodurch die Lage des weißen Königs noch verzweifelter wird. Doch 20. f×e6 verbot sich wegen 20. – T×f2.) **20. – Sc5 21. Lf4** (Auf 21. Te7 folgt einfach Dc7–d6–f6.) **21. – Dd7 22. Td4 D×f5 23. Le5?** (Weiß bemüht sich, auf e5 einen neuen Brückenkopf zu errichten, aber auch das mißlingt. 23. Lg3 war wesentlich

besser.) **23. – Tae8 24. Te1** (24. f4 Se6 25. Te4 S×f4! 26. T×f4 Dg5+!)

**24. – T×e5!**
Schwarz opfert zwar die Qualität besitzt jedoch nach deren zwangsläufigem Rückgewinn in überlegener Stellung einen Mehrbauern.
**25. D×e5 D×f2+ 26. Kh1 Df3+! 27. Kg1 Sd3 28. T×d3 D×d3 29. a4 h6**
Weiß gab auf.

## CARO-KANN-VERTEIDIGUNG

### 8.

**Dr. Pogáts–Portisch**
**Ungarische Meisterschaft**
**Budapest 1961**

**1. e4 c6 2. d4 d5 3. Sc3 d×e4 4. S×e4 Lf5 5. Sg3 Lg6 6. Sf3 Sbd7 7. h4 h6 8. Ld3** (Damals war noch nicht bekannt, daß die heute von der Theorie empfohlene Fortsetzung 8. h5! Lh7 9. Ld3 eindeutig vorzuziehen ist. Nach dem Textzug ist nämlich die Blockade des Königsflügels längst nicht so wirksam wie nach 8. h5!, wogegen die Bauernkette auch ohne diesen Vorstoß schwach werden kann.) **8. – L×d3 9. D×d3 Dc7** (Gegen 10. Lf4 gerichtet.) **10. Ld2 Sgf6 11. 0–0–0 e6 12. c4 0–0–0 13. Lc3** (Damit muß sich Weiß beeilen, da 13. – Ld6 14. Se4 Lf4 mit für Schwarz günstiger Vereinfachung drohte.) **13. – c5 14. Kb1 c×d4 15. L×d4?!**
Mehr Probleme wirft 15. S×d4 auf, z. B. 15. – a6 16. Sf3 Lc5! 17. De2 Ld6 18. Se4 Le7 19. S×f6 L×f6 20. L×f6, und jetzt gleicht – anstelle von 20. – S×f6?! 21. Se5!, was in einer Partie Spasski–Petrosjan, Zweikampf um die Weltmeisterschaft, Moskau 1966, geschah – 20. – g×f6! und 21. – Se5 laut Boleslawski das Spiel aus.
**15. – Lc5 16. De2** (Boleslawski hält die Aussichten auch im Fall von 16. Se4 L×d4 für gleich.) **16. – L×d4 17. T×d4?**
Weiß trachtet offensichtlich danach, durch mehrfachen Abtausch ein leichtes Remis zu erzielen. Für die Variante 17. h4 ist jedoch charakteristisch, daß der Bauer h4 in vereinfachten Stellungen schutzbedürftig werden kann. Besser war 17. S×d4.
**17. – Sb8!** (Nimmt das geschwächte Feld d4 aufs Korn.)
**18. Thd1 Sc6 19. T×d8+ T×d8 20. T×d8+ D×d8 21. Dd2?** Zu seinem Unglück beharrt Weiß auf dem verfehlten Plan. In dem jetzt folgenden Springerendspiel demonstriert Portisch mit erstaunlicher Leichtigkeit die Vorteile seiner

Position. Es verbot sich auch 21. Se4?? wegen des Abtausches mit anschließendem Matt auf d1. Laut Barcza war indessen 21. b3 Sd4 22. S×d4 D×d4 23. h5 nebst 24. De3 noch verhältnismäßig annehmbar. **21. – Sg4! 22. Se4 D×d2 23. Sf×d2**

**23. – Kc7!**
Bevor Schwarz die gegnerischen Schwächen am Königsflügel ausnutzt, beugt er jedem Gegenspiel vor. Nach 23. – f5?! 24. Sc5 e5 25. Se6 hätte Weiß dagegen noch Chancen gehabt, sich zu retten.
**24. Sf1**
Der Anziehende bereitet f3 vor und verhindert deshalb zunächst Se3. Auch 24. Kc2 war wenig ersprießlich wegen 24. – f5! 25. Sc5 Sd4+ 26. Kd3 e5 27. f3 (27. f4 b6!) 27. – Sf2+ oder 26. Kc3 e5 27. f3 Se3, und in beiden Varianten erobert Schwarz mit Sd1+ den Bauern b2.
**24. – Sd4!** (Deckt e6 und droht, durch f5 einen Bauern zu gewinnen. Der folgende weiße Zug lockert die Bauernstellung noch mehr auf, es gab jedoch nichts Besseres.) **25. f3 Se5 26. b3 Sg6!** (Das erste greifbare Ergebnis: Weiß kann Bauernverlust

nicht mehr vermeiden. Das Endspiel ist ein gutes Beispiel für die Schaffung und Ausnutzung von Schwächen **27. h5 Sf4 28. Se3 Sf5!** (Portisch wählt, mit vollkommener Technik ausgeführt, die schnellste Abwicklung. Er erobert lieber den Bauern g2 als den auf h5!) **29. S×f5 e×f5 30. Sg3 g6 31. Kc2 S×g2 32. Kd2 Kd6** (In Springerendspielen ist die Verwertung eines materiellen Übergewichts im allgemeinen keine allzu schwere Aufgabe. Das Eingreifen des schwarzen Königs entscheidet den Kampf nun rasch.) **33. h×g6 f×g6 34. Ke2 Ke5 35. Kf2 Sf4 36. Ke3 Sd5+!** (Dank dieser kleinen Kombination – 37. c×d5 f4+! – vermag der schwarze Springer auch noch den Damenflügel aufzulockern.) **37. Kd2 Sb4 38. a3 Sc6 39. Ke1 Sd4**
Weiß gab auf.

FRANZÖSISCHE
VERTEIDIGUNG

## 9.

### Portisch–Tal
### Europa-Mannschaftsmeisterschaft
### Oberhausen 1961

**1. d4 e6 2. e4 d5 3. Sd2 Sf6**
Eine scharfe Spielweise. Schwarz lockt den e-Bauern hervor, um dann mit c5 das weiße Zentrum unterminieren zu können. Üblicher ist allerdings 3. – c5, während die Popularität der Fortsetzungen 3. –

Sc6 und 3. – a6 im Schwinden begriffen ist. **4. e5 Sfd7 5. f4** (Weiß bemüht sich, ein starkes Bauernzentrum zu errichten.) **5. – c5 6. c3 Sc6 7. Sdf3 Db6?!** Schwarz leitet einen Angriff auf den wichtigsten Punkt der weißen Bauernkette ein, aber der Erfolg dieses Unternehmens ist, wie die Turnierpraxis lehrt, ungewiß. In der Partie Portisch–Hug (Skopje 1972) kam Weiß nach 7. – Da5 8. Kf2! b5 9. Ld3 b4 10. Se2 Sb6 11. g4!? (11. Ld2!?) g6? (11. – b×c3! 12. b×c3 Sa4!) 12. h4 b×c3 13. b×c3 c×d4 14. c×d4 Sb4 15. Lb1 Da4 16. D×a4 S×a4 17. a3 Sc6 18. h5! in Vorteil, aber hier hätten beide Seiten besser spielen können. Die Fortsetzung 7. – c×d4 8. c×d4 Sb6 9. Ld3 Ld7 ist heute nur selten anzutreffen, obwohl Keres in seinem Buch „Spanisch bis Französisch" den Standpunkt vertritt, daß sie gleiches Spiel ergibt.

**8. g3!**
Ein Zug des ungarischen Meisters Sebestyén. Sein Sinn besteht darin, dem weißen König auf g2 einen Schlupfwinkel zu verschaffen. Außerdem vermag der Anziehende, falls Schwarz bei seinem unerläßlichen Angriff auf das Zentrum leichtfertig vorgeht, durch Lh3 einen wirksamen Druck auf den Bauern e6 auszuüben.

**8. – c×d4 9. c×d4 f6?**
Gegenwärtig wird 9. – Lb4+ 10. Kf2 g5! als besser angesehen, z. B. 11. b3 (11. Le3 f6 12. Lh3 f×e5 13. f×e5 0–0 14. Lg4 Lc5!!) 11. – g×f4

12. g×f4 (12. L×f4!?) 12. – f6 13. Le3 Le7 ∞, Wasjukow–Gurewitsch, Sowjetunion 1987.
**10. Lh3! f×e5 11. f×e5 Lb4+ 12. Kf1! Sf8 13. Se2 Sg6 14. Kg2 0–0 15. Lg4!!**
Der Einleitungszug zu einem tiefen strategischen Plan. Durch den Vorstoß des h-Bauern soll der Springer g6 verdrängt werden, wonach Weiß dank der Besetzung der Felder f6, g5 und f4 ein entscheidendes Übergewicht erlangt.
**15. – Ld7 16. h4 La5 17. Tb1 Db5 18. h5 Sge7 19. h6! g6 20. Lg5 Sf5 21. L×f5! T×f5** (Auf das Wiedernehmen mit einem Bauern wäre 22. Sf4 mit überwältigendem Positionsvorteil für Weiß gefolgt.) **22. g4!** (Die Pointe des oben umrissenen strategischen Planes. Jetzt wird 22. – Tff8 mit 23. Lf6! Ld8 24. g5! beantwortet, und Schwarz muß früher oder später an Raummangel zugrunde gehen. Der „Vollbluttaktiker" Tal läßt sich darauf natürlich höchst ungern ein und bringt lieber ein kühnes Qualitätsopfer, zumal er sich auf diese Weise schon oft aus einer Verluststellung zu retten vermochte.
**22. – T×f3!? 23. K×f3 Lb6 24. Kg3 Tf8 25. Dd2 Lc7 26. Lf4 Le8** (Portisch hält seinen Vorteil eisern fest und beugt jedem Überrumpelungsversuch vor. Die Turmverdoppelung auf der f-Linie entscheidet nun rasch den Kampf.) **27. Thf1 Lb6 28. Tf2!** Sb4 (In verlorener Stellung greift Tal wiederum zu einer taktischen List, aber Portisch läßt sich

nicht überraschen und wartet mit einer Gegenpointe auf.)
**29. Tbf1! Sd3 30. Tf3 D×b2 31. D×d3!** (Dank der nachfolgenden Kombination wird die Partie durch diesen Zug wesentlich schneller beendet, als das bei der prosaischen Fortsetzung 31. T×d3 D×d2 32. T×d2 g5 der Fall gewesen wäre.)
**31. – Lb5**

**32. Lg5! Tf5** (Auf 32. – Tc8 hätte 33. Le7! das Matt erzwungen.) **33. Dc3 L×d4** (Auch 33. – D×c3 34. S×c3 bereitet Weiß keine Schwierigkeiten.) **34. Dc8+ Kf7 35. Dc7+** Schwarz gab auf. Er ist nicht imstande, das Matt abzuwehren.

## SIZILIANISCHE VERTEIDIGUNG

### 10.

**Yanofsky – Portisch**
**Interzonenturnier**
**Stockholm 1962**

**1. e4 c5 2. Sf3 e6 3. d4 c×d4 4. S×d4 a6 5. Sc3 Dc7 6. g3 Sc6**

(Einige Theoretiker raten dem Nachziehenden dringend von diesem Zug ab, falls Weiß seinen Königsläufer fianchettiert.) **7. Lg2 Sf6 8. 0–0 Le7** (Die Theorie gibt bisher noch keine eindeutige Auskunft darüber, ob dieser Zug oder die Fortsetzung 8. – S×d4 9. Dxd4 Lc5 bessere Ausgleichschancen bietet.) **9. Le3?!** Hier dürfte Weiß das strategische Ziel vorgeschwebt haben, aus der vorübergehenden Schwäche des Feldes b6 Nutzen zu ziehen, um durch c2–c4 das Zentrum zu blockieren. Wie sich aber zeigt, hat dieser Gedanke auch seine Schattenseiten.

Vor schwierigere Probleme stellt den Nachziehenden jedenfalls 9. Te1!, wonach 10. S×c6 d×c6 und e4–e5! droht, z. B. 9. d6 (9. – 0–0!? 10. S×c6 d×c6 11. e5 Td8 12. Df3! Sd5 13. h4 b5?! 14. Lg5! +—, Wasjukow–Damjanović, Warna 1971) 10. S×c6 b×c6 11. e5! d×e5 12. T×e5 Lb7! (12. – 0–0 13. Te1 +—) 13. Lf4!? (13. Te1 Td8 14. Df3 ∞) 13. – Ld6 14. Tg5?! (14. T×e6+!? f×e6 15. L×d6 Dd7! 16. Lc5 ∞, Browne–Langeweg, Amsterdam, 1972) 14. – L×f4 15. g×f4 Td8 ∞ Schmidt–Portisch, Adelaide 1971.

Eine interessante Idee ist der bewußte Tempoverlust mit 9. Te1 S×d4 10. D×d4 Lc5!, worauf aber 11. Lf4 hier nicht gut wäre.

**9. – d6** (Nach 9. – Se5 10. De2 Sc4 11. Lc1 droht 12. b3 nebst 13. Lb2.) **10. S×c6?!** (Weiß hält unnachgiebig an seinem verfehlten Plan fest. Weitaus besser war indes die altmodische Behandlung der Variante durch 10.

h3 nebst g4 und Se2–g3, zumal der Anziehende auf diese Weise Gegenchancen am Königsflügel erlangt hätte.) **10. – b×c6 11. Sa4 Tb8 12. c4 0–0 13. Te1** (Bis auf weiteres nimmt Weiß eine abwartende Haltung ein. Gefährlich wäre 13. c5 wegen 13. – d5 nebst e5!) **13. – c5 14. b3 Td8 15. Sc3 Lb7 16. f4?!** Weiß hat es nicht leicht, einen guten Plan zu finden, wogegen Schwarz die Schwäche des Feldes d4 auszunutzen und später durch Lc6 nebst a5–a4 die weiße Bauernkette aufzulockern vermag.

Der Textzug entspringt der Erkenntnis, daß passives Verhalten dem Gegner erlauben würde, seine Absichten zu verwirklichen. Deshalb bemüht sich der Anziehende, um jeden Preis die Initiative am Königsflügel zu ergreifen. Doch dabei schwächt er den Bauern e4. Beachtung verdiente deshalb die zurückhaltendere Aufstellung durch 16. h3, 17. Dc2 nebst Tab1 und Tde1.

Im folgenden schickt sich Schwarz an, das Feld d4 zu besetzen.

**16. – Sd7! 17. Dd2 Tbc8!** (Schafft Platz für das Manöver Sb8–c6–d4.) **18. Sd1 Lf6 19. Tc1 Sb8 20. Sf2 Sc6 21. Sg4 Ld4!**

Logischerweise ist Schwarz bestrebt, die das Feld d4 schützenden weißen Figuren abzutauschen. Dabei durfte er den sich entfaltenden gegnerischen Angriff nicht unterschätzen.

**22. f5! L×e3+ 23. D×e3 f6!** (Die Pointe des Verteidigungsplanes; dadurch wird der weiße Ansturm abgewiesen. Im Fall von 24. f×e6?!

würde Schwarz den Bauern rasch zurückerobern und anschließend seine Kräfte gegen den Bauern e4 konzentrieren.)

**24. Df2 e5 25. Se3 Sd4 26. g4!** Weiß hat keine andere Wahl als g4–g5, denn nach 26. Sc2 und 27. S×d4 und e×d4 wäre der Bauer e4 schwach. Bei Sd5 und L×d5 – was in der Partie später tatsächlich geschieht – erlangt Schwarz jedoch dank seinem beweglichen Springer, der dem schlechten weißen Läufer überlegen ist, ein erdrückendes Übergewicht.

**26. – a5! 27. Tb1 Ta8 28. h4 De7 29. Dg3 h6 30. Tb2 Kf8 31. Kh2 Lc6 32. Sd5?** (Weiß fordert das Schicksal heraus! Zäher war 32. Tg1, um die Drohung g4–g5 aufrechtzuerhalten.)

**32. – L×d5 33. c×d5 Tdb8 34. Teb1 Tb7 35. a4**

Der Anziehende bemüht sich, mit Lf1–c4 eine uneinnehmbare Festung aufzubauen und die Stellung geschlossen zu halten. Ein derart passiver Plan bewährt sich aber nur selten. Als Entschuldigung sei angeführt, daß andernfalls der gut vorbereitete Vorstoß a5–a4 den Kampf früher oder später ohnehin zugunsten von Schwarz entschieden hätte.

**35. – Tab8 36. Lf1 Tb4! 37. Lc4 T8b6 38. Kg2 Db7 39. Dc3 Ke8!** Schwarz hat zwei Trümpfe in der Hand, nämlich das Druckspiel auf der b-Linie sowie die Möglichkeit, im geeigneten Moment durch h6–h5 Linien öffnen zu können. Letzteres erfordert jedoch, daß Schwarz zuerst seinen König in Sicherheit bringt, weil andernfalls ständig die Drohung g4–g5 in der Luft liegt.

**40. Kf2 Kd8 41. h5!** (Die zäheste Verteidigung, nach der Schwarz nur noch am Damenflügel durchzubrechen vermag. Zu diesem Zweck findet der schwarze Monarch jetzt wieder am Königsflügel einen sicheren Unterschlupf.) **41. – Ke7! 42. Kg2 Kf8 43. Kf2 Kf7 44. Kg2 Kg8 45. Kf2 Kh7 46. Ke3 Da7 47. Kf2 Tb8 48. Kg2?!**

Dank der Überlegenheit des Springers über den schlechten Läufer besitzt Schwarz einen gewaltigen Vorteil, dem in dieser Stellung indes nur theoretische Bedeutung zuzukommen scheint. Portisch weist jedoch nach, daß dieser Schein trügt. Wegen 48. Ke3 (in Verbindung mit Kd3) vergleiche man die Anmerkung zu 49. D×c4.

**48. – T×c4!!**
Nach gründlicher Vorbereitung deckt Schwarz endlich seine Karten auf und verschafft sich eine Möglichkeit, in die feindliche Stellung einzudringen. Der Kern der Kombination besteht darin, daß der Springer im vorliegenden Fall sogar stärker ist als ein Turm. Außerdem werden durch das Opfer die Schwächen der weißen Bauernstruktur und die Verwundbarkeit des weißen Königs bloßgelegt.

**49. D×c4**
Nach 49. b×c4 Tb4! hätte Weiß mit seinem a-Bauern Sorgen, z. B.: a) 50. T×b4 a×b4! (Das ist noch nachhaltiger als 50. – c×b4, was ebenfalls chancenreich wäre.) 51. Db2 (51. Da1 Sc2! 52. Da2 – die Drohung Se3+ nebst S×c4 mußte pariert werden – 52. – Sa3 –+) 51. – D×a4 52. Ta1 Dc2+ 53. D×c2 S×c2 54. Tb1 (54. Ta6 b3!) 54. – Sa3 55. Tc1 b3, und Schwarz gewinnt.

b) 50. Ta1 Db6 51. Tc1 T×a4 mit siegverheißendem Spiel.

Aus den letzten Varianten geht hervor, daß der weiße König besser im Zentrum – beispielsweise auf dem Feld d3 – gestanden hätte (siehe dazu die Anmerkung zu 38. Kg2). In diesem Fall ist nämlich das Feld c4 gedeckt, so daß 51. Tc1 nicht erzwungen wäre. Weiß hätte aber auch dann mit Schwierigkeiten zu kämpfen gehabt, denn er muß mit Sd4–f3–g5 nebst S×e4! und T×c4+ rechnen und aufpassen, daß er nicht in Zugzwang gerät. Nach dem Textzug dringen die schwarzen Schwerfiguren mit unwiderstehlicher Kraft ins feindliche Lager ein.

**49. – Tb4 50. Dc3 Da6 51. Kf2 c4!** (In geschlossenen Stellungen ist es immer vorteilhaft, einen Durchbruch bei der Hand zu haben.) **52. b×c4**

T×c4 53. Da3 Dc8! 54. Td2 (54.
D×d6 Tc2+ 55. Kf1 T×b2 56.
T×b2 Dc1+ kostet einen Turm.)
54. – Tc3 55. Db2 Dc4! 56. Kg2 Sb3
57. Te2 Dd3 (Nun sind die schwar-
zen Figuren vortrefflich postiert.
Weiß hat keine Rettung mehr.) 58.
Tbe1 Sd4 59. Kh1 Dh3+ 60. Th2
Df3+ 61. Kg1 (Auf 61. Dg2 hätte
61. – Tc2! 62. D×f3 T×h2+ 63.
K×h2 S×f3+ entschieden.) 61.
– Dg3+ 62. Kf1 Sf3! Weiß gab auf.

## HOLLÄNDISCHE VERTEIDIGUNG

### 11.

**Portisch–Uhlmann**
**Interzonenturnier**
**Stockholm 1962**

1. c4 f5 2. d4 Sf6 3. g3 g6 (Die so-
genannte Leningrader Variante, die
die Vorzüge der Holländischen und
der Königsindischen Verteidigung
mehr oder minder erfolgreich in sich
vereinigt.) 4. Lg2 Lg7 5. Sf3 (We-
gen der interessanten Fortsetzung 5.
Sh3 siehe dazu die 56. Partie.) 5. –
0–0 6. b3!
In den Theoriewerken wird dieses
Abspiel im allgemeinen nur mit Sc3
untersucht, doch mit dem Aufschub
der Entwicklung dieses Springers
hält sich der Anziehende noch ver-
schiedene Möglichkeiten offen. Der
weiße Damenläufer wirkt auf der
großen Diagonale dem schwarzen
Königsläufer entgegen, und zugleich
soll der übliche Zug c5 unterbunden
werden.
6. – d6 7. Lb2 a5 (Ein für dieses
System charakteristischer Zug, durch
den Schwarz am Damenflügel Raum
gewinnt und gleichzeitig die Sprin-
gerentwicklung nach a6 vorbereitet.)
8. 0–0 c6 9. Dc2 (9. Sc3 Sa6 10. Tc1
Ld7 11. d5! Sc5 12. Se1 Db6 13.
Sd3 S×d3 14. D×d3 Tf7 15. Sa4
Da6 16. d×c6 L×c6 17. L×c6
b×c6 18. c5! ±, Portisch–Kovače-
vić, Nikšić 1983).
9. – Sa6 (Der beengt stehende Nach-
ziehende ist bestrebt, sich durch
e7–e5 Bewegungsfreiheit zu ver-
schaffen und möchte sein Vorhaben
durch Dc7, Ld7 und Tae8 verwirk-
lichen.) 10. a3 Dc7 (Da Portisch
den eben skizzierten Plan vereiteln
kann, kam eher 10. – e6 nebst De7
in Betracht.) 11. Sbd2 Ld7 12. c5!
(Ermöglicht – wenn auch unter vor-
übergehendem Bauernopfer – Sc4!,
wonach der Punkt e5 ein weiteres
Mal kontrolliert wird. Eine Schat-
tenseite dieses Zuges besteht aller-
dings darin, daß das Feld d5 nun
in den Besitz von Schwarz gelangt.)
12. – Kh8! (Uhlmann paßt sich
geschickt den veränderten Verhält-
nissen an. Er möchte Le6 ziehen und
räumt – im Hinblick auf den Sprin-
gerausfall nach g5 – das Feld g8 für
den Läufer. Dagegen hätte 12. – d5
die beiden schwarzen Läufer einge-
schlossen und obendrein noch das
Feld e5 geschwächt.) 13. Tac1 Tae8
14. Sc4! Le6 (In der sich nach 14. –
d×c5 15. d×c5 S×c5 16. S×a5
D×a5 17. b4! öffnenden Stellung

hätte Weiß großen Positionsvorteil.)
**15. Tfd1 Se4?!**
Danach kann Portisch günstige Vereinfachungen erzwingen. Vorzuziehen war deshalb 15. – Sd5! 16. Sg5! Lg8 17. e4 (17. f3?! f4!) 17. – f×e4 18. S×e4 Td8 oder 15. – Ld5 16. Sg5! Lg8 (16. – L×g2 17. K×g2 +–) 17. c×d6 e×d6 18. Dd2 usw. In beiden Fällen stände Weiß zwar überlegen, aber angesichts der verwickelten Stellungen hätte auch Schwarz einige Gegenchancen.
**16. Sfd2! S×d2** (Der Nachziehende hat nichts Besseres, denn 16. – d×c5 17. S×e4 f×e4 18. d×c5 S×c5 19. L×g7+ K×g7 20. Dc3+ Tf6 21. S×a5 überließe dem Gegner ein gewaltiges Positionsübergewicht.)
**17. D×d2! d×c5** (Wegen des bedrohten Bauern a5 ist Schwarz genötigt, das Feld e5 preiszugeben und gerät dadurch in entscheidenden Nachteil. 17. – L×c4 18. T×c4 d5 19. Ta4 war jedoch gleichfalls verdächtig.) **18. d×c5 L×b2 19. D×b2+ Kg8 20. Se5**
Nach der Eroberung des wichtigen Zentrumsfeldes kann die Position für Weiß als gewonnen beurteilt werden. Im folgenden ist Schwarz bestrebt, die Schwerfiguren abzutauschen, aber wegen seiner zerrütteten Bauernstellung vermag er den übrigbleibenden weißen Figuren keinen ernsthaften Widerstand entgegenzusetzen.
**20. – Td8 21. Dc3 T×d1+ 22. T×d1 Td8 23. Td3! Ld5 24. L×d5+ T×d5 25. T×d5 c×d5 26. Sd3**
Öffnet die Diagonale für die Dame

und versucht, den Springer auf ein noch günstigeres Feld zu überführen. Auch 20. b4 a×b4 21. a×b4 S×b4?! 22. D×b4 D×e5 23. D×b7 D×e2 24. D×d5+ ist chancenreich für Weiß, aber wenn sich Schwarz nicht auf die Abtauschkombination einläßt, kann er noch lange kämpfen.
**26. – e5!?** (Die einzige Möglichkeit, Gegenspiel zu erhalten. Bei anderen Zügen wäre Schwarz mit b4–b5 allmählich an die Wand gedrängt worden.)
**27. b4! a×b4 28. a×b4 e4 29. Sf4 Dc6**

**30. De5!**
Der Partieschluß bietet das lehrreiche Beispiel eines mit reduziertem Material geführten Mattangriffs. Die Voraussetzungen dafür sind durch die aufgelockerte schwarze Bauernkette gegeben.
**30. – S×b4** (30. – Sc7 wäre zu passiv, denn gegen h2–h4–h5 hätte Schwarz kaum eine Verteidigung.)
**31. Se6 Dd7** (Gegen das von beiden Seiten drohende Matt gab es nichts Besseres.) **32. Df6 h5 33. D×g6+**

Kh8 34. Df6+ Kg8 35. Df8+ Kh7 36. D×f5+ Kg8 37. Dg6+ Schwarz gab auf.

## NIMZOWITSCH-INDISCHE VERTEIDIGUNG

### 12.

### Portisch–Schamkowitsch
### Sarajevo 1963

**1. d4 Sf6 2. c4 e6 3. Sc3 Lb4 4. e3 b6** (Eine alte Fortsetzung, die zu Beginn der fünfziger Jahre wieder in Mode gekommen ist, als herausgefunden worden war, daß der Damenläufer nicht nur nach b7, sondern auch nach a6 entwickelt werden kann.) **5. Sge2** (Zweifellos die logischste Entgegnung. Weiß trifft Vorkehrungen, um 6. a3 zu ziehen, wonach er entweder in den Besitz des Läuferpaares gelangt und die unangenehme Fesselung aufhebt oder nach 5. – Lb7 6. a3 Le7 mit 7. d5! Raumvorteil erzielt. Abgesehen davon, ist auch 5. Ld3 Lb7 6. Sf3 eine vollwertige Fortsetzung.) **5. – La6!** (Dieser Ausfall war es, der damals als Neuerung galt. Schwarz nutzt den Umstand aus, daß der Bauer c4 augenblicklich ungeschützt ist, und greift ihn an.) **6. Sg3!** (Ein aktiver Entwicklungszug. Er gibt dem Läufer den Ausblick nach c4 frei, während der Springer das Feld e4 überdeckt. Dennoch verging eine geraume Zeit, ehe er die Spielweisen 6. Sf4 und

6. a3 aus der Turnierpraxis verdrängt hatte. Ein Beispiel für einen naheliegenderen Aufbau: 6. a3 L×c3+! 7. S×c3 d5! 8. b3 0–0 9. Le2 d×c4 10. b×c4 Sc6 11. a4 Dd7 12. Sb5 Tfd8 13. Lb2 Sa5 14. Dc2 c6 15. Sa3 De7 16. 0–0 c5 = , Botwinnik–Smyslow, Wettkampf 1957.
**6. – 0–0**
Nach 6. – L×c3+ 7. b×c3 d5 8. La3! d×c4 9. e4 Dd7 10. Le2 Sc6 11. Dc2 0–0–0 12. 0–0 h5 13. Tfd1 h4 14. Sf1 (+=) Sh5? 15. d5! geriet Fischer als Nachziehender gegen Portisch auf der Schacholympiade in Siegen in eine Verluststellung und vermochte nur mit Glück den Remishafen zu erreichen. 6. – c5 7. d5! e×d5 8. c×d5 L×f1 9. K×f1 führt zu einem kleinen Vorteil für Weiß.
**7. e4 Sc6?!**
Dieser Zug bringt Schwarz infolge Portischs durchdachter Spielführung in Schwierigkeiten. Mehr Chancen bietet 7. – d5! 8. c×d5 L×f1 9. K×f1 L×c3 10. b×c3 e×d5 11. e5 (11. Lg5 +=) 11. – Se4 12. f3 S×g3 13. h×g3 f5 14. Dd3! mit nur geringfügigem Vorteil für Weiß (Hecht).
**8. Ld3** (Gestützt auf eine einfache taktische Wendung, darf der Anziehende seine Entwicklung fortsetzen: 8. – S×d4?? 9. Da4! kostet nämlich eine Figur.) **8. – d5?**
Laut einer Analyse von Portisch (aus dem Jahre 1963) ist 8. – e5 besser, z. B. 9. d5 Sa5 (9. – L×c3+!? 10. b×c3 Se7 ∞) 10. De2 L×c3+ 11. b×c3 d6 12. Lg5 h6 13. Ld2 Lc8!? ∞.

**9. c×d5 L×d3 10. D×d3 e×d5
11. e5 Se4 12. a3!** (Portischs Analysen sind in dieser Variante wegweisend geworden. Mit dem Textzug befestigt Weiß weiterhin seine Zentrumsstellung. Dagegen hätte 12. f3 Sc5! 13. d×c5 d4 14. a3 S×e5 Schwarz Gegenchancen eingeräumt.) **12. – L×c3+ 13. b×c3 f5** (Auf diesen Zug hat der Nachziehende offenbar seine Hoffnungen gesetzt, denn scheinbar hat er nun die Position des Springers e4 gestärkt, da er nach 14. f3 S×g3 15. h×g3 Sa5! die schwachen Punkte im weißen Lager besetzen könnte.) **14. Se2!!** Die Folgen dieses durchaus nicht naheliegenden Rückzugs mußte Weiß sehr gründlich abwägen. Es droht jetzt 15. h4 und 16. f3 mit Figurengewinn, aber das kostet viel Zeit, die Schwarz dazu benutzen kann, am anderen Flügel Gegenspiel zu erlangen. **14. – Sa5** (14. – Sg5 taugt wegen 15. Db5! nichts.) **15. h4! Sb3 16. Tb1 S×c1 17. T×c1 f4** (Auf diese Weise wendet Schwarz den Figurenverlust ab, doch der vorgeprellte Bauer erweist sich als schwach.) **18. Df3!**

Die Pointe der mit dem 14. Zug eingeleiteten Abwicklung. Weiß erobert den Bauern f4, wonach auch der Bauer d5 anfällig wird, ohne daß Schwarz aus der auf der f-Linie entstehenden zeitweiligen Fesselung Nutzen ziehen könnte.

**18. – c5**
Durch die rasche Öffnung der c-Linie hofft Schamkowitsch, sich für den Bauernverlust schadlos zu halten, aber diese Erwartung erweist sich angesichts der Schwäche d5 als nicht gerechtfertigt. Sehr interessant ist, daß einige Jahre später auch Spasski diese Variante gegen Portisch versuchte (siehe dazu Partie 28) und an dieser Stelle mit 18. – De7 fortsetzte, damit aber ebenfalls keine guten Erfahrungen machte.
**19. S×f4 Tc8 20. De3 c×d4 21. c×d4 T×c1+ 22. D×c1 Tf7 23. g3 Tc7 24. Db2 Tc4**
Danach kommt Weiß zur Rochade, so daß er bald alle Figuren im Spiel hat. Zwecklos war indes auch das Opfer 24. – S×f2?!, denn nach 25. K×f2 Dc8 26. Db3! Tc2+ 27. Kg1 Tc1+ (27. – Td2 28. D×d5+ Kh8 29. Sg2) 28. Kh2 kann Weiß bei einem weiteren Turmschach auf c2 den Springer auf g2 dazwischenziehen.
**25. 0–0 Dd7 26. Tc1 Dc6 27. T×c4 D×c4** (27. – d×c4 28. d5 c3 29. Db3 Dc5 30. d6+ Kh8 31. Dc2 +–, Portisch) **28. Kg2 Kf7 29. a4!** (Bereitet den Übergang zu einem für Weiß günstigen Springerendspiel vor. Jetzt verbietet sich 29. – D×a4 wegen 30. f3, und auch 29. – Sc3

30. Dc2 ist für Schwarz verderblich.)
**29. – g6 30. Se2! Dd3 31. Db5!**
Das also war des Pudels Kern! Versucht Schwarz nun, dem Damentausch auszuweichen, gerät er sofort in eine Verluststellung. Doch nach 31. – D×b5 32. a×b5 hat Weiß keine Mühe, seinen Mehrbauern zur Geltung zu bringen, denn am Damenflügel werden die beiden schwarzen Bauern von einem weißen blockiert, so daß der Anziehende auf der anderen Seite eine Mehrheit von zwei Bauern besitzt. Portisch gibt dazu folgende Varianten an: 32. – Sd2 33. f4 Sc4 (auf 33. – h5 oder 33. – Ke6 geschieht 34. g4!) 34. Kf3 Sa3 35. Sc3 Sc2 (35. – Ke6 36. g4 Sc2 37. Se2 Sa3 38. f5+! g×f5 39. Sf4+ usw.) 36. S×d5 S×d4+ 37. Ke4 S×b5 38. g4, und die weißen Bauern rücken schneller vor.
**31. – Dc2 32. Dd7+ Kg8 33. e6**
Schwarz gab auf.

## NIMZOWITSCH-INDISCHE VERTEIDIGUNG

### 13.

### Portisch–Hamann
### Zonenturnier, Halle 1963

**1. d4 Sf6 2. c4 e6 3. Sc3 Lb4 4. e3 0–0 5. Ld3 d5 6. Sf3 d×c4** (Auf Ragosins Spuren: Schwarz plant Sc6, Ld6 und e5.) **7. L×c4 Sc6 8. 0–0**
Die Ragosin-Variante bildete 1961 ein Hauptthema beim Revanchekampf um die Weltmeisterschaft zwischen Botwinnik und Tal. Damals setzte Botwinnik als Anziehender mehrmals mit 8. a3 fort, aber nach 8. – Ld6 erlangte er weder mit 9. Sb5 e5 10. S×d6 D×d6 11. d×e5 D×d1+ 12. K×d1 Sg4 13. Ke2 Sc×e5 14. Ld5 c6 15. Le4 Le6 noch mit 9. b4 e5 10. Lb2 Lg4 11. d5 Se7 irgendeinen Eröffnungsvorteil. Der Textzug dürfte stärker sein.
**8. – a6?!**
Dieser Aufzug wurde schon mehrfach von Theoretikern empfohlen, um Lb5 auszuschalten. Es fragt sich jedoch, ob das ein wichtiges Tempo wert ist. Besser ist jedenfalls die gradlinige Fortsetzung 8. – Ld6 9. Lb5! e5! 10. L×c6 e×d4 11. e×d4! (Die Annahme des Bauernopfers durch 11. L×b7 L×b7 12. S×d4 Dd7 13. Sdb5 Dc6 14. f3 Le5! oder 11. S×d4 b×c6 12. S×c6 De8 13. Sd4 Lb7 verhilft nur Schwarz zur Initiative.) 11. – b×c6 12. Lg5 h6 13. Lh4 usw. mit geringem Vorteil für Weiß. Ein Beispiel: 13. – Lg4? (Lf5!) 14. h3 Lh5 15. g4 Lg6 16. Se5 L×e5 17. d×e5 D×d1 18. Ta×d1 +–, Portisch–Andersson, Prag 1971.
**9. a3 Ld6 10. e4 e5 11. d5 Se7 12. b4 Sg6 13. Se1!** (Die Überführung des Springers nach d3 nutzt Weiß auf beiden Flügeln.) **13. – De7 14. Sd3 Sf4?!** Ein verfrühter Entschluß, denn die nach einigen Zügen entstehende Stellung ist bei weitem nicht so rosig, wie Schwarz sie sich ausgemalt hat. Klüger war es, eine

abwartende Taktik zu befolgen, da auch Weiß nur schwer vorankommen kann. Gegen den Vorstoß f2–f4 läßt sich nämlich einwenden, daß er den Punkt e5 bedenklich schwächt. Beachtung verdient deshalb 14. – Ld7 und 15. – c6 oder auch 14. – Kh8, um zunächst mit dem König die Diagonale des Läufers c4 zu verlassen.

**15. L×f4 e×f4 16. e5!** (Ein zeitweiliges Bauernopfer, nach dem Schwarz ständig mit Drohungen auf der e-Linie zu rechnen hat. Der Vorstoß mußte sofort erfolgen, da der Nachziehende mittels Sf6–g4–e5 in Vorteil zu kommen drohte.) **16. – L×e5 17. Te1 Sd7 18. S×e5 S×e5 19. Dd4 Te8 20. D×f4**
Weiß hat den geopferten Bauern zurückerobert. Obwohl er dem Springer e5 nichts anzuhaben vermag, bleibt diese Figur vorläufig noch die Quelle vieler Sorgen, da ihre Deckung viel Zeit beansprucht. Wesentlich angenehmer wäre die Lage für den Verteidiger, wenn f7–f6 angängig wäre. Doch dieser Aufzug verbietet sich angesichts des Läufers c4.

**20. – Ld7 21. Te3 Dd6 22. Se4 Db6 23. Le2 Sg6** (Schwarz möchte dem bevorstehenden Königsangriff vorbeugen, doch sein Springer vermag sich auch auf g6 nicht zu behaupten, da später der weiße h-Bauer vorrückt.) **24. Dg3 Lf5** (Laut Barcza stände Schwarz nach 24. – f5 25. Sc5 f4 26. T×e8+! T×e8 27. Df3 wegen der schwachen Punkte b7, e6, f4 ebenfalls schlecht.) **25. Lf3 a5(!)**

(Um dem weißen Springer den Stützpunkt c5 zu nehmen.) **26. b×a5 D×a5 27. h4!** (Die Auflockerung der schwarzen Königsstellung beginnt. Es droht bereits 28. h5 nebst 29. Sf6+.) **27. – Db6 28. Tae1** (Erneut droht Sf6+.) **28. – Se5**

Scheinbar hat sich Schwarz entlastet. Er beabsichtigt nun 29. – S×f3+ und 30. – L×e4, um durch diese großangelegte Abtauschaktion seine Chancen am Damenflügel zu vergrößern.

**29. Lh5!** (Gewiß nicht schablonenhaft gespielt. Der Zug verhindert die Deckung des Springers e5 durch f7–f6 und unterbindet zugleich den Tausch auf e4.)

**29. – g6** (Schwächt das Feld f6, was Weiß sofort ausnutzt. Schwarz hatte aber in jedem Fall mit Schwierigkeiten zu kämpfen, z. B. 29. – Kh8 30. Sg5! oder 29. – Lg6 30. L×g6 h×g6 – 30. – D×g6 31. D×g6 h×g6 32. Sc5 – 31. Sg5! +–).

**30. Tb3! Da6** (Erzwungen, da der Punkt f6 gedeckt bleiben muß, doch nun kann der weiße Läufer mit Tempogewinn zurückweichen.) **31. Le2 Da5** (Der Turm e1 hängt, und

Schwarz kommt noch einmal ohne Materialeinbuße davon, aber seine Dame hat sich von der geschwächten Königsstellung entfernt.) **32. Sf6+ Kh8 33. Tf1 Te7 34. Df4!** (Die bewegliche Dame entscheidet den Kampf rasch. Es droht 35. Dh6, und zur gleichen Zeit türmen sich die Gewitterwolken auch auf der großen Diagonale auf.) **34. – Sd7 35. Dd4 Dc5 36. Da1!** (Ein origineller Zug, dank dem Weiß seine Herrschaft über die große Diagonale behauptet. Hingegen hätte er bei 36. Db2!? durch 36. – T×e2! eine unangenehme Überraschung erlebt.) **36. – Se5** (36. – S×f6 37. D×f6+ Kg8 38. Lf3 Dd6 39. Db2 +–, Barcza) **37. g4!** (Befestigt die Position des Springers.) **37. – Dd6 38. g5! h6 39. f4,** und Schwarz überschritt in dieser verlorenen Stellung die Bedenkzeit.

# DAMENGAMBIT

## 14.

### Portisch–Donner
### Zonenturnier, Halle 1963

**1. c4 Sf6 2. Sc3 e6 3. Sf3 d5 4. d4 Le7 5. Lf4** Im Grunde ist das die natürliche Reaktion in dieser Stellung. Der Zug wurde aber in der Blütezeit des orthodoxen Damengambits, d. h. in den ersten Jahrzehnten unseres Jahrhunderts, kaum beachtet. Statt dessen zog man mechanisch 5. Lg5. Portisch hat den Textzug schon frühzeitig in sein Repertoire aufgenommen und oft erfolgreich angewandt. **5. – 0–0 6. e3 Sbd7?!** Aktiver ist 6. – c5, was in der 19. Partie geschah. **7. c5!** Engt den Nachziehenden völlig ein! Bei der gewöhnlichen Fortsetzung Lg5 hätte Schwarz den Durchbruch e6–e5 verwirklichen können, jetzt hingegen befindet sich das Feld e5 fest in der Hand von Weiß. Im folgenden kann zwar durch Sf6–h5 der Läufer abgetauscht werden, aber der nach f4 gelangende Bauer würde die schwarze Stellung noch wirksamer blockieren. **7. – Sh5?** (Schwarz steht sehr gedrückt. In Betracht kam deshalb 7. – b6 8. b4 a5 9. a3 Se4. In der Enzyklopädie 1987 ergibt die Fortsetzung 7. – c6 8. Ld3 Sh5 9. 0–0 f5 10. h3 Shf6 laut Karpow gleiches Spiel, aber das ist kaum zu glauben.) **8. Ld3 g6 9. 0–0 c6 10. b4!** (Droht 11. b5 mit aussichtsreicher Initiative am Damenflügel. Donner möchte das durch b7–b6 verhüten, doch dabei wird der Bauer c6 verwundbar und für den nach e4 gelangenden weißen Läufer ein Angriffsobjekt. Als dieser später abgetauscht wird, tritt ein Turm an seine Stelle. Die Preisgabe des Feldes d5 hat demgegenüber angesichts des großen weißen Raumvorteils keinerlei Bedeutung.) **10. – b6 11. Lh6 Te8 12. e4 Dc7?** (Es zeigt sich bald, daß die Dame hier schlecht steht. Relativ zäher war 12. – d×e4 13. L×e4 Lb7.)

**13. Te1!** d×e4 (Diesen Tausch konnte Schwarz kaum hinauszögern. Indem Weiß nun die zeitweilige Schwächung der großen Diagonale ausnutzt, zwingt er den Gegner zu verhängnisvollen Abtauschaktionen.) **14. L×e4 Shf6 15. Sb5! Db7 16. Sd6!** L×d6 (Diesen Läufer wird Schwarz bei der Verteidigung seines Königs noch schmerzlich vermissen. Auch der Bauer d6 kann ihm viele Unannehmlichkeiten bereiten.) **17. c×d6 S×e4 18. T×e4** (Infolge dieser zwangsläufigen Abwicklung ist die schwarze Königsstellung nun unheilbar schwach.) **18. – c5 19. Th4 c4** (Im Fall von 19. – c×b4 20. Dd2 a5 gewinnt Weiß durch dasselbe Motiv wie in der Partie.) **20. Dd2 f6** (Hartnäckiger geschah 20. – f5, obwohl auch dann die Überführung des Läufers nach e5 den Ausschlag gegeben hätte.)

**21. Lg7!**
Webt ein Mattnetz, aus dem sich Schwarz nur unter großen materiellen Opfern zu befreien vermag. 21. – K×g7 hätte ein Matt in vier Zügen zur Folge gehabt. **21. – Se5 22. d×e5 D×g7 23. T×c4** (Plötz-

lich droht von der anderen Seite des Brettes her Gefahr. Es ist interessant, wie sich der Schwerpunkt des Kampfes gesetzmäßig von dem einen Flügel auf den anderen verlagert hat.) **23. – f×e5 24. Tc7 Ld7 25. Dc3**
Schwarz gab auf, denn nach 25. – Tac8 26. Tc1 droht nicht nur 27. S×e5, sondern auch 27. T×c8 T×c8 28. D×c8+ L×c8 29. T×c8+ Kf7 30. Tc7+.

## NIMZOWITSCH-INDISCHE VERTEIDIGUNG

### 15.

**Portisch–Larsen**
**Zonenturnier, Halle 1963**

**1. c4 Sf6 2. Sc3 e6 3. d4 Lb4 4. e3 0-0 5. Sf3 b6 6. Ld3 Lb7** (Ein Vorzug der Nimzowitsch-Indischen Verteidigung besteht darin, daß Schwarz den Gegner oft lange darüber im ungewissen lassen kann, welche Bauernaufstellung er anstrebt.) **7. 0-0 L×c3** (Schwächt die weiße Bauernkette und dient der Kontrolle über den Punkt e4. Eine andere gebräuchliche Variante ist 7. – c5 8. Sa4! c×d4 9. e×d4 Le7.)
**8. b×c3 Le4 9. Le2**
Der Vorteil des Läuferpaares wiegt in dieser Position den Nachteil des Doppelbauern auf. Deshalb wäre es unlogisch, den Königsläufer abzutauschen – ganz zu schweigen von der damit verbundenen Schwä-

chung des Bauern c4. Ein Beispiel mag das Gesagte veranschaulichen: 9. L×e4 S×e4 10. Dc2 f5 11. Se5 De8 12. f3 Sf6 13. La3 d6 14. Sd3 c5 usw. = +, Reshevsky–Aljechin, AVRO-Turnier 1938. Der Textzug verliert nur scheinbar ein Tempo, weil Weiß durch den folgenden Springerzug den Zeitverlust wieder ausgleicht.

**9. – c5 10. Sd2** (Dadurch wird der f-Bauer beweglich, so daß Weiß ein starkes Bauernzentrum aufbauen kann.)

**10. – Lb7** (Beachtung verdient auch 10. – Lg6.) **11. f3 d5** (Um nicht völlig eingeschnürt zu werden, ist Schwarz gezwungen, den weißen Doppelbauern aufzulösen.) **12. Sb3! Dc7 13. d×c5 b×c5?!**
Laut Taimanow, der sich auf R. Schwarz beruft, führt die Fortsetzung 13. – d×c4 14. L×c4 Sbd7 15. La3 S×c5 16. S×c5 b×c5 zu gleichem Spiel, doch nach 17. e4 scheint diese Behauptung angesichts des Läuferpaares und des starken weißen Zentrums doch anfechtbar zu sein. **14. c×d5 e×d5?** (Schwarz wollte auf diese Weise wohl die Wirkungskraft des gegnerischen Läuferpaares einengen, erreicht aber genau das Gegenteil. Barcza hat deshalb 14. – S×d5! 15. Dc2 f5 vorgeschlagen.) **15. c4!** („Ein vielseitiger Bauernzug; er öffnet dem einen Läufer eine Diagonale, bringt den Bauern c5 in Gefahr und bereitet e3–e4 vor." – Barcza) **15. – Te8 16. Dc2 Sbd7 17. c×d5 S×d5 18. e4 Sb4** (18. – Sf4 19. L×f4 D×f4 20. Lb5!)

**19. Dc3 Sd5** (Der dänische Großmeister fühlt sich in dieser Stellung offensichtlich nicht wohl und trachtet deshalb nach einem Unentschieden durch Zugwiederholung.) **20. Da5!** (Ein Zug von tödlicher Kraft. Der Damentausch wäre nun mit der schnellen Niederlage von Schwarz gleichbedeutend, ohne ihn vermag Weiß indessen den Druck auf den c-Bauern bedenklich zu verstärken.) **20. – S5b6 21. Le3 c4 22. Tac1 Te5!?**

Der großartige Taktiker Larsen fühlt natürlich, daß er bei normalem Spielverlauf an der Schwäche des Bauern c4 zugrunde gehen muß, und versucht deshalb, im trüben zu fischen. Gegen einen schwächeren Gegner hätte er jetzt wahrscheinlich mit 23. Da3 f5!? 24. Lf4 f×e4 25. L×e5 S×e5 Gegenchancen bekommen, aber nach Portischs Antwort gerät er rasch in eine verlorene Stellung.

**23. L×c4!!**
Weiß kümmert sich nicht darum, daß seine Dame einsteht, sondern nutzt elegant die unbeholfene Aufstellung der feindlichen Dame aus,

wobei er seine Streitkräfte auf kombinatorische Weise entwickelt und eine entscheidende Abwicklung erzwingt. Hier sind die Varianten: a) 23. – T×a5 24. L×f7+ K×f7 25. T×c7 T×a2 26. L×b6! usw.; b) 23. – D×c4 24. T×c4 T×a5 25. S×a5 S×c4 26. S×c4 La6 27. Tc1 Tc8 28. Sd6, und Weiß muß trotz der ungleichfarbigen Läufer gewinnen. **23. – Dd6 24. Tfd1! T×a5** (24. – S×c4 25. T×d6 S×a5 26. T×d7 S×b3 27. a×b3, und Weiß siegt mühelos, indem er die Türme auf der 7. Reihe verdoppelt.) **25. T×d6 T×a2 26. L×b6!** (Eine weitere „kleine Kombination", die den Widerstand des Nachziehenden schnell bricht.) **26. – S×b6 27. L×f7+ K×f7 28. Tc7+ Kg8 29. T×b7 Tc8 30. h4 g6 31. Sd4** Schwarz gab auf.

# ENGLISCHE ERÖFFNUNG

## 16.

### Darga–Portisch
### Beverwijk 1964

**1. Sf3 Sf6 2. c4 c5 3. Sc3 e6 4. g3 Sc6 5. Lg2 d5 6. c×d5 S×d5** (Mit 6. – e×d5 7. d4 wäre die Hauptvariante des Tarrasch-Systems des orthodoxen Damengambits entstanden.) **7. 0–0 Le7 8. d4 0–0 9. S×d5** (Nach Meinung mancher Fachleute ist 9. e4 aussichtsreicher; siehe dazu die 92. Partie. Interessant ist auch 9. Tb1.) **9. – e×d5**

Weniger gut ist 9. – D×d5? 10. Le3! Dg5 11. d×c5 +–. Nach dem Textzug ähnelt die Stellung der Hauptvariante des Tarrasch-Systems, jedoch mit dem Unterschied, daß die Springer c3 und f6 abgetauscht sind. Es ist schwer zu beurteilen, für wen dieser Umstand günstig ist, denn Weiß gebietet nun nicht mehr über die übliche Fesselung durch Lg5, während die Vereinfachung der Stellung ihn – angesichts des vereinzelten Bauern d5 – im Prinzip natürlich begünstigt. **10. d×c5 L×c5 11. Lg5** (In Betracht kam auch 11. Dc2 Lb6 12. Sg5 oder 11. b3.) **11. – Db6!?** (Jetzt und im folgenden bietet Schwarz seinen d-Bauern an, um auf der sich öffnenden Linie die Initiative ergreifen zu können. Einen minimalen Vorteil überließe Weiß hingegen die Folge 11. – f6 12. Tc1! Lb6 13. Ld2!? usw., Portisch–Keres, San Antonio 1972.) **12. Tc1(!)** (Nach 12. D×d5? Le6 13. Dd2 h6 14. Lf4 Tfd8 hätte Schwarz das Heft fest in der Hand.) **12. – d4?!** Portisch öffnet die Diagonale für den nach e6 gelangenden Läufer und ist nach wie vor bereit, sich von seinem d-Bauern zu trennen. Der Nachteil dieses Planes besteht darin, daß der Wirkungskreis des Läufers c5 verringert und der d-Bauer später eventuell schwach wird. **13. Sd2?!** (Von hier aus findet der Springer kein gutes Feld, zumal die Eroberung des d-Bauern nur Wasser auf die Mühle von Schwarz wäre. Se1 und dann Sd3! hätte Weiß einen kleinen, jedoch spürbaren Vorteil gesichert.) **13. – Te8!** (Räumt f8 für den Läufer und nimmt den Bauern e2 aufs Korn.) **14. Sb3?!** (Besser scheint 14. Sc4 Da6?! 15. b3! zu sein mit beiderseitigen Chancen.) **14. – Lf8 15. Dd3 a5!** (Wegen der Bedrohung des Punktes b2 läßt sich Weiß nun auf einen Bauernraub von zweifelhaftem Wert ein.) **16. Tfd1 h6 17. Lf4 Td8 18. L×c6!** Angesichts der Drohung a5–a4 ist es noch am besten, den Bauern zu nehmen. Das dabei entstehende Endspiel ist zwar für Weiß ungünstig, aber noch durchaus haltbar. **18. – b×c6 19. S×d4 c5 20. Db5** (Das war die Absicht. Andernfalls hätte Weiß allerdings auch eine Figur verloren.) **20. – Da6!** (Wickelt zu einem Endspiel ab, in dem Schwarz mit seinem Läuferpaar Herr der Lage sein wird.) **21. D×a6 L×a6 22. Sc6 T×d1+ 23. T×d1 L×e2 24. Te1 Lb5 25. Se7+! Kh7 26. Ld6?** (Scheinbar ein starker Zug, in Wirklichkeit jedoch der entscheidende Fehler, weil nach Portischs Antwort der Springer e7 in Gefahr gerät und nur gerettet werden kann, indem der weiße Läufer passiv gestellt wird. Wesentlich besser war 26. Sd5! Te8 mit erträglichem Nachteil.) **26. – Lc4! 27. L×c5** (27. b3 Le6 28. L×c5? Te8!) **27. – L×a2 28. La3 g6!** Hierzu bemerkt der ungarische Meister Flesch: „Droht, den Springer e7 durch Le6 und Ta6 endgültig einzukreisen. Zieht dieser aber bei-

seite, ist der Abtausch auf a3 für Schwarz günstig, da das Endspiel mit Turm und Läufer gegen Turm und Springer zu seinem Vorteil ausschlägt. Weiß ist deshalb genötigt, den Turm abzutauschen." **29. Tc1 a4 30. Tc8 T×c8 31. S×c8 Lg7**

Auf den ersten Blick scheint die Stellung angesichts des reduzierten Materials und der symmetrischen Bauernstruktur remis zu sein. Eine eingehendere Untersuchung zeigt aber, daß sich Schwarz im Vorteil befindet. Sein Läuferpaar ist nämlich mehr wert als Läufer und Springer von Weiß, denn es vermag die gegnerischen Bauern auf beiden Flügeln gleichzeitig aufzuhalten, die eigenen Bauern zu schützen und den feindlichen König daran zu hindern, in die Brettmitte vorzudringen. Dagegen ist der Läufer a3 an den schwachen Bauern b2 gebunden, und dem Springer steht kein Stützpunkt zur Verfügung, so daß Schwarz durch Angriffe auf diesen wichtige Tempi gewinnen kann. Der Gewinnplan des Nachziehenden zerfällt in folgende Teile:

1. Sein Läuferpaar verhindert die Zentralisierung des weißen Königs.
2. Der schwarze König wandert zur Brettmitte und bedroht anschließend den Bauern b2.
3. Da Weiß den gefährdeten Bauern nicht mit dem Springer zu decken vermag, muß sein König diese Aufgabe übernehmen, wodurch die Königsflügelbauern ungeschützt bleiben und verlorengehen.
**32. Sd6 f5 33. Kf1 Ld4! 34. Ke2 Kg7 35. f3** (Um mit dem König eingreifen zu können.) **35. – Ld5! 36. h3** (36. Kd3 Lg1 –+) **36. – Kf6 37. Se8+** (Weiß findet keine brauchbare Fortsetzung mehr.) **37. – Kf7 38. Sd6+ Ke6 39. f4** In seiner Verzweiflung greift der Anziehende zu einer List: Nach 39. – L×b2? 40. L×b2 K×d6 41. Kd3! droht nämlich 42. Lg7 h5 43. h4. Der König gelangt rechtzeitig zur a-Linie, so daß die Stellung wegen der ungleichfarbigen Läufer sogar trotz des unhaltbaren Bauern g3 leicht remis zu halten wäre. Mit seinem 39. und 40. Zug lockert Weiß die Bauernstellung noch mehr auf, aber gegen den oben skizzierten Plan ist ohnehin kein Kraut gewachsen.
**39. – Lc6 40. g4 Lb6 41. Sc8** (Der Abgabezug.) **41. – Ld8 42. Ke3 Lb7 43. Sd6 Lb6+ 44. Kd3 La6+ 45. Kc3 Lc7 46. g×f5+ g×f5 47. Se8 L×f4** (Die systematische Schwächung der gegnerischen Position hat Früchte getragen.) **48. Sg7+ Ke5 49. Lf8 Le2 50. Lc5 Ke4 51. Kb4 Ld1 52. Lf8 Le5 53. Se6 L×b2 54. Sc5+ Kf3 55. S×a4 L×a4 56.**

K×a4 h5 **57. Kb3 Le5 58. Kc4 Ke4!** (Der einfachste Gewinnweg! Der weiße König wird abgesperrt, und der f-Bauer zieht vor. Der weiße h-Bauer läuft inzwischen nicht davon.) **59. Lc5 f4 60. Lg1 f3 61. Lf2 Lf4 62. Kc3 Le3** Weiß gab auf.
Ein Lehrbeispiel von klassischer Schönheit! Es zeigt, wie der Vorteil des Läuferpaares ausgenutzt werden kann.

## NIMZOWITSCH-INDISCHE VERTEIDIGUNG

### 17.

**van Scheltinga–Portisch
Beverwijk 1964**

**1. d4 Sf6 2. c4 e6 3. Sc3 Lb4 4. Sf3 c5 5. e3 0–0 6. Ld2** (Eine Neuerung van Scheltingas.) **6. – c×d4 7. e×d4 d5 8. c5** (Eine der Pointen des gewählten Systems. Die Bauernstruktur ist aus der Panow-Variante der Caro-Kann-Verteidigung wohlbekannt.) **8. – b6 9. a3 L×c3 10. L×c3 Se4 11. Tc1**
Der Kerngedanke des weißen Aufbaus besteht darin, die Bauernmehrheit am Damenflügel auszunutzen. Spielt Schwarz planlos, kann er völlig eingeschnürt werden. Der folgende geistreiche Zug von Portisch illustriert den bekannten Lehrsatz, daß eine frühzeitige Flügelaktion am besten durch einen Gegenstoß im Zentrum bekämpft werden soll.

**11. – e5!** 12. d×e5?! (Schlecht wäre
12. c×b6 D×b6 13. S×e5, denn
nach 13. – Te8! droht sowohl 14. –
f6 als auch 14. – T×e5. Zum Aus-
gleich führte indessen 12. S×e5
b×c5 13. Le2 usw. Der Nachteil des
Textzuges liegt darin, daß Schwarz
ein starkes Bauernzentrum erhält
und der Bauer e5 später schutzbe-
dürftig wird.) **12. – b×c5 13. Ld3
Lf5 14. 0–0 Sd7 15. Lb5?**
Weiß möchte durch den Abtausch
des Springers den Bauern e5 ent-
lasten, verringert dabei aber seinen
Einfluß auf die zentralen Felder
noch mehr. Die einzige Chance,
gleiches Spiel zu bekommen, bot 15.
b4, wodurch wichtige Zentrumsfel-
der zurückerobert werden und oben-
drein der sich später als anfällig
erweisende Bauer b2 abgetauscht
wird.
**15. – Tb8! 16. L×d7** (Nach Euwe
erzwungen, da 16. Da4? Sb6 17.
D×a7? Ta8 18. Db7 Lc8 19. Dc6
Ld7 eine Figur kostet.) **16. – D×d7
17. Sh4 Le6 18. Le1** (Weiß beab-
sichtigt f2–f3 und sichert deshalb
zunächst seinen Läufer vor dem Ab-
tausch.) **18. – c4!** Der Auftakt zu
einem weitberechneten, in einem
Qualitätsopfer gipfelnden Plan, dank
dem der schwarze Springer nach d3
gelangt. **19. f3 Sc5 20. Lb4**
Auf diesen Läuferausfall hat sich
Weiß zu Unrecht verlassen.

**20. – Sd3! 21. L×f8 T×f8**
Nun erkennt man den eigentlichen
Sinn der Kombination: 22. Tc2 ver-
bietet sich, denn nach 22. – g5! 23.
Dd2 Td8! 24. f4 g×h4 25. f5 Lc8
26. f6 Kh8 gewinnt der Nachziehen-
de infolge seines Materialvorteils.
**22. f4 S×c1 23. D×c1 f5** (Bringt
das gegnerische Unternehmen am
Königsflügel zum Stehen, so daß
Schwarz, der unabwendbar mit d5–
d4 droht, entscheidenden Vorteil
erlangt.) **24. Sf3 d4 25. b3?!** (Ein
vergeblicher Versuch, der den Un-
tergang von Weiß nur beschleunigt.
Allerdings gab es gegen die unauf-
haltsam vorrückenden schwarzen
Zentrumsbauern auf die Dauer oh-
nehin kaum eine genügende Vertei-
digung.) **25. – c×b3 26. Td1 d3 27.
Dc3** (Der Anziehende glaubte offen-
bar, jetzt den geopferten Bauern vor-
teilhaft zurückgewinnen zu können,
aber Portischs Entgegnung raubt ihm
diese Illusion.) **27. – Tc8!**
Nun zeigt sich, daß 28. D×d3 an
28. – D×d3 29. T×d3 b2 30. Td1
Tc1 scheitert. In Anbetracht dieser
Variante gab Weiß – wenn auch
etwas verfrüht, so doch nicht unbe-
gründet – die Partie auf.

# FRANZÖSISCHE VERTEIDIGUNG

## 18.

### Honfi–Portisch
### Ungarische Meisterschaft
### Budapest 1964

**1. e4 e6 2. d4 d5 3. e5** (Eine alte Spielweise. Der Vorposten e5 übt auf die schwarze Stellung einen Druck aus, wird er aber zum Tausch gezwungen, kommt das Feld e5 den weißen Figuren zugute. Ihr Nachteil besteht darin, daß Schwarz nun ungestört einen Angriff auf den Bauern d4 einleiten kann.) **3. – c5 4. Dg4?!** Ein origineller Einfall, der auf Nimzowitsch zurückgeht. Ein typisches Beispiel für den modernen, kämpferischen Stil. Die weißen Offiziere stehen noch in ihrer Ausgangsstellung und dennoch unternimmt die Dame – den klassischen Prinzipien zum Trotz – einen Ausfall, um den schwarzen Königsflügel, gestützt auf den Bauern e5, lahmzulegen. Dieser Plan, der die Preisgabe des Bauern d4 einschließt, bewährt sich jedoch meist nicht, und so ist es begreiflich, daß er nie wirklich populär wurde. **4. – f5!** (Damit verzichtet Schwarz ein für allemal auf die Sprengung f7-f6, sichert aber seinen Königsflügel und kann nach dem Fall von d4 den Bauern e5 angreifen.) **5. Dg3 c×d4 6. Sf3 Sc6 7. Ld3 Ld7 8. 0–0 Dc7 9. c3!** (Honfi entwickelt seine Streitkräfte auf geistreiche Weise.

Nach 9. – d×c3? 10. S×c3 würde nämlich unangenehm 11. Sb5! drohen, und bei 10. – a6? geriete Schwarz mit 11. S×d5! e×d5 12. e6 D×g3 13. e×d7+ K×d7 14. L×f5+ in eine schwierige Lage.) **9. – 0–0–0 10. Lf4?** (Weiß beharrt auf seinem Opferangebot, aber der Läufer f4 erleichtert nur das natürliche Gegenspiel am Königsflügel. 10. c×d4 hätte statt dessen noch annähernd gleiche Aussichten geboten.) **10. – Sge7! 11. c×d4** (Auf 11. Sg5 hat Barcza folgende Varianten angegeben: 11. – h6! 12. Sf7 g5! 13. S×h8 g×f4 14. D×f4 S×e5 15. Le2 d×c3 16. S×c3 Lg7 bzw. 13. Lc1 f4 14. Dh3 Lg7, und der Nachziehende hat mehr als ausreichenden Ersatz für die Qualität.) **11. – Sg6 12. Sc3 S×f4. 13. D×f4 h6 14. h4?!** (Darauf erzwingt Schwarz durch eine schöne Kombination die Öffnung von Linien, die gegen den feindlichen König gerichtet ist. Angezeigt war 14. Se2.)

**14. – g5!**
Leitet eine siebenzügige Abwicklung ein, durch die die g-Linie geöffnet wird.

**15. h×g5 h×g5 16. S×g5 Lh6!**
**17. Sb5** (Die Folgen dieses Gegenangriffs mußte Portisch bei seinem 14. Zug gründlich erwogen haben.)
**17. – Db6 18. Sd6+ Kb8 19. Sdf7 L×g5!** (Das galt es vorauszusehen! Auf 20. D×g5 rettet nun 20. – Tdg8 die Qualität.) **20. S×g5 Tdg8 21. Tfd1** (21. Sf3 Tg4) **21. – S×d4 22. Lf1 Sc6 23. g3 Th5!** (Danach bricht die weiße Stellung zusammen. Auf irgendeinen Zug des Springers erobert Schwarz mit Tg4! entweder den Bauern e5 oder den Bauern g3.) **24. Sf7 Tg4 25. Df3 Th7! 26. Sd6 S×e5 27. Da3 f4**
Weiß gab auf. Die Hauptdrohung lautet 28. – T×g3+.

## DAMENGAMBIT

### 19.

**Portisch–Eliskases**
**Schacholympiade**
**Tel Aviv 1964**

**1. d4 d5 2. c4 e6 3. Sc3 Le7 4. Sf3 Sf6 5. Lf4 0–0 6. e3 c5!** (Wegen der schwächeren Fortsetzung 6. – Sbd7 7. c5 siehe dazu die 14. Partie.) **7. d×c5 Da5?** (Gebräuchlicher ist 7. – L×c5 mit Ausgleichschancen.) **8. a3! d×c4** (8. – Se4 9. b4! S×c3 10. Dc2) **9. L×c4 D×c5** (Das ist noch nicht der endgültige Standort der schwarzen Dame.) **10. De2 a6 11. e4** (Gut ist auch 11. b4 Dh5 12. 0–0 b5 13. Ld3 Lb7 14. e4 Sbd7 ±.) **11. – b5 12. Ld3 Lb7 13. Tc1!** (Weiß

übereilt sich nicht mit der Rochade!) **13. – Db6?** (Entfernt die Dame vom Königsflügel, so daß der Anziehende auf die Rochade verzichten und zum Angriff übergehen kann. Nach Taimanow ergibt 13. – Dh5 beiderseitige Chancen.)
**14. h4!** (Dieser Zug zielt hauptsächlich darauf ab, die gegnerische Rochadestellung durch ein Opfer zu zertrümmern, nebenbei droht gelegentlich auch Th1–h3–g3 bzw. g2–g4.) **14. – Sbd7** (Nach diesem natürlich anmutenden Entwicklungszug gerät Schwarz forciert in Nachteil, es ist indes kaum möglich, etwas Besseres anzugeben.) **15. e5! Sd5 16. S×d5 e×d5**
Traurige Notwendigkeit, denn auf das Schlagen mit dem Läufer entscheidet das Opfer 17. L×h7+! Man prüfe: 17. – K×h7 18. Sg5+ Kg6 (18. – L×g5 19. h×g5+ – das war der Sinn des Vorbereitungszuges 14. h4! – 19. – Kg8 20. Dh5 f6 21. g6 usw.) 19. Dg4 f5 20. h5+! Kh6 21. S×e6+ Kh7 22. D×g7 matt.
**17. Le3! d4**
Auf einen Wegzug der Dame stellt wiederum das Läuferopfer auf h7 den Sieg sicher, z. B. 17. – De6 (Bei anderen Damenzügen wird die Königsstellung noch mehr entblößt, jetzt hingegen muß Schwarz angesichts der Springergabel auf g5 in die Öffnung der h-Linie einwilligen.) 18. L×h7+ K×h7 19. Sg5+ L×g5 20. h×g5+ Kg6 21. Dh5+ Kf5 22. g6+ Ke4 23. Th4+ Kd3 24. Td4 matt.
**18. L×d4 L×f3 19. De3!** (Den

49

Zwischenzug beantwortet Weiß seinerseits ebenfalls mit einem Zwischenzug.) **19. – De6 20. g×f3** (Nun hat Portisch einen Bauern gewonnen und obendrein seine Angriffsaussichten behauptet.) **20. – Tac8 21. Ke2 Sb8 22. De4 g6 23. h5 Sc6 24. Lc3 Tfd8 25. Tcg1 Lf8 26. h×g6 h×g6** (26. – f×g6 sieht auf den ersten Blick chancenreicher aus, in Wirklichkeit jedoch gewänne darauf 27. T×h7! K×h7 28. T×g6 sofort.) **27. f4 Lg7 28. f5!** (Weiß hat bei seiner Schlußkombination das schwarze Gegenspiel auf der e-Linie gebührend berücksichtigt.)
**28. – Dd7 29. f6! L×f6 30. e×f6! Te8 31. T×g6+! f×g6 32. f7+!**

Das ist die Pointe der im 28. Zug begonnenen Kombination. Schwarz wird entweder matt gesetzt (32. – D×f7 33. Th8 matt), oder er büßt eine Figur ein (32. – K×f7 33. Th7+ Kg8 34. T×d7 T×e4+ 35. L×e4), deshalb gab er auf.

# LANGSAMES EMPORKLIMMEN AUF DEM OLYMP. ERNEUTE KANDIDATUR 1965–1971

1965 spielt Portisch erfolgreich, aber ein tatsächlicher durchschlagender Erfolg läßt noch auf sich warten. 1966 beteiligt er sich zum ersten Mal in seinem Leben an einem doppelrundigen Superturnier in Santa Monica und bezeugt, daß er an das Niveau der Weltbesten sehr nahe herangekommen ist. Der Endstand dieses Turniers lautet: 1. Spasski 11 1/2, 2. Fischer 11, 3. Larsen 10, 4–5. Portisch und Unzicker je 9 1/2, 6–7. Petrosjan (der amtierende Weltmeister!) und Reshevsky je 9, 8. Najdorf 8, 9. Ivkov 6 1/2, 10. Donner 6. In diesem Turnier besiegt Portisch den Weltmeister Petrosjan bereits zum dritten Mal!

Auf der Olympiade in Havanna 1966 belegt Ungarn den 2–3. Platz. Zu diesem Erfolg trägt Portisch mit seiner 71,9prozentigen Leistung am ersten Brett in großem Maße bei.

Er gewinnt das Zonenturnier in Halle 1967 sicher. Darüber zwei Kritiken: „Portisch hat die Theorie widerlegt, daß sich die Papierform nie durchsetzt." (Flórián) „Portisch spielt von Jahr zu Jahr stärker, und man kann es als gewiß ansehen, daß er bald zu den führenden Großmeistern der Welt gehören wird." (Platz)

Das Moskauer Turnier 1967 nimmt von der sportlichen Seite betrachtet keinen überragenden Platz in Portischs Laufbahn ein. „Wesentlich ist vielmehr, daß der bis dahin für seinen Positionsstil bekannte Portisch seine berühmten Rivalen an Einfallsreichtum übertraf. Sogar seine Niederlagen waren ehrenvoller als die vorsichtigen Remisvereinbarungen einiger Spieler, die sich vor ihm plazieren konnten." (Flórián) Das Endresultat ist: 1. Stein 11, 2–5. Bobozow, Gipslis, Smyslow und Tal je 10, 6–8. Portisch, Spasski und Bronstein je 9 1/2, 9–12. Geller, Keres, Najdorf und Petrosjan je 8 1/2, 13. Gheorghiu 8, 14. Gligorić 7 1/2, 15–18. Bilek, Filip, Pachman und Uhlmann je 6 Punkte.

Das Interzonenturnier in Sousse 1967 dürfte wegen der Kapriolen Fischers lange Zeit in Erinnerung bleiben. (Es kommt doch ziemlich selten vor, daß ein Teilnehmer, der nach zehn Runden mit 8 1/2 Punkten die Tabelle anführt, zurücktritt. Das eine Unentschieden wurde gegen ihn jedenfalls von Portisch erkämpft.) Portisch war nicht in wirklich guter Form, aber seine gewaltige Spielstärke ermöglichte es ihm, sich auch unter solchen Umständen zu qualifizieren. Die internationale Fachpresse nennt ihn schon den

„ungarischen Botwinnik". Der Endstand dieses Turniers lautet: 1. Larsen 15 1/2, 2–4. Geller, Gligorić und Kortschnoi je 14, 5. Portisch 13 1/2, 6–8. Stein, Hort und Reshevsky je 13 Punkte (22 Teilnehmer).

Ende 1967 schneidet er in Palma de Mallorca – im Vergleich zu seinen anderen Resultaten – mittelmäßig ab (4. Rang hinter Larsen, Botwinnik und Smyslow), und Anfang 1968 beim Hoogoven-Turnier spielt er gut (Er nimmt mit Tal und Hort den 2–4. Platz hinter Kortschnoi ein.)

Portischs Resultat im April 1968 in Monaco zählt zu seinen schwachen Leistungen, aber die Vorbereitung auf den bevorstehenden Wettkampf mit Larsen wirkte sich bereits auf ihn aus.

Die Papierform sprach auch hier für Larsen, der in dieser Zeit nach Fischer der erfolgreichste Turnierspieler der Welt war. In Ungarn traute man Portisch dennoch einen Erfolg zu, zumal dieser bis dahin in den Partien gegen Larsen ein bedeutendes Plus zu verzeichnen hatte. Wie schon in seinem Wettkampf gegen Tal prallten nun Feuer und Wasser aufeinander. Larsen, der sich zu Lasker und Nimzowitsch als seinen Lehrmeistern bekennt, bemüht sich immer, seine Gegner mit bizarren und überraschenden Zügen in unklare Stellungen zu locken, wo er sich als der Stärkere erweisen kann. Dagegen hat sich Portisch über die psychologische Seite des Schachs mehrmals skeptisch geäußert. Er wolle so stark spielen, meinte er, daß es ihm gleichgültig sein kann, welchen Gegner er hat.

Der Zweikampf nahm einen dramatischen Verlauf. Der Anfang schien der Papierform recht zu geben (Larsen führte mit 2 1/2:2 1/2 Punkten) aber es gelang Portisch, auszugleichen. Nachdem die 9. Partie vertagt worden war, erhielt Portisch sogar gute Chancen, den Zweikampf zu gewinnen. Leider verdarb er die Hängepartie zum Remis, verlor dann die letzte Begegnung und schied so aus den weiteren Kämpfen aus.

Einen anderen Menschen hätte ein solches schmerzhaftes Fiasko vielleicht für mehrere Jahre zurückgeworfen. Dank seiner Seelenstärke erzielt Portisch aber schon zwei Monate später beim großen Turnier in Skopje-Ohrid 1968 einen der bedeutendsten Triumphe in seiner Laufbahn: 1. Portisch 14 1/2, 2. Geller 13 1/2, 3. Polugajewski 13, 4. Hort 12 1/2, 5. Matulović 11 1/2, 6–8. Uhlmann, Sawon und Gligorić je 11 usw. (20 Teilnehmer).

Er absolviert das Jahr 1968 mit einer vortrefflichen Leistung (73,3%) auf der Olympiade in Lugano und mit dem bescheideneren 2. Rang in der ungarischen Meisterschaft.

Das Jahr 1969 beginnt unser Champion mit einem ziemlich guten Erfolg (3–4. in Wijk aan Zee zusammen mit Keres hinter Botwinnik und Geller) und mit einer hervorragenden Leistung (1–2. in Monaco, zusammen mit Smyslow). Den herausragendsten Erfolg des Jahres 1969 bringt Portisch indes das IBM-Turnier in Amsterdam, wo er Sieger mit 11 1/2 Punkten (bei 16 Teilnehmern) wird, während der dreimalige Landesmeister der Sowjetunion, Stein, nur auf dem 4–5. Platz landet.

Der neue Zyklus der Weltmeisterschaftsausscheidungen beginnt für Portisch ominös: Im Zonenturnier in Raach muß er sich mit dem 2–5. Rang abfinden und qualifiziert sich erst im Stichkampf. Zuvor gewinnt er aber das traditionelle Turnier in Hastings.

Auf der Schacholympiade in Siegen 1970 nahm die ungarische Auswahl zum ersten Mal in der Nachkriegszeit ungeteilt den zweiten Platz ein. Portisch erzielte am Spitzenbrett 69%. Im Gegensatz zu anderen Welt-Spitzenspielern, die ihre Punkte gern gegen relativ schwächere Gegner erringen wollen, kämpfte Portisch im Finale, ohne sich einen einzigen Ruhetag zu gönnen. (Diesem Umstand hatte Fischer es zu verdanken, daß er gegen ihn aus einer verlorenen Position mit heiler Haut davonkam.)

Das Interzonenturnier in Palma de Mallorca 1970 stand ganz im Zeichen der eindeutigen Überlegenheit Fischers. Der 7–8. Platz von Portisch war eine große Enttäuschung. Seit dem Jahre 1964 (bis heute) schied Portisch damit zum ersten und letzten Mal aus den Kandidatenwettkämpfen aus.

Portisch läßt aber bald erkennen, daß dieses Interzonenturnier nur ein zufälliges Intermezzo war; er gewinnt wieder das traditionelle Turnier in Hastings 1970/71. Deshalb wird ihm der „Goldene Springer" verliehen. Er triumphiert im Februar in Australien bei einem Turnier im Schweizer System. (An einem solchen Turnier beteiligte er sich damals zum ersten Mal in seinem Leben.) Beim IBM-Turnier 1971 befindet er sich in der Spitzengruppe (hinter Smyslow 2–4. Platz geteilt mit Keres und Browne), und ebenso in Palma de Mallorca 1971 (3–4. Platz, geteilt mit Reshevsky, hinter Ljubojević und Panno). 1971 wird er abermals ungarischer Landesmeister.

## CARO-KANN-VERTEIDIGUNG

### 20.

**Portisch–Bagirow**
**Beverwijk 1965**

1. c4 c6 2. e4 d5 3. e×d5 c×d5 4. d4 Sf6 5. Sc3 e6 (Die früher gebräuchliche Spielweise 5. – Sc6 kommt heute nur noch selten vor, weil Weiß mittels 6. c5! nebst 7. Lb5 das Feld e5 in Besitz nimmt und außerdem am Damenflügel einen starken Druck auszuüben vermag.) 6. Sf3 Le7 7. c×d5! (Durch Zugumstellung hat sich also eine Position des Damengambits ergeben. Auf 7. c5 könnte Schwarz später mit b6 die weiße Bauernkette angreifen.) 7. – S×d5 (7. – e×d5 8. Lb5+ führt zu einem kleinen, aber klaren Vorteil für Weiß.) 8. Ld3 Sc6 9. 0–0 0–0 10. Te1

Damit ist eine charakteristische Stellung entstanden. Für den (theoreti-

53

schen) Nachteil des vereinzelten Bauern wird der Anziehende durch Raumvorteil und aktives Figurenspiel entschädigt. Schwarz strebt das Endspiel an, während Weiß seine Chancen im Mittelspiel sucht, und zwar in der Regel am Königsflügel oder vermittels des Durchbruchs d4–d5 im Zentrum.

**10. – Scb4** (Einer der vielen möglichen Versuche. Üblich ist auch 10. – Lf6, siehe dazu die 110. Partie.)

**11. Lb1 Ld7?**

Danach erhält Weiß verbundene, bewegliche und aggressive Bauern in der Brettmitte. Vorzuziehen war 11. – Sf6, um auf 12. a3 die Entgegnung 12. – Sb5 zur Hand zu haben, wonach die bekannten Vor- und Nachteile dieses Stellungstyps zur Diskussion gestanden hätten.

**12. a3! S×c3 13. b×c3 Sd5 14. Dd3 Sf6 15. Se5 Tc8 16. Ta2!** (Mit der auf der e-Linie drohenden Turmverdoppelung nimmt Weiß die Felder e6 und f7 unter Beschuß und verleiht oberdrein dem eventuellen Vorstoß d4–d5 Nachdruck.)

**16. – Te8 17. Tae2 g6** (Diese Schwächung kann Schwarz in der vorliegenden Variante im allgemeinen kaum vermeiden.) **18. La2!** (Dieser Läufer hat auf der Diagonale a2–g8 noch eine große Zukunft vor sich!) **18. – Tc7 19. Lh6!** (Knöpft ein Mattnetz. Es droht bereits 20. S×f7! K×f7 21. T×e6! mit überwältigendem Angriff.) **19. – Lf8 20. Lg5!** (Natürlich liegt es im Interesse von Weiß, die Spannung aufrechtzuerhalten.) **20. – Lg7?** (Ver-

stärkt scheinbar die Königsstellung, doch an dem folgenden Durchbruch geht Schwarz zugrunde.) **21. d5! Dc8** (21. – e×c5 22. L×f6! kostet eine Figur.) **22. Df3!** (Durchbricht die gegnerischen Verteidigungslinien endgültig, denn 22. – T×c3 gewährt wegen 23. Df4 keine Erleichterung.)

**22. – S×d5 23. D×f7+ Kh8**

Jetzt folgt ein lehrreicher Abschluß:

**24. S×g6+!**

Schwarz streckte die Waffen, denn auf 24. – h×g6 entscheidet 25. Te4.

## SIZILIANISCHE VERTEIDIGUNG

### 21.

#### Matanović–Portisch
#### Beverwijk 1965

**1. e4 c5 2. Sf3 e6 3. d4 c×d4 4. S×d4 Sc6 5. Sc3** (Ehrgeiziger ist 5. Sb5.) **5. – d6** (Mit Zugumstellung hat Schwarz in die Scheveninger Variante eingelenkt und dadurch einige gefährliche Angriffssysteme

ausgeschaltet. Allerdings mußte er auf die im 5. Zug erwähnte Abweichung gefaßt sein.) **6. Le2 Le7 7. 0–0 Sf6 8. Le3 0–0 9. f4 Ld7** (Der Läufer steht hier längst nicht so passiv, wie es im ersten Augenblick scheint; er unterstützt den Minoritätsangriff durch a6 nebst b5 und kontrolliert nach dem Abtausch des Springers von c6 aus die große Diagonale.) **10. Kh1**
Da bereits f2–f4 geschehen ist, paßt dieser Zug ins System, denn er beugt Überraschungen auf der Diagonale g1–a7 vor. Gebräuchlicher ist jedoch 10. De1 S×d4 11. L×d4 Lc6 12. Dg3 g6 usw. Neuerdings ist auch 10. Sb3! beliebt, wodurch der Tausch auf d4 vermieden wird. Nach 10. – a6 kann Weiß dann mit 11. a4 – um den Preis einer unbedeutenden Schwächung des Feldes b4 – das schwarze Gegenspiel am Damenflügel hinauszögern.
**10. – a6 11. Sf3?!**
In der Sizilianischen Verteidigung hat Weiß keine Wahl: Er ist verpflichtet, unter allen Umständen anzugreifen. Andernfalls würde er der geballten Kraft der schwarzen Figuren – die man mit einer zusammengepreßten Feder vergleichen kann – nicht widerstehen können. Schwarz verfügt nämlich einerseits über den Minderheitsangriff am Damenflügel mittels b7–b5 und andererseits über die Zentrumsaktion d6–d5. Mit dem Textzug verstärkt der Anziehende zwar seine Streitmacht am Königsflügel, aber den Figuren fehlt der für einen Angriff nötige Zusammenhalt. Besser war deshalb 11. De1 oder die von Maróczy herrührende Aufstellung 11. Sb3 und 12. Lf3.
**11. – Dc7 12. De1 d5!** (Portisch macht sich die Unentschlossenheit des Gegners zunutze und leitet eine kraftvolle Aktion im Zentrum ein.) **13. e5?**
Dieser Zug wäre nur dann gut, wenn Weiß den Vorposten e5 oder – falls dieser abgetauscht wird – das Feld e5 behaupten könnte. Wie Barcza ausführt, erhält Schwarz nach 13. e×d5 Sb4?! 14. d×e6 S×c2 15. Dd2 S×e3 16. e×f7+ T×f7 17. D×e3 Lc5 etwas Angriff für den geopferten Bauern. Wesentlich einfacher dürfte indes 13. – e×d5 sein, denn der isolierte Bauer bedeutet angesichts Lf5 und des damit verbundenen guten Figurenspiels keinen Nachteil. Dennoch hätte sich Matanović für diese Fortsetzung entscheiden müssen, da er jetzt durch eine Sprengungsaktion des Gegners in Schwierigkeiten kommt.
**13. – Sg4! 14. Lg1 f6! 15. Sd4 Sh6 16. e×f6 L×f6** Das schwarze Unternehmen hat Erfolg gehabt: Der Nachziehende kontrolliert die Zentralfelder, und die durch den Zug f2–f4 verursachten Schwächen treten zutage.
**17. Dd2** (17. Td1 S×d4 18. L×d4 L×d4 19. T×d4 Sf5 20. Td2 Se3 21. Tf3 d4 22. Se4 S×c2 23. Dc1 Tac8–+)
**17. – S×d4! 18. L×d4 L×d4 19. D×d4 Sf5 20. Dd2** Daraufhin wird der weiße Springer vertrieben und

dadurch die Verbindung zwischen den weißen Türmen unterbrochen, so daß Gefahren auf der Grundreihe drohen. Aber auch nach 20. De5 D×e5 21. f×e5 hätte Weiß es schwer gehabt, denn zu den vorhandenen Schwächen würde sich noch die des Bauern e5 gesellen. **20. – d4! 21. Sd1** (Erzwungen, denn 21. Se4 verbot sich laut Barcza wegen 21. – Se3 22. Tfe1 D×f4 23. D×d4 Lc6 24. Lf3 Tad8 25. Db4 a5.) **21. – Lc6 22. Lf3 e5!** (Durch die schnelle Öffnung der Stellung wird die Anfälligkeit der Grundreihe und des Feldes e3 offenbar.) **23. –L×c6** (Damit muß sich Weiß beeilen, denn auf 23. f×e5 D×e5 24. L×c6 gewänne 26. – Sg3+ sofort.) **23. – D×c6 24. c3** (Ein Versuch, die schwarze Stellung in der Brettmitte zu unterminieren, aber es kommt nicht mehr dazu. Die unglückliche Stellung des Springers d1 wirkt tragikomisch. 24. f×e5?? scheiterte wieder an Sg3+.) **24. – Tad8 25. De1** (25. c×d4 T×d4 verliert einen Bauern.) **25. – e×f4 26. T×f4 Tde8 27. Dd2**

**27. – Sh4!**

In der Schwäche der Grundreihe findet Portisch einen weiteren Ansatzpunkt für den Angriff. Der Schlußteil der Partie steht ganz im Zeichen des unmittelbaren Ansturms auf den König. **28. T×f8+ T×f8 29. Kg1** (Weiß vermag in Anbetracht des unglücklich postierten Springers d1 nicht, die Mattdrohung auf der Grundreihe anders abzuwehren, denn sowohl 29. Sf2? D×g2 als auch 29. De2 S×g2! 30. D×g2 Tf1 führt zum Matt.) **29. – Te8! 30. Dg5** (Wiederum nur ein Notbehelf, denn auf 30. Kf1 geschieht einfach 30. – S×g2, und 30. c×d4 wird mit 30. – Te1+ 31. Kf2 D×g2+ 32. K×e1 Sf3 matt beantwortet.) **30. – S×g2!** Allen Ausflüchten zum Trotz bricht dieser Einschlag den Widerstand des Anziehenden, auf 31. D×g2 entscheidet nämlich 31. – Te1+ 32. Kf2 Te2+ 33. K×e2 D×g2+. Nach dem folgenden Zug geht Weiß indes an der Schwäche der großen Diagonale zugrunde.

**31. Sf2 Se1 32. Dg3 h6!** (Schafft einen Schlupfwinkel für den König und bereitet dadurch 33. – Te3! vor.) **33. c×d4 Te3! 34. Dg4 Sf3+ 35. Kh1 Se1+ 36. Kg1 h5!** (Lenkt die feindliche Dame von der Verteidigung des Feldes g2 ab, denn auf 37. Dg5 gewinnt 37. – Sf3+. Der letzte verzweifelte Versuch von Weiß zieht den Verlust der Dame nach sich.) **37. d5 D×d5 38. Td1** (Dem Anziehenden sind völlig die Hände gebunden. So scheitert z. B. 38. Dg6 an 38. – Sf3+ 39. Kf1 Dc4+ 40. Kg2 Sh4+.) 38. – Sf3+ 39. Kg2 Sd4+ Weiß gab auf.

## DAMENGAMBIT

### 22.

### Petrosjan–Portisch
### Zagreb 1965

**1. d4 d5 2. c4 d×c4**
Um des freien Figurenspiels willen gibt Schwarz das Zentrum vorübergehend auf; er plant jedoch, auf die weiße Stellung in der Brettmitte einen Angriff einzuleiten. Das angenommene Damengambit rechnete lange Jahre hindurch zu den zweifelhaften Eröffnungen; es hat erst dank der Untersuchungen Aljechins das volle Bürgerrecht erworben.
**3. Sf3 Sf6 4. e3 e6 5. L×c4 c5 6. 0–0 a6 7. a4!**
Ein Lieblingszug Rubinsteins; er kam nach dem Wettkampf Botwinnik–Petrosjan 1963 wieder in Mode. Um den Preis der Schwächung des Feldes b4 verhindert Weiß 7. – b5 und damit das Gegenspiel am Damenflügel durch Lb7.
**7. – Sc6 8. De2 Le7**
Nach 8. – c×d4 entsteht eine charakteristische Stellung, in der der weiße Bauer d4 vereinzelt ist, wofür der Anziehende indes Raumvorteil und aktives Figurenspiel erhält. Zwei kennzeichnende Beispiele: 9. Td1 Le7 10. e×d4 0–0 11. Sc3

Sd5 12. Ld3 Scb4 13. Lb1 b6 14. a5! Ld7 15. Se5! b×a5 16. Ta3! f5 17. S×d5 S×d5 18. S×d7 D×d7 19. T×a5 +=, Gligorić–Portisch, Pula 1971, oder 12. De4!? Scb4 13. Se5 Ta7 14. Lb3 Sf6 15. Dh4 b6 16. Dg3 Lb7? 17. Lh6! +–, Petrosjan–Spasski, Moskau 1971.
**9. d×c5** (Mit nachfolgendem Td1 gewinnt Weiß nun zwar ein Tempo, doch ist 9. Td1 zu beachten, wodurch die Spannung im Zentrum aufrechterhalten wird. Die Schwäche des Feldes b4 fällt nämlich nach Vereinfachungen besonders ins Gewicht.)
**9. – Se4?!**
Erschwert den Vorstoß des e-Bauern. In einer Partie des Wettkampfes Petrosjan–Botwinnik hatte Weiß nach 9. – L×c5?! 10. e4 Sg4 11. e5 Sd4 12. S×d4 D×d4 13. Sa3 L×a3 14. T×a3 S×e5 für den geopferten Bauern eine dauerhafte Initiative. Besser ist aber 10. – Dc7 11. e5 Sg4 12. Lf4 f6 13. L×e6 L×e6 14. e×f6 D×f4 15. D×e6+ Kf8 =.
**10. Td1** (Bronstein hat an dieser Stelle 10. Sd4! vorgeschlagen, denn nach 10. – S×d4 11. e×d4 D×d4 12. Td1 bleibt Schwarz in der Entwicklung zurück, doch bei 10. – S×c5 11. S×c6 b×c6 12. Sc3 erzielt Weiß nur einen minimalen Vorteil.)
**10. – Dc7 11. b3 S×c5 12. Lb2 0–0 13. Sbd2 Ld7 14. e4** (Euwe hat hier das Manöver Sd2–f1–g3–h5 angeregt, das aber recht weit hergeholt ist. Der Textzug sieht natürlicher aus.) **14. – Tfd8 15. De3 Le8** (Schwarz muß vorläufig eine ab-

wartende Taktik befolgen.) **16. Le2!**
Petrosjans Hauptstärke ist die Be-
handlung strategisch übersichtlicher
Positionen. Auch hier findet er
einen tiefgründigen Plan. Ihm
schwebt eine Blockade durch Le2,
Sc4 und a5 vor, zieht Schwarz da-
gegen selbst a5 – wie in der Partie –,
dann wird das Feld b5 geschwächt.
Eine andere Aufstellung wäre 16.
e5!? nebst Se4, um mit Hilfe des
h-Bauern gegebenenfalls einen An-
griff am Königsflügel zu organisieren.
**16. – a5** (Diese Vorsichtsmaßnahme
duldete keinen Aufschub mehr, denn
es drohte schon 17. a5, da 17. –
S×a5 wegen 18. b4 eine Figur ver-
liert. Die Schwächung des Feldes b5
ist demgegenüber unbedeutend.)
**17. Sc4 Lf8 18. Sd4 Sb4 19. Tac1 b6
20. Td2** Durch die Verdoppelung
der Türme will Weiß einen Druck
auf der d-Linie ausüben, aber in-
folge eines wohlerwogenen Gegen-
manövers erreicht er nur deren Ab-
tausch, wonach sich die Schwäche
des Feldes d3 fühlbar macht. In
einer Analyse empfahl Euwe fol-
gende Strategie: 20. Sa3!, um mit
Lb5 den das Feld b5 schützenden
Läufer e8 abzutauschen, wonach
La3 oder Lc3 nebst L×b4 den
Positionsvorteil von Weiß sicher-
stellen soll. Der Nachziehende hat
jedoch auch in diesem Fall die
Möglichkeit, die gegnerischen Pläne
beispielsweise mit 20. – e5 zu durch-
kreuzen, denn nach 21. Sdb5 wäre
der Läuferausfall nach b5 verhindert.
**20. – Db8!** (Bereitet den Abtausch

der Türme vor. Auf 20. – Td7 wäre
21. Sb5 unangenehm.) **21. Tcd1 Ta7
22. Sa3** (Petrosjan schickt sich an,
den eben skizzierten Plan zu ver-
wirklichen Portisch macht ihm je-
doch einen Strich durch die Rech-
nung.) **22. – e5! 23. Sdb5** (Nun ver-
mag Weiß dem Schutzläufer e8
nichts mehr anzuhaben. Mit 23. Sf5
hätte sich der Springer dagegen zu
weit vom Hauptkampfplatz ent-
fernt.) **23. – T×d2 24. T×d2 Td7
25. T×d7 L×d7 26. Sc4?!**
Der Springer steht auf diesem Feld
scheinbar ausgezeichnet, in Wirk-
lichkeit jedoch vermag er nicht viel
auszurichten, wogegen sein Wider-
sacher auf c5 die Bauern e4 und b3
sowie den Punkt d3 bedroht. Nach
Euwe war 26. Lc4 Le6 27. L×e6
S×e6 28. Sc4 Lc5 29. Dd2 f6 30.
La3 oder 26. – Se6 27. Dd2 Lc6
28. Ld5 besser, wonach Weiß in
beiden Fällen etwas Vorteil gehabt
hätte.
**26. – f6 27. Sd2** (Wenn sich Petros-
jan mit keinem bestimmten Plan
trägt, laviert er im allgemeinen mit
feinem Positionsgefühl und war-
tet auf eine günstige Gelegenheit.
Diesmal sieht er sich allerdings in
seinen Erwartungen getäuscht.) **27. –
Le6 28. Kf1** (Nach 28. Lc4 Dd8!
wäre die Schwäche des Feldes d3
bereits deutlich spürbar.) **28. – Dd8
29. Dc3 S5d3! 30. La3** (Auch 30.
L×d3 S×d3 bringt dem Anzie-
den wegen der Drohung 31. – Lb4
keine Erleichterung.) **30. – Sf4
31. g3?**

Der Nachziehende ist Herr der Lage, zumal er auf die Anfälligkeit des Punktes d3 pochen kann. Zwar wäre auch 31. Lc4 L×c4 32. D×c4+ Kh8 für Schwarz günstig gewesen, dennoch hätte Weiß so fortsetzen müssen, denn der Textzug schwächt das Feld h3 und damit die gesamte Bauernkette am Königsflügel.

**31. – S×e2 32. K×e2 Lc5 33. f3** (Eine Schwäche zieht die andere nach sich. 33. L×b4 L×b4 34. Dd3 schied wegen 34. – D×d3+ 35. K×d3 L×d2 36. K×d2 L×b3 aus.) **33. – h5!** (Bereitet eine weitere Auflockerung der weißen Bauernstellung vor und schafft Platz für den König.) **34. Sc4 Dd7! 35. Dd2?!** (Übersieht die versteckte Absicht des Gegners. Aussichtslos war allerdings auch 35. L×b4 L×b4 36. Dd3 L×c4 37. D×c4+ Kh7, denn gegen die beiden Drohungen 38. – Dd2+ und 38. – Dh3 gäbe es keine Parade mehr.) **35. – L×c4+! 36. b×c4 Dh3!** (Das hatte Schwarz im Sinn! Der weiße Königsflügel kracht nun in allen Fugen.) **37. Ke1 h4! 38. Kd1** (38. g×h4 D×f3 wäre für Weiß ebenfalls hoffnungslos. Der Text-

zug kostet eine Figur.) **38. – Df1+** Weiß gab angesichts der Zugfolge 39. De1 D×e1+ 40. K×e1 Sc2+ die Partie auf.

Das war die erste Gewinnpartie Portischs gegen den amtierenden Weltmeister Petrosjan; ihr sollten noch weitere Siege folgen. Erst beim Wettkampf 1974 vermochte sich der sowjetische Großmeister zu revanchieren.

## DAMENGAMBIT

### 23.

#### Portisch–Gheorghiu
#### Europa-Mannschaftsmeisterschaft
#### Hamburg 1965

**1. d4 d5 2. c4 c6 3. Sf3 Sf6 4. Db3!?** Von hier aus deckt die Dame den Bauern c4 und übt einen Druck auf die Felder b7 und d5 aus. Deshalb ist der Damenausfall durchaus logisch. Um so erstaunlicher ist es, daß diese Fortsetzung in der Praxis nur sehr selten anzutreffen ist und auch die Eröffnungswerke kein Wort darüber verlieren.

**4. – Db6?!**
Vorsichtiger ist wohl 4. – e6, wonach Weiß zwischen Varianten des Damengambits und der Katalanischen Eröffnung die freie Wahl hat. 4. – g6 führt dagegen zu einer zwar etwas anspruchslosen, jedoch soliden Variante der Grünfeld-Indischen Verteidigung. Populär ist auch 4. – d×c4 5. D×c4 Lf5. Der Nachteil

des Textzuges besteht darin, daß der Anziehende jetzt den Tausch auf b3 erzwingen kann, worauf sich für ihn die a-Linie öffnet.
**5. Sc3 D×b3** (Schwarz konnte dieses Schlagen nur aufschieben, aber nicht umgehen, z. B. 5. – Lf5 6. c5! Dc7?! – 6. – D×b3 – 7. Lf4! D×f4? 8. D×b7 e6 9. e3! usw.)
**6. a×b3 Lf5 7. c5!** (Gestützt auf die offene a-Linie, beginnt Weiß eine Offensive am Damenflügel. Im Augenblick droht b3–b4–b5. Dieser Plan hätte nur dann eine schwache Stelle, wenn Schwarz zur Sprengung e5 käme, aber diesen Punkt hält Weiß fest in der Hand.)
**7. – Sa6?**
Bereits der entscheidende Fehler – und das im frühen Eröffnungsstadium! Schwarz wollte die erwähnte Drohung parieren, übersah dabei aber den folgenden Zug. Geboten war 7. – Sbd7 mit gedrückter, jedoch haltbarer Stellung.

**8. e4!**
Legt mit Tempogewinn die Diagonale f1–a6 frei und versetzt Weiß in die Lage, die schwarze Bauernstellung zu zerrütten.

**8. – S×e4**
Oder 8. – d×e4 9. L×a6 b×a6 (9. – e×f3 10. L×b7!) 10. Se5 bzw. 8. – Sb4 9. Ta4! d×e4 10. Sh4 + –
**9. L×a6 b×a6 10. Se5 S×c3 11. b×c3 Lc2?! 12. Ta3!**
Schwarz hatte gehofft, die wichtige Diagonale f1–a6 für seinen Läufer freizubekommen, wonach die Lage noch unklar gewesen wäre, z. B.:
a) 12. T×a6 L×b3 13. S×c6 Lc4! 14. T×a7?! T×a7 15. S×a7 e5!, und der Springer a7 ist gefährdet;
b) 12. b4 f6! 13. S×c6 Ld3 usw. mit Remisaussichten.
**12. – Tc8 13. Kd2 f6 14. K×c2!** f×e5 15. d×e5 e6 16. Le3 g5
Gheorghiu versucht, den Gegner auf Abwege zu führen, aber es gelingt ihm nicht. Die Bauern a6 und a7 gehen rettungslos verloren, und die weißen Schwerfiguren dringen ein.
**17. T×a6 Lg7 18. Ld4 0–0 19. T×a7** Schwarz gab auf.

## DAMENINDISCHE VERTEIDIGUNG

### 24.

**Dr. Liptay–Portisch**
**Ungarische Meisterschaft**
**Budapest 1965**

**1. d4 Sf6 2. c4 e6 3. Sf3 b6 4. e3** (Das ergibt ein gehaltvolleres Spiel als die Fortsetzung 4. g3, die oft mit Remis endet.) **4. – Lb7 5. Ld3 c5 6. 0–0 Le7**

**7. Sc3**

Die Alternative bildet hier die Flankenentwicklung des Läufers, z. B. 7. b3!

Der Textzug ist unternehmungslustiger.

**7. – c×d4!**

Schwarz muß der Drohung d4–d5 zuvorkommen und bereitet den Aufzug d7–d5 vor. 7. – d6? 8. d5! e×d5 9. c×d5 0–0 10. c4 +–, Petrosjan–Golombek, Budapest 1952, oder 7. – 0–0? 8. d5! e×d5 9. c×d5 S×d5 10. S×d5 L×d5 11. L×h7+ K×h7 12. D×d5 Sc6 13. Td1 +–, Woronkow.

**8. e×d4 d5** (Wiederum drohte die Einschnürung durch 9. d5! Die sich jetzt auf der Diagonale a4–e8 entfaltende weiße Initiative kann abgewehrt werden.) **9. c×d5 S×d5 10. Lb5+?** (Ohne den folgenden Läufertausch wäre eine typische Stellung entstanden, in der Weiß für den isolierten Bauern d4 Raumvorteil und aktives Spiel besitzt. Ein Beispiel: 10. De2 Sc6 11. Td1 0–0 12. S×d5!? D×d5 13. Le4 Dh5 14. Le3 usw., Taimanow–O'Kelly, Havanna 1967.)

**10. – Lc6! 11. L×c6+?!**

„Wie Rousseau seine Katze nicht entbehren konnte, so kann ich ohne meinen Königsläufer nicht auskommen", hat Tarrasch einmal geäußert. Der Abtausch des starken schwarzen Läufers erscheint logisch, aber beim Angriff wird Weiß den Läufer d3 vermissen, so daß er für den isolierten Bauern keinen rechten Ersatz vorzuweisen hat. Noch nachteiliger

ist 11. Da4 Dd7! 12. L×c6 (12. Se5? S×c3!) 12. – S×c6 13. S×d5 D×d5 für Weiß. Die besten Chancen räumt 11. Lc4! 0–0 12. Se5 Lb7 13. Df3 Sd7 usw. ein, was in einer Partie Petrosjan–Keres, Sowjetunion 1955, geschah.

**11. – S×c6 12. Da4 Dd7 13. Ld2** (Überläßt Schwarz – ebenso wie 13. S×d5 D×d5 14. Le3 0–0 15. Tfc1 b5, Szabó–Dr. Euwe, Zürich 1953 – einen kleinen Vorteil.) **13. – 0–0 14. Tac1 Tac8 15. a3 Lf6 16. Se4** (Weiß ist sich der Verpflichtungen, die ihm der isolierte Bauer aufbürdet, voll bewußt und bemüht sich deshalb, die Spannung aufrechtzuerhalten. Doch die schwarze Entgegnung zeigt, daß er die Rechnung ohne den Wirt gemacht hat. Angezeigt war 16. Tc2 nebst 17. Tfc1.) **16. – Se5!**

Portisch, der auf eine unversehrte Bauernstellung pochen kann, strebt den Damentausch an.

**17. D×d7**

Vereinfachungen kann Weiß ohnehin nur schwer vermeiden, z. B. 17. Dd1? S×f3+ 18. D×f3 L×d4 –+ oder 17. S×f6+ S×f6 18.

Db3 (18. D×d7? S×f3+) 18. –
S×f3+ 19. D×f3 D×d4 20. Lc3
Dd5 21. L×f6 D×f3 22. g×f3
g×f6 (=+) 23. Tfd1! T×c1 24.
T×c1 Td8 25. Tc7 und nun Td2!
=+, aber nicht 25. – a5 26. Tc6 b5
27. Tc5 Td5? wegen 28. T×d5! e×d5
29. Kf1 Kf8 30. Ke2 Ke7 31. Kd3
Kd6 32. Kd4 und 33. b4!, wahr-
scheinlich mit Remis.
**17. – S×d7 18. Sc3!** (Weiß nutzt die
Gelegenheit, den starken Springer
d5 zu beseitigen. Im weiteren trach-
tet er danach, die Schwerfiguren ab-
zutauschen, um sein Heil in einem
schwierigen, jedoch nicht hoffnungs-
losen Endspiel zu suchen.) **18. –
S×c3 19. L×c3** (19. b×c3?? Tc4!
und 20. – Tfc8 =+) **19. – Tc7**
(19. – b5 20. La5?!) **20. Ld2 Tfc8
21. T×c7 T×c7 22. Tc1 T×c1+
23. L×c1 Kf8** (Der schwarze König
eilt zum Zentrum. Gelänge es dem
Anziehenden nämlich, in der Brett-
mitte Fuß zu fassen und mittels Lg5!
die Läufer zu tauschen, so wäre ein
Unentschieden sehr wahrschein-
lich.)
**24. Kf1 Ke7 25. Lf4! b5 26. Ke2?**
Danach kann Schwarz die Um-
gruppierung Sd7–b6–c4 vornehmen
und den ganzen weißen Damenflügel
lahmlegen. Nötig war deshalb 26.
Lc7!, wonach der winzige schwarze
Vorteil nicht zur Geltung käme,
z. B.: 26. – Sf8 27. Ke2 Kd7 (27. –
Sg6!?) 28. Lb8 a6 29. Kd3 Kc6 30.
Le5 (30. Ke4 Sd7 31. Le5 Sb6 =+)
30. – Sd7 31. L×f6 =+.
**26. – Sb6 27. Kd3 Kd7 28. Ke4**
(Weiß hat sich von der Besetzung

des Punktes e4 wohl zuviel ver-
sprochen. Bald stellt sich indes
heraus, daß sich der König hier nur
kurze Zeit zu behaupten vermag.)
**28. – Sc4 29. Lc1 Sd6+ 30. Kd3
Kc6 31. Se1!**

Die zäheste Verteidigung! Könnte
sich der schwarze König nämlich
unangefochten auf d5 niederlassen,
müßte Weiß an der Schwäche des
Bauern d4 und an der Verwund-
barkeit seines Damenflügels zu-
grunde gehen. Jetzt hingegen fällt es
nicht leicht, einen guten Plan zu
finden.
**31. – a5! 32. Sc2 a4!** (Die beiden
letzten schwarzen Züge mußten ge-
nau durchdacht werden. Portisch
weist nach, daß die Herrschaft über
die Felder c4 und b3 wichtiger ist
als die Preisgabe der Punkte b4 und
d5.)
**33. Sb4+ Kd7 34. g3**
Infolge seines spürbaren Raumman-
gels konnte Weiß die Auflockerung
seiner Bauernstellung am Königs-
flügel ohnehin nicht vermeiden, wie
aus den folgenden Varianten hervor-
geht: 34. d5 Sc4 35. d×e6+ K×e6
36. Kc2 Le5! 37. h3 (37. g3 Ld4!

38. f3 Lg1! 39. h3 Lh2 −+) 37. − Ld4 38. f3, und Schwarz kann nach entsprechender Vorbereitung (z. B. nach h5–h4) mittels Le3! in ein gewonnenes Springerendspiel einlenken.

**34. − Sc4 35. f4 Le7 36. Sc2?!**
Vom psychologischen Standpunkt aus betrachtet ist es verständlich, daß sich Weiß des starken Springers auf c4 entledigen möchte und dessen Abtausch anstrebt, aber das danach entstehende Endspiel des „schlechten" Läufers gegen den „guten" Läufer ist völlig hoffnungslos für Weiß. Nach Barcza hätte das Manöver Sb4–a2–c3 noch die größten Chancen eingeräumt, obwohl die weiße Stellung unseres Erachtens auf die Dauer wohl immer verloren ist. Unter den sich dann bietenden Möglichkeiten hinterläßt die Zugfolge Le7–d8!–a5 nebst L×c3 (eventuell kombiniert mit anderen Ideen) den günstigsten Eindruck, z. B. 42. Sa2 Kc6 43. Sc3 Sd6 (es drohte 44. S×a4!) 44. Ld2 (44. Se4 S×e4 45. K×e4 f5+! 46. Ke5? Kd7! 47. d5 Lf6 matt) 44. − Ld8 45. Lc1 La5 46. Ld2 L×c3 47. L×c3 Kd5 48. Lb4 Sc4 49. Lc3 f5 50. h3 (Zugzwang) 50. − h5! 51. Ke2 (51. Kc2 Ke4 52. d5 e×d5 53. L×g7 d4 −+) 51. − Ke4 52. d5 e×d5 53. L×g7 d4, und Schwarz gewinnt.

**36. − Kc6 37. Se3 S×e3 38. L×e3 Kd5**
Der Rest ist einfach, aber lehrreich. Schwarz greift mit seinem Läufer von b6 aus den Bauern d4 an. Der Anziehende kann diesen nicht durch Lc3 decken, denn er geriete in Zugzwang, weil sein Läufer − ebenso wie der König, der an das Feld d3 gekettet ist − völlig unbeweglich wäre. Zugzwang entscheidet indes auch, wenn der weiße Läufer den Bauern d4 von der anderen Diagonale her zu decken versucht.
Schwarz entgegnet darauf f6 und wartet, bis Weiß mit dem Läufer auf ein ungedecktes Feld (g1 oder f2) gezogen hat, wonach e6–e5! den umkämpften Bauern erobert.

**39. g4 Ld8! 40. g5 f6!**
Weiß gab angesichts der Zugfolge 41. g×f6 g×f6 42. Lf2 Lb6 43. Le3 La7! 44. Lf2 e5 45. Lh4 L×d4 46. L×f6? e4+ die Partie auf.

## ENGLISCHE ERÖFFNUNG

### 25.

**Portisch–Donner**
**Santa Monica 1966**

**1. c4 c5 2. Sf3 Sf6 3. Sc3 Sc6 4. d4 c×d4 5. S×d4 e6 6. g3!** (Portisch ist ein ausgezeichneter Kenner dieser Variante.) **6. − Lb4?!** Populärer ist heutzutage das Bauernopfer mit 6. − Db6 7. Sb3 d5!?
Wesentlich besser ist 6. − Lc5!, um zunächst den einen weißen Springer aus dem Zentrum zu vertreiben und erst danach den anderen zu fesseln. **7. Lg2 0–0 8. 0–0 d5!** Matulović versuchte, mit 8. − a6 die Stellung geschlossen zu halten, aber dieser Gedanke erwies sich als

unausgereift. Nach dem Textzug entsteht eine Position, die sich ähnlich auch im Tarrasch-System des Damengambits ergeben kann, jedoch mit dem Unterschied, daß sich der Läufer dort auf dem Feld e7 befindet. Für den isolierten Bauern erhält Schwarz ein verhältnismäßig bequemes Figurenspiel. Interessant ist noch 8. – De7 9. Sc2 L×c3 10. b×c3 Td8 11. La3 d6 12. Sd4 Se5 13. Db3 ∞.

**9. c×d5 e×d5 10. Le3** (10. Lg5 L×c3 11. b×c3 Le6 + =) **10. – Te8** Schwarz wird früher oder später gezwungen sein, doch auf c3 zu schlagen, und muß dann dem Gegner die c-Linie überlassen. Deshalb hätte er gut daran getan, sofort 10. – L×c3! 11. b×c3 Le6 zu spielen, wonach Weiß nur geringen Vorteil gehabt hätte.

**11. Tc1 Lg4!** (Allein die Bedrohung des Bauern e2 räumt dem Nachziehenden gewisse Gegenchancen ein.) **12. Db3!** (Mit einem wohlerwogenen Bauernopfer übernimmt Portisch die Initiative. Weigert sich Schwarz es anzunehmen, gerät er ohne jede Kompensation in Positionsnachteil.) **12. – L×c3 13. T×c3 S×d4 14. L×d4 L×e2** (14. – T×e2 15. D×b7 Tb8 16. L×f6! g×f6 17. D×a7 T8×b2 18. Dd4 Le6 19. a4 ist für Schwarz nicht gerade erstrebenswert.) **15. Tfc1!** Das ist der Kerngedanke des Opfers! Das Druckspiel auf der c-Linie und die vielen Schwächen im schwarzen Lager (b7, d5, f7) entschädigen den Anziehenden näm-

lich für das geopferte Material. 15. Te1 hätte zwar den Bauern schnell zurückerobert, aber auch den errungenen Vorteil verschenkt.

**15. – Se4!?** Donner ist begreiflicherweise bestrebt, in seiner ungünstigen Stellung Verwicklungen herbeizuführen. Auf 15. – La6 wäre 16. Tc7 Te7! 17. L×f6? wegen 17. – T×c7! 18. L×d8 T×c1 + 19. Lf1 T×d8 nicht richtig gewesen, aber einfach 16. L×f6! D×f6 17. L×d5 hätte das weiße Übergewicht – angesichts der beiden Drohungen 18. Tf3 und 18. Tc7 – sichergestellt.

**16. Tc7 La6** 16. – b6 hätte die schwarze Stellung noch mehr geschwächt. Eine Variante mag das veranschaulichen: 17. Da4! (droht 18. Td7 oder 18. Lh3, aber auch einfach 18. T×a7 mit Eroberung des schwarzen Bauern am Damenflügel) 17. – Sc5?! 18. Dc6! Lb5 (18. – Te6 19. D×d5!) 19. D×b5 D×c7 20. b4 Dd7 21. T×c5! mit Gewinn. **17. Df3!**

Dank seinem großen Raumvorteil vermag Weiß, schnell die Angriffsobjekte zu wechseln. Dabei verwandelt sich der Raum- in einen Zeitvorteil. Jetzt ist plötzlich der schwarze König bedroht.

**17. – Sg5?!**
Mit 17. – Te7! hätte Schwarz noch verschiedene Fallen stellen können. 18. Dg4! g6 (18. – Sg5 19. T×g7+! K×g7 20. D×g5+ Kf7 21. L×d5+ +–) 19. Dh4 Te7 (19. – h5 20. Df4! bzw. 19. – Sg5 20. f4! D×c7?! – 20. – Sf7 21. T×f7 – 21. L×d5+ Kf8 22. Dh6+ Dg7 23. Lc5+ Te7 24. L×e7+ usw.) 20. L×e4! T×c7 (20. – d×e4 21. D×f6 +–) 21. T×c7 D×c7 22. L×d5+ Kf8 23. D×f6+ Ke8 24. Dh8+ Kd7 25. Dg7+ Kd6 26. De5+ Kd7 27. De6+ Kd8 28. Lf6+, und Schwarz kann das Matt nicht abwehren.

**18. Df5!**
Stellt eine Reihe neuer Drohungen (19. L×d5, 19. h4, 19. Td7) auf. Schlecht wäre dagegen 18. D×d5? wegen 18. – D×d5 19. L×d5 Tad8.

**18. – Lc4**
Auf 18. – D×c7 hätte Weiß seine letzte Pointe vorgeführt: 19. D×g5! f6 (19. – g6 20. Dh6! f6 21. L×d5+) 20. L×d5+ Kf8 (20. – Kh8? 21. T×c7 Te1+ 22. Kg2 Lf1+ 23. Kf3 Le2+ 24. Ke3 f×g5 25. L×g7 matt!) 21. L×f6! (aussichtsreich ist auch 21. Dd2?! Dd7 22. Lc5+ Te7 23. Te1) 21. – D×c1+ (nach 21. – Dd7 22. Ld4 droht mit entscheidendem Angriff 23. Lc5+ und 23. Df4+) 22. D×c1 g×f6 23. Dh6+ Ke7 24. L×b7! Lxb7 25. D×h7+ usw. mit leichtem Gewinn.

**19. T×b7**

Schwarz gab auf. Gegen die vielen Drohungen hat er keine Parade mehr.

## KÖNIGSINDISCHE VERTEIDIGUNG

### 26.

### Portisch–Petrosjan
### Santa Monica 1966

**1. c4 g6 2. d4 Lg7 3. Sf3 d6 4. Sc3 Sf6**
„Mit den schwarzen Steinen wählt Petrosjan die Königsindische Verteidigung selten, aber vom Standpunkt des Anziehenden aus betrachtet, ist er der größte Kenner dieser Eröffnung. Petrosjan hat einmal zu mir gesagt: Wenn ich nicht mehr imstande bin, gegen die Königsindische Verteidigung zu gewinnen, dann ist es schlecht um mich bestellt. Warum entscheidet er sich nun doch für diese Spielweise? Sicherlich will er gewinnen und nimmt deshalb das Risiko dieser Verteidigung auf sich." (Portisch).
**5. g3 0–0 6. Lg2 Sc6 7. 0–0 a6** (Schwarz bemüht sich um Gegenspiel am Damenflügel. Einen ganz anderen Verlauf nimmt das Spiel nach 7. – e5.) **8. d5** (Portisch läßt sich auf die Hauptvariante ein, bei der Weiß eine Zeitlang in die Defensive gedrängt wird, aber nach den notwendigen Vorbereitungen schließlich an beiden Flügeln Chan-

cen wahrnehmen kann. Weniger verpflichtend ist 8. b3 oder 8. h3 nebst 9. Le3.) **8. – Sa5** (Gestützt auf seinen Läufer g7, wird Schwarz nun auf der Damenseite aktiv.) **9. Sd2 c5 10. Dc2 Tb8** (Auch 10. – e5 kommt in Betracht. Schwarz verstellt sich dabei zwar die große Diagonale, aber seine Stellung wird sicherer.) **11. b3 b5 12. Lb2 b×c4** (Auch hier ist 11. – e5 oder 11. – e6 zu beachten.) **13. b×c4 Lh6?!**

„Eine derart taktisch zugespitzte Spielweise hätte ich eher von Tal erwartet. Der Zug ist nicht neu, aber fragwürdig. Mein Gegner war entweder ungeduldig und wollte mich überlisten, um einen schnellen Sieg davontragen zu können, oder ich bin tatsächlich in eine vorbereitete Variante hineingeraten. Jedenfalls mußte ich auf der Hut sein", schrieb Portisch 1966.

**14. f4**

Boleslawski hält 14. Scb1 Ld7 15. Lc3 e5(?) 16. Sa3 Tb4 17. e3! Ta4 18. Lb2 für besser, aber später wurde eine Verstärkung für Schwarz gefunden: 15. – Dc7! 16. h3 (16. e3 Lg7 17. Te1 Tb4 18. Sb3? T×c4! 19. Lf1 S×b3 20. a×b3 Tg4 21. f4 h5 =+, Tóth–Ribli, Kecskemét 1972) 16. – Lg7 17. e4 c5 18. Dd3 Sh5 19. Sa3 f5 20. Tab1 fe =, Csom–Suetin, Portorož 1973. Oder auf 14. – e6 folgt 15. Lc3 Ld7 16. Sa3 **14. – e5** (14. – Sg4 15. Sd1 T×b2 16. D×b2 Lg7 17. Dc1 L×a1 18. D×a1 Ld7 19. h3 Sf6 20. e4 Db6 21. e5 +–, Kortschnoi–Bilek, Stockholm 1962).

**15. Tae1 e×f4 16. g×f4 Sh5**

Damit erhält die Partie ihr eigenes Gepräge. In früheren Begegnungen manövrierte Schwarz im allgemeinen am Damenflügel, während Weiß im Zentrum mit e4–e5 experimentierte. (Siehe dazu die Partie Kortschnoi–Bilek, Anmerkung zum 14. Zug.) Mit seinen letzten Zügen will Petrosjan diesem Plan vorbeugen, indem er sein Heil am Königsflügel versucht. In der Partie Botwinnik–Donner, Wageningen 1958, kam Weiß nach 16. – Te8 17. Sd1 (17. e3!) 17. – Tb7? (17. – Sh5! oder Lg4!) 18. e3 in Vorteil.

**17. e3 Te8?**

Boleslawski legt die späteren Schwierigkeiten diesem Zug zur Last und schlägt statt dessen 17. – Lg7! vor, um den nun folgenden Unannehmlichkeiten aus dem Wege zu gehen, z. B. 18. Sd1 Lf5 19. Le4 L×e4 20. S×e4 L×b2 21. S×b2 Te8 =, Ree–Sax, Amsterdam 1976.

**18. Sce4!** („Es trifft zwar zu, daß ich danach in eine Fesselung gerate, aber diese ist nicht gefährlich, weil ich im Besitz des Punktes e4 bin", meinte Portisch.) **18. – Lf5 19. Lc3!** (Die Drohung 20. Da4! zwingt Schwarz, am Damenflügel den Rückzug anzutreten, so daß Weiß dort zur Offensive übergehen kann.) **19. – Sb7** (Zur Zeit der Partie wußte Portisch noch nicht, daß dieselbe Position – allerdings nach Zugumstellung – schon einmal vorgekommen war, und zwar in der Begegnung Donner–de Rooi, Amsterdam 1963. Damals versuchte Schwarz an dieser

Stelle 19. – L×e4, stand aber nach 20. L×e4 f5 21. Lf3 ebenfalls sehr schlecht.)

**20. Da4 a5 21. Tb1!**

„Durch die wirkungsvollere Postierung der Türme vergrößere ich meinen Vorteil. Der Punkt e3 bleibt nun zwar einen Augenblick lang ungedeckt, aber das läßt sich nicht ausnutzen, weil auf 21. – L×e4 22. S×e4 f5 tödlich 23. T×b7! T×b7 24. S×d6 folgen würde." (Portisch) Immerhin verrät der Textzug, mit dem sich Weiß freiwillig in eine Fesselung begibt, große Unbefangenheit.

**21. – De7 22. Tfe1 Ld7 23. Dc2 Lf5 24. Da4**

„Ziel dieses Zuges ist es, Zeit zu gewinnen. Natürlich gebe ich mich mit einem Unentschieden nicht zufrieden, weil ich überlegen stehe. Ich muß für die Dame den günstigsten Platz finden, damit sich meine Figuren auf der b-Linie frei entfalten können. Auch sofort 24. Tb6 kommt in Betracht, aber Schwarz kann darauf mit 24. – Dh4 eventuell noch Schwierigkeiten bereiten. So ist beispielsweise 25. Sf3 wegen 25. – L×e4 nicht angängig, andererseits kann Schwarz aber in seiner Verzweiflung zum Opfer auf f4 greifen. Das ist wahrscheinlich nicht korrekt, doch warum soll ich mich auf Verwicklungen einlassen, wenn ich meinen Vorteil auch ohne sie zu behaupten vermag? Antwortet Schwarz 24. – Ld7, so kann ich 25. Da3 erwidern und nach 26. Tb6 mit der Dame von a3 aus nach Belieben b3 oder b2 besetzen." (Portisch)

**24. – Kf8**

„Mein Gegner ist offenbar davon überzeugt, daß ich mich mit Remis begnügen werde und deckt deshalb vorsichtshalber den Turm e8, um eventuelle Kombinationen auszuschalten. Falls 24. – Dh4? geschieht, so folgt 25. T×b7!" (Portisch)

**25. Tb6 Tbd8 26. Db3 Lc8 27. Sf1**

**27. – Td7?**

„Ein Versehen, aber die Lage des Nachziehenden war schon hoffnungslos. Weder im Mittelspiel noch im Endspiel hat Schwarz Aussichten, die Stellung zu halten. Die einzig annehmbare Fortsetzung wäre 27. – f5 gewesen, obwohl Weiß auch darauf über zwei gute Antworten verfügt. Die eine besteht in 28. S4g3 S×g3 29. h×g3 nebst Linienöffnung durch e3–e4. Offensichtlich kommt 28. – Sg7 nicht in Frage. Die letzte Chance von Schwarz liegt in dieser Variante in 28. – Sf6 29. L×f6 D×f6 30. T×b7 L×b7 31. D×b7 L×f4 verborgen, aber Weiß kann seine Stellung mit dem natürlichen und einfachen Zug 29. Db2 verstärken. Die andere weiße Entgegnung, und zwar 28. Sf2, ist indes noch nachhaltiger. Im nächsten Zug zieht der andere Springer nach g3, und im geeigneten Augenblick entscheidet e4." (Portisch) **28. Sfg3!** (Durch die Beseitigung des Springers h5 erobert Weiß das wichtige Feld f6). **28. – S×g3 29. h×g3** (29. Lf6? S×e4!) **29. – Lg7 30. Db2! f5 31. L×g7+ D×g7 32. Sf6** (Ein nicht alltäglicher Qualitätsgewinn!) Schwarz gab auf.

## ENGLISCHE ERÖFFNUNG

### 27.

### Portisch–Matulović
### Zonenturnier, Halle 1967

**1. c4 c5 2. Sf3 Sf6 3. Sc3 Sc6 4. d4 c×d4 5. S×d4 e6 6. g3 Lb4?!** Damals galt dieser Zug noch als der stärkste. Wie aber die vorliegende Partie lehrt, erreicht Schwarz mit der Fesselung nichts Besonderes, da das Schlagen auf c3 keine ernste Drohung darstellt. Besser war 6. – Lc5. (Vergleiche dazu die 47. Partie.) **7. Lg2 0–0 8. 0–0 a6** (In Betracht kam 8. – d5. Der Nachziehende nimmt dabei zwar einen vereinzelten Bauern in Kauf, sichert sich aber eine freie Entwicklung. Siehe dazu die 25. Partie.) **9. Sc2!** Dieser Zug rüttelt an den Grundfesten des schwarzen Aufbaus. Weiß scheut sich nicht, ein Tempo zu verlieren, um das Schlagen auf c3 zu provozieren. **9. – L×c3?!** (9. – Le7 und 10. – d6

mit gedrückter, aber fester Stellung war vorzuziehen.) **10. b×c3 d5** Der vorige Zug des Nachziehenden hätte nur dann einen Sinn, wenn Schwarz imstande wäre, die weiße Bauernschwäche auszunutzen. Dieses Vorhaben erweist sich jedoch als undurchführbar, da Schwarz dabei an der Schwäche der Diagonale a3–f8 zugrunde ginge. Nach dem Textzug kann Weiß seinen Doppelbauern jederzeit auflösen, ohne daß sein aktives Läuferpaar angetastet wird.

**11. Se3! Da5** (Nach 11. – d×c4 12. D×d8 T×d8 13. S×c4 würde sich die Schwäche des Feldes b6 verhängnisvoll auswirken.) **12. Lb2 Td8 13. Db3!** (Verstärkt den Druck auf d5. 13. – d4 hätte jetzt nach 14. c×d4 S×d4 15. L×d4 T×d4 16. Tad1 e5 17. T×d4 e×d4 18. Sc2 Dd2 19. Dd3! Bauernverlust zur Folge gehabt.) **13. – Dc7 14. Tfd1** (Auf d5 ließ sich wegen des Zwischenzuges Sa5 kein Bauer erobern.) **14. – Sa5 15. Db4 Sc6** (Die Verwundbarkeit der schwarzen Grundreihe macht sich bemerkbar: 15. – S×c4 16. S×c4 d×c4 17. D×c4!) **16. Dc5!** (Erzwingt weitere Schwächungen.) **16. – Sd7** (Nach 16. – b6 17. Da3 kann Schwarz den Bauern d5 nicht mehr decken.) **17. Da3 d×c4 18. S×c4 Sb6** (Matulović ist bestrebt, seine gedrückte Stellung durch Abtausch zu entlasten, aber nach der Öffnung des Spiels steht er vor dem Problem, daß die große Diagonale und die Grundreihe anfällig sind.) **19. T×d8+ D×d8 20. Sa5!**

Erhöht die Wirksamkeit des Läufers g2. Der schwarze Damenflügel läßt sich danach nur schwer entwickeln. **20. – Dc7 21. S×c6 b×c6 22. Da5!** (Diese unangenehme Fesselung erschwert die Aufgabe von Schwarz.) **22. – Tb8 23. Td1 Lb7 24. c4 f6** Schwächt das Feld e6, was Portisch sofort energisch ausnutzt, aber der Nachziehende hatte keinen besseren Zug, denn es drohte Le5. Hier einige Varianten:

a) 24. – Td8 25. T×d8+ D×d8 26. c5 Dd1+ 27. Lf1 Sc4 (Sa8 ist indiskutabel) 28. Dc7 h6 29. Lc3 Db1 (c2) 30. Dd8 Kh7 31. Dd4;

b) 24. – Sa8 25. D×c7 S×c7 26. Le5 Tc8 27. Td7 usw.

**25. Lh3! c5** Ein Zwangsopfer. Alles andere hätte schneller verloren, z. B. 25. – e5 26. Td7! bzw. 25. – Kf7 26. Dh5+! oder schließlich 25. – Lc8 26. c5 Sd5 27. D×c7 S×c7 28. Td8+Kf7 29. Lc3 Sd5 30. Ld2 Tb2 31. e4! **26. L×e6+ Kh8 27. Lg4 h5!** (Die einzige praktische Chance. Durch ein weiteres Bauernopfer pariert Schwarz mit Tempogewinn die Mattdrohungen auf der Grundreihe und

erlangt einiges Gegenspiel. Schlecht wäre 27. – Td8 28. T×d8+ D×d8 29. Lf3 L×f3 30. e×f3 Ddl+ 31. Kg2 S×c4 wegen 32. D×c5!) **28. L×h5 Td8 29. Te1** (Weiß zieht sich vorübergehend zurück. Die eben erwähnte Variante scheiterte daran, daß der schwarze König jetzt über das Fluchtfeld h7 gebietet.) **29. – Dd6 30. Dc3 De6 31. Db3 Td7 32. Lf3!** (Die einfachste Lösung! Weiß gibt einen Teil seines materiellen Vorteils zurück und entkräftet dadurch das schwarze Gegenspiel.) **32. – L×f3 33. D×f3 S×c4 34. Lc3 Sd2?!** (Beiden Gegnern war die Zeit knapp geworden. Schwarz büßt nun den gerade erst zurückgewonnenen Bauern wieder ein.) **35. Dh5+ Kg8 36. D×c5 Se4 37. De3 Dc6 38. Lb2?!** (In Zeitnot spielt auch Portisch ungenau. Angezeigt war 38. Lb4!) **38. – Td2 39. Tc1 Dd5 40. La3 T×a2** (40. – Td1+ 41. T×d1 D×d1+ 42. Kg2 Sd2 43. h4 +–) **41. f3 Sd2 42. Lb4!** (Ein häßlicher Reinfall wäre 42. Tc5? S×f3+! gewesen.)

**42. – Sc4** (42. – Sb3 43. Tc3) **43. Db3!** (Das Übergewicht des Anziehenden am Königsflügel und seine immer aktiver werdenden Figuren kommen allmählich zur Geltung.) **43. – Sb6 44. Tc8+ Kh7** (Auf 44. – Kf7 entscheidet 45. Tc7+ Kg8 46. De3 nebst De7.) **45. Db1+! f5 46. Te8! Sd7** (46. – Db5 47. D×a2 D×e8 48. D×a6) **47. Lc3 Ta3 48. Db4 Tb3** (48. – Dc5+ 49. D×c5 S×c5 50. Ld4+–) **49. Dh4+ Kg6**

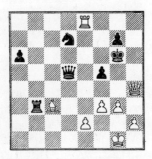

**50. L×g7!**
Die entscheidende Linienöffnung, nach der die weißen Schwerfiguren den gegnerischen König zu Tode jagen.
**50. – Dd2** (50. – K×g7 51. Dg5+ führt zum Matt.) **51. Te6+! K×g7 52. De7+ Kh8 53. De8+ Kh7 54. Dg6+ Kh8 55. Te8+**
Schwarz gab auf.

## NIMZOWITSCH-INDISCHE VERTEIDIGUNG

### 28.

#### Portisch–Spasski
#### Moskau 1967

Im großen Moskauer Aljechin-Gedenkturnier verwendete Portisch auf die ersten 18 Züge nur wenige Minute, während die Kontrolluhr des sowjetischen Großmeisters schon etwa eine halbe Stunde anzeigte. Der Grund dafür leuchtet sofort ein, wenn man sich an die Partie Portisch–Schamkowitsch (siehe Partie Nr. 12) erinnert, deren Verlauf bis zu diesem Zug mit der vorliegenden übereinstimmt. Vielleicht hatte Spasski eine Verbesserung für Schwarz vorbereitet, sich dann aber doch anders besonnen, weil ihm die Sache nicht recht geheuer war. Wahrscheinlicher ist allerdings, daß er die erwähnte Partie gar nicht kannte.

**1. d4 Sf6 2. c4 e6 3. Sc3 Lb4 4. e3 b6 5. Sge2 La6 6. Sg3 0-0 7. e4 Sc6 8. Ld3! d5? 9. c×d5 L×d3 10. D×d3 e×d5 11. e5 Se4 12. a3 L×c3+ 13. b×c3 f5 14. Se2! Sa5 15. h4! Sb3 16. Tb1 S×c1 17. T×c1 f4 18. Df3! De7**
Schamkowitschs Zug 18. – c5 erwies sich ebenfalls als unzureichend. Spasski aktiviert seine Dame, aber auch das bewährt sich infolge Portischs sorgfältiger Spielführung nicht.
**19. c4 c6 20. c×d5 c×d5 21. S×f4 Dd7 22. g3 Db5** (Durch die Verhinderung der Rochade erhält Schwarz für den verlorengegangenen Bauern etwas Gegenspiel.)
**23. De2!** (Weiß beurteilt die drei Züge später entstehende Stellung richtig; nach der Rückgabe des Mehrbauern gelangt sein König in Sicherheit.) **23. – Da5+ 24. Kf1 D×a3 25. Kg2**

Das materielle Gleichgewicht ist wiederhergestellt. Die schwarzen Figuren stehen scheinbar aktiv, und die beiden Freibauern am Damenflügel versprechen dem Nachziehenden ein vorteilhaftes Endspiel. Dennoch ist dessen Lage kritisch. Das Rückgrat der schwarzen Position, der Bauer d5, ist verwundbar, der „aktive" Springer e4 schwebt in Lebensgefahr, der e-Bauer ist ein starker Trumpf in der Hand des Anziehenden, und obendrein droht 26. Tc7 nebst 27. Dg4.

**25. – Tf7(!)**
Unter den gegebenen Umständen das kleinste Übel. Spasski pariert die Drohung Tc7 und verhindert – dank der nun möglichen Turmverdoppelung auf der f-Linie – vorläufig auch f2–f3, weil darauf 25. – S×g3 26. K×g3 Taf8! geschehen könnte. Wie die folgenden Abspiele zeigen, waren andere Verteidigungen noch aussichtsloser:

a) 25. – Tad8 26. f3 Sc3 27. Dd3 Tc8 28. Tc2 Se4 29. T×c8;

b) 25. – Tfd8 26. f3 Sc3 27. Dd3 Tac8 28. Se2;

c) 25. – Da5 26. Tc7! Tac8 (26. – Tf7 27. Thc1 +–) 27. Thc1 T×c7 28. T×c7 Tf7 (28. – b5 29. Td7) 29. T×f7 K×f7 30. Dh5+ Ke7 31. D×h7 Dd2 32. S×d5+ usw., in allen drei Fällen mit entscheidendem Übergewicht für Weiß.

**26. Tc2** (Bereitet den Einbruch auf der c-Linie vor, der schwarze Springer wird völlig eingekreist.)
**26. – Taf8 27. Thc1 h6** (Das Qualitätsopfer auf f4 schied wegen der Schwäche der Grundreihe aus: 27. – T×f4 28. g×f4 T×f4 29. Tc8+ Kf7 30. Dh5+ usw.)
**28. Dg4 Da4 29. e6! T×f4** (Es gab nichts Besseres, denn 29. – Tf6 30. e7 Te8 31. S×d5 verliert sofort.)
**30. g×f4 D×f4 31. Td1 Df6 32. Tc7** (Die Mattdrohung auf g7 bindet Schwarz an Händen und Füßen.)
**32. – Sc5**
Es gab bereits keine Rettung mehr: 32. – h5 33. D×h5 D×e6 (nach 33. – D×f4 34. Tc2! droht tödlich 35. e7) 34. D×d5 35. T×d5 a5 36. Tdd7 usw.

**33. f5 De5 34. T×a7 h5 35. Dg6 d4 36. Te1!** (Die einfachste Abwicklung.) **36. – Df6 37. D×f6 g×f6 38. Kf3 d3 39. Tg1+ Kh8 40. Tgg7** Schwarz gab angesichts der Zugfolge 40. – Tc8 41. Th7+ Kg8 42. Tag7+ Kf8 43. e7+ Ke8 44. Th8+ Kd7 45. e8D+ die Partie auf.


## SPANISCHE PARTIE

### 29.

### Keres–Portisch
### Moskau 1967

**1. e4 e5 2. Sf3 Sc6 3. Lb5 a6 4. La4 Sf6 5. 0–0 Le7 6. Te1 b5 7. Lb3 d6 8. c3 0–0 9. h3 h6**
Diesen Zug hat Smyslow in die Turnierpraxis eingeführt. Schwarz nimmt mit 10. – Te8 und 11. – Lf8 eine abwartende Haltung ein, unterbindet aber zunächst den Springerausfall nach g5.

Heutzutage ist aber 9. – Lb7 viel gebräuchlicher.

**10. d4 Te8 11. Sbd2** (Seit der Partie Fischer–Ivkov, Palma de Mallorca 1970, ist auch die Fortsetzung 11. Le3 Lf8 12. Sbd2 Lb7 13. Db1! Mode geworden.) **11. – Lf8 12. a3** Bereitet den raumgreifenden Vorstoß b2–b4 vor und macht dem Läufer das Feld a2 frei. Dieser Plan erweist sich indes als gekünstelt. In der Regel wird hier in Meisterpartien mit 12. Sf1 nebst 13. Sg3 fortgesetzt.

**12. – Ld7** (12. – Lb7 13. La2?! Dd7 14. b4 Tad8 15. Lb2 g6 16. Db3 Lg7 17. Tad1 Te7 18. d5 Sa7 19. c4 c6 mit undurchsichtigem Spiel, van den Berg–Portisch, Beverwijk 1964) **13. La2?!** (Das scheint die logische Ergänzung vom vorigen Zug zu sein, zumal der Läufer nun aktiver steht als auf dem Feld c2. Der Nachteil dieses Vorgehens besteht jedoch darin, daß Schwarz den Damenflügel blockieren kann, ohne sich um seinen nach a4 gelangenden Bauern sorgen zu müssen. Besser war 13. Lc2! Dc8 14. b4 a5 15. Lb2 mit etwas Raumvorteil für Weiß.) **13. – a5! 14. Sf1** (In einer Matchpartie Keres–Spasski 1955 glich Schwarz nach 14. Db3!? De7 15. Sf1 a4 16. Dc2 g6 aus.) **14. – a4 15. Sg3 Sa5!** (Kehrt die Schattenseite der weißen Aufstellung heraus: Nach dem Tausch des Läufers a2 gelangt das Feld b3 in den Besitz von Schwarz.) **16. Le3 c6 17. Tc1 Le6 18. L×e6 T×e6 19. d×e5?!** Dieser Abtausch sieht auf den er-

sten Blick hin völlig logisch aus. Weiß, der die Schwäche der Felder b3 und c4 erkannt hat, entledigt sich mit einer forcierten Zugserie des bedrohlichen Springers a5. Die Kehrseite der Medaille ist, daß dabei der schwarze Läufer befreit wird und der Nachziehende trotz der Vereinfachungen in aller Ruhe einen Angriff am Damenflügel zu organisieren vermag. Es war deshalb ratsamer, beispielsweise mit 19. Sd2, 20. Dc2 und gelegentlich f2–f4 den weiteren Gang der Ereignisse abzuwarten.

**19. – d×e5 20. D×d8 T×d8 21. L×b6 Ta8 22. L×a5 T×a5 23. Ted1** „Die Position des Anziehenden hinterläßt einen sehr ansprechenden Eindruck, zumal er die einzige offene Linie beherrscht. Den weißen Türmen stehen aber keine Einbruchspunkte zur Verfügung, so daß sich die Zeit, die Schwarz benötigt, um seine Türme entgegenzustellen, nicht ausnutzen läßt. Nach dem Abtausch der Schwerfiguren hat aber der schwarze Läufer – vor allem im Hinblick auf den Punkt b2 – eine große Zukunft vor sich." (Barcza) **23. – Te8 24. Td3?!** (Infolge einiger unauffälliger Fehler gerät Weiß allmählich auf eine abschüssige Bahn. Er vermag die d-Linie auf die Dauer ohnehin nicht zu behaupten, und der Turmtausch ist wegen der Schwäche des Bauern b2 sehr gefährlich. Laut Barcza hätte Weiß den König annähern und mit Sf3–e1–c2 einen Turm behalten müssen.) **24. –**

Taa8 **25. Kf1 Tab8** (So ganz nebenbei werden die weißen Streitkräfte auch noch durch die Drohung b5–b4 gebunden.) **26. Se1 g6 27. Sc2 h5!** (Portisch drängt seinen Gegner an beiden Flügeln zurück!) **28. f3 Ted8 29. Tcd1 T×d3 30. T×d3 c5 31. Se2**

**31. – c4!**
Ein wohlüberlegter Entschluß! Schwarz nimmt von dem vielverheißenden Druchbruch b5–b4 Abstand und überläßt seinem Gegner sogar den Punkt b4. Im Austausch dafür erhält er das Feld d3, und die Schwäche des nunmehr endgültig unbeweglichen Bauern b2 wird nach dem Tausch der Türme eine unleugbare Tatsache.
**32. Td1 Tb7 33. Sb4** (Hier bot Keres Remis an.)
**33. – Td7! 34. Ke1 T×d1+ 35. K×d1 Lc5 36. Sc6 Sd7 37. f4!?**
Diese Entscheidung sieht riskant aus, denn zur Schwäche b2 gesellt sich noch eine weitere, und zwar der Bauer e4. Ein starker Spieler wie Keres weiß aber nur zu gut, daß Passivität in solchen Stellungen den sicheren Untergang bedeutet. Verhält sich der Anziehende nämlich abwartend, dann spielt Schwarz f5 und zentralisiert seinen König. Schlägt Weiß auf f5, wird er durch e5–e4 eingeengt, unterläßt er es jedoch, macht sich die Anfälligkeit des Bauern e4 bemerkbar.
**37. – f6 38. f×e5 f×e5 39. Sg3 Kf7 40. Ke2 Ke6 41. Sf1 Lf8!**
Portisch beginnt, seinen Läufer nach c1 zu überführen, wodurch er einen Teil der weißen Kräfte handlungsunfähig macht. Weiß darf jetzt nicht mit 42. Sa7? den Bauern b5 erobern wollen, denn nach 42. – Kd6 43. S×b5+ Kc6 44. Sa7+ Kb6 45. Sc8+ Kb7 ginge sein Springer verloren. Den folgenden Zug hat Keres abgegeben. In der häuslichen Analyse gelang es ihm, eine listige Falle zu ersinnen.
**42. Se3 Kd6 43. Sb4 Sc5 44. Kf3 Lh6 45. h4 Sd3! 46. Sd1** (Nach 46. S×d3 c×d3 strebt der schwarze König nach c5, um nach dem Abtausch der Leichtfiguren über das Feld c4 ins gegnerische Lager einzudringen.) **46. – Lc1 47. Ke2!**

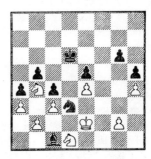

Eine findige Ausrede! Schwarz darf den umkämpften Bauern noch nicht nehmen, weil die nach dem Tausch auf b2 übrigbleibende Leichtfigur in der Ecke gefangen wäre. Barcza gibt die folgende Variante an: 47 – Sb2? 48. S×b2 L×b2 49. Kd2 L×a3 50. Kc2?! nebst Kc2–b1–c2, und der schwarze Läufer ist aus dem Spiel ausgesperrt; auf Kc5 kann immer Sb4–a6+–b4, auf Ka5 aber Sb4–c6+–b4 folgen. Schlägt der Nachziehende indessen den Springer b4, dann endet das Bauernendspiel trotz der beiden Mehrbauern (!) unentschieden, denn sein König findet nirgendwo ein Einbruchsfeld.

Portisch erkennt jedoch, daß er mit der Eroberung des Bauern b2 noch warten muß. Er sichert zunächst seinem König die erforderliche Bewegungsfreiheit, indem er die weiße Bauernstellung am Königsflügel auflockert.

47. – Sc5 48. Kf3 g5! 49. h×g5 (Erzwungen, denn nach 49. g3? g×h4 50. g×h4 wäre das weiße Spiel mit drei unheilbaren Schwächen belastet, während 49. Sa2 g4+ 50. Ke2 Lf4 sofort einen Bauern verlöre.) 49. – L×g5 50. Sa2 (Im Hinblick auf die geöffnete Königsflanke verfängt die Falle nicht mehr, so daß der Bauer b2 gegen Angriffe geschützt werden muß.) 50. – Ke6 (Der schwarze König droht, am Königsflügel einzudringen.) 51. Sf2 Kf6 52. Sd1 (Der Anziehende leidet sehr unter Raummangel und muß obendrein seine schwachen Punkte bewachen. In einer solchen Lage stellt sich früher oder später Zugzwang ein. Jetzt war Weiß schon genötigt, dem Nach-

ziehenden das Feld d3 zu überlassen, denn nach 52. Ke2 Lh4 hätte er den Bauern e4 eingebüßt. Auch 52. Kg3 Le3 führt zum Verlust dieses Bauern. Im Falle von 52. Sb4 entscheidet dagegen 52. – Lc1.) 52. – Sd3 53. g3 Kg6(?) Laut Barcza ist das eine kleine Ungenauigkeit, denn mit 53. – Ld2! 54. Ke2 Le1 55. Kf3 Kg5 hätte Portisch die auf Zugzwang beruhende Gewinnstellung sechs Züge früher erreichen können. Doch die Textfortsetzung ist kein ernsthafter Fehler, weil Schwarz in der kritischen Position seinen Gegner mit einer Dreiecksbewegung an den Zug bringen kann.

54. Kg2 (54. Ke2 Sc1+ 55. S×c1 L×c1 56. Kf2 Kg5 57. Kf3 h4! führt zum Zugzwang: Der weiße König wird zurückgedrängt, und die Bauern fallen.) 54. – Ld2 55. Kf3 Kg5 56. Ke2 Le1 57. Kf3 Ld2 58. Ke2 Le1 59. Kf3

Wenn Weiß in dieser Stellung noch einmal ziehen müßte, wäre er verloren (wegen Kg2 siehe das folgende Diagramm). Doch zu seinem Leidwesen ist der Nachziehende selbst am Zuge, und sofort 59. – h4? ergibt nichts wegen 60. g×h4+ K×h4 61. Sb4! S×b4 62. c×b4 Ld2 (62. – Kh3 63. Ke2 Lg3 64. Sc3 +–) 63. Ke2 Lc1 64. Sc3 L×b2 65. S×b5 Kg4 66. Kd2 Kf4 67. Kc2 Ld4?! 68. Sd6, und Weiß steht sogar etwas besser.

Zu seinem Glück vermag Schwarz jetzt mit der erwähnten Dreiecksbewegung die Zugpflicht dem Gegner aufzubürden.

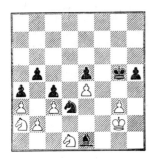

**59. – Kf6! 60. Kg2**
60. Sb4 S×b4! 61. c×b4 Ld2!
(61. – Kg5? 62. Ke2 L×g3 63. Sc3)
62. Ke2 Lc1! 63. Sc3 (63. Kf3 Kg5)
63. – L×b2 64. S×b5 Kg5 usw.
–+ (Barcza)
**60. – Kg6! 61. Kf3 Kg5 62. Kg2**
Damit wurde die in der Anmerkung
zum 59. Zug von Weiß angegebene
Stellung erreicht. Auch der Schluß-
abschnitt der Partie ist noch sehr
lehrreich.
**62. – h4! 63. g×h4+ Kf4!!**
Diese Schwenkung hatte Portisch
im Auge! Er erobert zuerst den e-
Bauern, da der Randbauer ohnehin
unhaltbar ist. Dabei verwandelt
sich sein materieller Nachteil in ein
Materialübergewicht. Den Vorstoß
des weißen h-Bauern braucht er
nicht zu fürchten.
**64. h5 K×e4 65. h6 Sf4+ 66. Kf1
Lh4 67. Sb4 Lf6 68. Ke1 Kf3 69.
h7 Lg7 70. Sc2 Sd5 71. Kd2 Sf6 72.
Se1+ Ke4. 73. Sf2+ Kf5 74. Sg2
S×h7**
Nach langwierigen und mühseligen
Manövern hat Schwarz endlich das
erste konkrete Resultat erzielt. Die
Verwertung des Mehrbauern wird
dadurch erleichtert, daß der weiße

Damenflügel nach wie vor verwund-
bar ist.
**75. Se3+ Ke6 76. Se4 Lh6!** (Schwarz
vereinfacht zu einem Springerend-
spiel, da sich der Materialvorteil
dort – entgegen der Meinung einiger
Autoritäten – verhältnismäßig leicht
realisieren läßt.) **77. Ke2 L×e3 78.
K×e3 Sf6 79. Sg5+ Kd5 80. Kf3
Sh5!** (Vergebens bemüht sich Weiß,
den e-Bauern zu blockieren, denn
der Kampf wird durch die Schwäche
des Bauern b2 entschieden. Es droht
Sh5-f4–d3.) **81. Se4 Sf4 82. Sf6+
Kc6 83. Ke4 Sd3 84. Sg4 Kd6!
85. Sh6 S×b2!** (Am einfachsten.
Für den Bauern e5 wird Schwarz
am Damenflügel reichlich entschä-
digt.) **86. Sf7+ Kc5 87. S×e5
Sd1 88. Sd7+ Kd6 89. Sf6 S×c3+
90. Kd4 Sb1** Hier wurde die Partie
zum zweiten Mal vertagt, doch Ke-
res gab auf, ohne sie fortzusetzen.

## DAMENGAMBIT

### 30.

### Portisch–Petrosjan
### Moskau 1967

Viermal – davon dreimal als amtie-
render Weltmeister! – unterlag Pet-
rosjan gegen Portisch, bevor er sich
1974 im Wettkampf der Kandidaten
mit einem 3:2-Sieg zu revanchieren
vermochte.
**1. d4 d5 2. c4 c6 3. c×d5**
Die Abtauschvariante ist eine ge-
fährliche Waffe gegen die Slawische

Verteidigung des Damengambits. Partien von Aljechin und Botwinnik belegen, daß dem weißen Mehrtempo in dieser symmetrischen Stellung Bedeutung zukommt.

**3. – c×d5 4. Sc3 Sf6 5. Sf3 Sc6 6. Lf4 e6**

Dadurch wird das Gleichgewicht gestört, weil der Läufer c8 eingesperrt bleibt. Dennoch wird diese Fortsetzung von vielen Theoretikern für besser gehalten als der natürliche Entwicklungszug 6. – Lf5. Zum Vergleich einige Beispiele:
7. e3 e6 8. Lb5
a) 8. – Lb4?! 9. Se5! Da5 10. L×c6+ b×c6 11. 0–0! L×c3 12. b×c3 Tc8 (12. – D×c3 13. Dc1! D×c1 14. Tf×c1 0–0 15. f3 h6 16. S×c6 +–, Matchpartie Botwinnik–Tal, 1961) 13. c4 0–0 14. g4! Lg6 15. c5 Se4 16. f3 Sd2 17. Tf2 Sc4 18. S×c4 d×c4 19. Ld6 Tfe8 20. e4 +–, Botwinnik–Pomar, Amsterdam 1966;
b) 8. – Sd7! 9. Se5! (9. 0–0 Le7 10. Tc1!? 0–0 11. h3 Tc8 =, Spasski–Larsen, 1968) 9. – Sc×e5 10. L×e5 a6 11. L×d7+ D×d7 12. 0–0!? b5 13. Tc1 f6 14. Lg3 Tc8 usw. mit minimalem Vorteil für Weiß, Petrosjan–Donner, Bamberg 1968.
**7. e3 Ld6** (Passiver ist 7. – Le7.) **8. Lg3** (Ein Lieblingszug von Portisch. 8. L×d6 ergibt dagegen nur Ausgleich. Ein leichtes Übergewicht erlangt der Anziehende allerdings auch mit 8. Ld3 0–0 9. 0–0 b6 10. Tc1 Lb7 11. a3 Tc8 12. De2 L×f4 13. e×f4 Sa5 14. Tc2, Botwinnik–Kottnauer, Moskau 1967.)

**8. – 0–0 9. Ld3 Te8?!**
Wegen 9. – a6?! siehe dazu die 102. Partie, Portisch–Ljubojević.
Einigen Theoriebüchern zufolge führt 9. – L×g3 zu gleichem Spiel. Im Zonenturnier im Halle 1967 setzten sowohl Hort als auch Uhlmann gegen Portisch mit 9. – b6 nebst Lb7 fort; beide erkämpften ein Remis. Petrosjan denkt aber mit Recht davon, daß es sehr gefährlich ist, diese Variante nochmals gegen den ungarischen Großmeister anzuwenden.

**10. Se5!** (Dieser Springer übt auf die schwarze Stellung einen starken Druck aus; wird er indes abgetauscht dann übernimmt der Bauer e5 seine Rolle, und obendrein ist das Feld d6 geschwächt.) **10. – L×e5 11. d×e5 Sd7 12. f4 Db6?**
Petrosjan ist zwar ein virtuoser Verteidigungskünstler, aber in einer derart unentwickelten Stellung kann auch er sich keinen Bauernraub leisten. In der durch 12. – f6 13. e×f6 S×f6 14. e4! geöffneten Position hätte Weiß in Anbetracht seines Läuferpaares ebenfalls die besseren Aussichten. Nach Taimanow ergibt hingegen 12. – Sc5! 13. Sb5 S×d3+ 14. D×d3 Da5+ 15. Kf2 Sb4 16. De2 b6! ein gutes Spiel für Schwarz, obwohl das nach 17. Sd6! La6 18. Dd1 Sd3+ 19. Kg1 noch dahingestellt sein mag. Interessant ist auch 13. – 0–0!? oder 13. Lb1 b6 14. Sb5 La6 15. Sd6 Sb4 ∞ (Jussupow).
**13. 0–0!**
Portisch beendet seine Entwicklung

mit einem eleganten Bauernopfer. Laut Tarrasch bedeuten in einer offenen Stellung zwei Tempi soviel wie ein Bauer. Zwar ist die Position nur halboffen, dennoch weist Portisch nach, daß Schwarz angesichts seiner noch nicht gefechtsbereiten Streitkräfte keinen Abenteuern nachjagen durfte.

**13. – D×e3+** (Schwarz muß wohl oder übel konsequent bleiben, da er andernfalls für seinen Positionsnachteil nicht einmal irgendeinen materiellen Ersatz vorweisen könnte. 13. – D×b2 14. Sb5 sah indes noch verdächtiger aus.) **14. Kh1 Db6**

14. – a6 hätte den weißen Springer daran gehindert, sich auf d6 niederzulassen, doch hätte dieser neuerliche Tempoverlust die Probleme des Nachziehenden kaum lösen können. Die Schwierigkeiten, vor denen dieser steht, werden durch folgende Varianten veranschaulicht:

a) 14. – f6? 15. L×h7+ K×h7 16. Dh5+;

b) 14. – f5? 15. L×f5! d4 (15. – e×f5 16. S×d5 und 17. Sc7) 16. L×e6+! T×e6 17. Sd5 De4 18. Sc7;

c) 14. – Sc5? 15. Tf3 Dd4 16. Sb5;

d) 14. – Sf8 15. Sb5 Db6 (auf einen Turmzug geschieht 16. Lf2!) 16. Lf2 Da5 (16. – Dd8 17. Sd6 Te7 18. Lh4) 17. a3 usw.

**15. Dh5!** (Der Auftakt zu einem entscheidenden Angriff. Das auf dem Damenflügel zusammengedrängte schwarze Heer vermag es nicht, seinem König rechtzeitig zu Hilfe zu eilen.) **15. – Sf8** (Nach 15. –

g6 16. Dh6 droht bereits Lh4–f6, und auf 15. – h6 wäre 16. f5!? – 16. Sb5! dürfte allerdings noch stärker sein – 16. – Sd×e5 17. f×e6 T×e6 18. S×d5 unangenehm.) **16. Tf3!** Weiß führt den Angriff äußerst energisch. Im Augenblick droht 17. Lf2! nebst L×h7+ und Th3 mit sofortiger Entscheidung. Auch 16. – D×b2 hilft nichts wegen 17. Tb1 D×c3 18. L×h7+.

**16. – Sg6 17. Lf2! Dd8**

Oder 17. – D×b2 18. Tb1 D×c3 19. Th3 Kf8 (19. – h6 20. L×g6 f×g6 21. D×g6 bzw. 19. – Da5 20. D×h7+ Kf8 21. Tb5! und 22. Lc5+) 20. D×h7 S×f4 21. Lh4 mit undeckbarem Matt. Jetzt hingegen bemächtigt sich Weiß des anderen schwachen Punktes im schwarzen Lager, nämlich des Feldes d6.

**18. Sb5! Sce7 19. Sd6 Ld7**

In seiner großen Not ist Petrosjan gern bereit, die Qualität zu geben, zumal der Sd6 augenblicklich viel mehr wert ist als der Turm e8.

**20. Lh4!!**

Beendet den Kampf am schnellsten und elegantesten. Gegen den nun drohenden Überfall hat Schwarz keine ausreichende Verteidigung mehr.

**20. – Db6 21. Th3 h6 22. Lf6!** (Hier zeigt sich der Sinn des Läuferzuges nach h4: Es droht das Zerstörungsopfer L×g7, und 22. – g×f6 scheitert an 23. D×h6 nebst 24. Dh7+ und 25. Df7 matt.) **22. – D×b2 23. Tf1** (22. Tb1? Tec8 hätte Schwarz noch einige Schwindelchancen geboten.) **23. – Sf5 24. L×f5** Schwarz gab auf.

Nur wenigen ist es geglückt, Petrosjan auf solch eine überzeugende Weise zu schlagen.

# KÖNIGSINDISCHE VERTEIDIGUNG

### 31.

### Portisch–Larsen
### Interzonenturnier
### Sousse 1967

**1. Sf3 d6 2. d4 Lg4!?** (Ein ungebräuchlicher, aber keineswegs positionswidriger Zug.) **3. c4 g6** (Der Übergang zur Königsindischen Verteidigung ist kein glücklicher Einfall, weil Schwarz später seinen zum Tausch genötigten weißfeldrigen Läufer vermissen wird. Besser scheint deshalb 3. – Sd7 nebst e5 zu sein, was dem Läufer den Rückzug nach g6 offenhält.) **4. Db3** (Ein interessantes Manöver, durch das sich der Anziehende bald des Läuferpaares versichert – wenn

auch auf Kosten eines gewissen Zeitverlustes. Die normale Entwicklung mit 4. Sc3 kam natürlich ebenfalls in Frage, denn der Tausch 4. – L×f3 5. g×f3 wäre günstig für Weiß.) **4. – Dc8 5. h3 L×f3** (Der Rückzug des Läufers hätte zwar ein weiteres Tempo gekostet, trotzdem wäre es besser gewesen, sich diesen zu erhalten.) **6. D×f3 Lg7 7. e3 Sf6?!** (Ein schablonenhafter Zug. Schwarz hätte lieber versuchen sollen, aus der noch offenen großen Diagonale Nutzen zu ziehen, z. B. 7. – c5! 8. d5 e6! 9. Sc3 Se7! usw.) **8. Sc3 0–0 9. g3** (Auf g2 steht der weiße Königsläufer zweifellos am wirkungsvollsten.) **9. – Sbd7?!**

Bei der von Schwarz geplanten Bauernaufstellung macht sich das Fehlen des weißfeldrigen Läufers besonders bemerkbar. Noch immer war deshalb 9. – c5 10. Lg2! Sc6 (10. – c×d4? 11. D×b7! d×c3 12. D×c8 T×c8 13. L×a8 Se8 14. Tb1 +– bzw. 13. – Se4 14. L×e4 c×b2 15. L×b2 +–) 11. d5 Sa5 oder 11. Sb4 12. De2 usw. vorzuziehen. Auch dabei entbehrt Schwarz den für das übliche Gegenspiel mit b7–b5 erforderlichen Läufer, aber er hätte doch bessere Aussichten als in der Partie gehabt.

**10. Lg2 c6 11. 0–0 e5**
Würde Weiß jetzt schematisch fortsetzen, so erhielte sein Gegner noch gute Chancen. Doch gesundes Positionsspiel war schon immer eine starke Seite von Portisch, der bald auf die Schwächen des feindlichen Aufbaus hinweist.

**12. d5! c×d5** (Erwägenswert war, die Stellung geschlossen zu halten, obwohl Schwarz auch in diesem Falle sehr passiv stände. Von dem Textzug hat sich Larsen wahrscheinlich eine gewisse Initiative auf der c-Linie erhofft.) **13. c×d5 Se8** (Bei dieser Bauernstruktur ist der typische Vorstoß f7–f5 unbedingt erforderlich.) **14. e4! f5 15. h4!**
Bereitet den Ausfall des Läufers nach h3 vor, von wo aus dieser eine rege Tätigkeit auf der Diagonale h3–c8 entfalten und die Auflockerung der schwarzen Bauernstellung unterstützen kann.
**15. – Dc4** (Das verspricht noch das meiste; unersprießlich wäre dagegen 15. – f4 wegen 16. Lh3! f×g3 17. Le6+ Kh8 18. D×g3, und es droht 19. Dh3 Sef6 20. Lg5 +–)
**16. h5! f×e4 17. Dd1!**
Ein feiner Zwischenzug. Der Damentausch hätte die schwarze Lage erleichtert. Der Bauer e4 läuft nicht davon, denn der Versuch, ihn zu retten, würde dem Nachziehenden nur Unannehmlichkeiten bereiten.
**17. – g×h5**
Schwächt die Felder um den König, ist aber wegen der Drohung 18. h6 erzwungen, wie das folgende Abspiel belegt: 17. – Sef6 18. h6! Lh8 19. Lh3 Sc5 20. Le3 Tae8 (20. – Tfd8 21. L×c5 d×c5 22. Le6+ Kf8 23. Tc1 +–) 21. L×c5 D×c5 22. Tc1! Dd4 23. Sb5! D×d5 24. Sc7! D×d1 25. Tf×d1 Te7 26. Le6+ T×e6 27. S×e6 Te8 28. T×d6 usw. mit leichtem Sieg.
**18. D×h5 Sef6 19. Dh4 Sc5** (19. –

S×d5?? 20. L×e4) **20. Le3 Tac8.**
Nach 20. – S×d5 21. S×d5! (21. L×c5? S×c3!) 21. – D×d5 22. Tad1 Dc6 (22. – Df7 23. L×c5 d×c5 24. L×e4 +–) 23. L×c5 D×c5 24. L×e4 h6 25. De7! Tfd8 (25. – Tf7 26. De6!) 26. De6+ Kh8 27. Dg6 Kg8 28. Td3! stände Weiß auf Gewinn. Diese Variante liefert ein gutes Beispiel für die Angriffsmöglichkeiten bei ungleichfarbigen Läufern.
**21. Tfd1 Kh8 22. Lh3! Tc7 23. Lf5!** (Weiß beherrscht die Diagonale nun ganz, und außerdem ist der schwarze Königsflügel vollkommen gelähmt. Die letzte Hoffnung von Schwarz ist ein Spiel auf der c-Linie.) **23. – b5**

**24. Tac1!!**
Der Einleitungszug zu einer genau berechneten Kombination, durch die Weiß nach einigen Verwicklungen eine gewonnene Stellung erlangt.
**24. – Sd3**
Dem dänischen Großmeister ist es scheinbar gelungen, seine Stellung im Zentrum und am Königsflügel

zu verbessern. Portisch weist jedoch nach, daß der Schein trügt. Es wäre auch sehr naiv gewesen, Sd3 zu gestatten, wenn dieser Zug etwas getaugt hätte.
**25. Se2! S✕c1 26. T✕c1 D✕e2 27. T✕c7 Tg8**
Verliert widerstandslos, aber gegen den Ansturm der bedrohlich stehenden weißen Figuren gab es keine ausreichende Verteidigung mehr, Schwarz mußte sich gegen die Abwicklung 28. T✕g7! K✕g7 29. Lh6+ schützen, doch seine Lage wäre selbst bei hartnäckiger Gegenwehr hoffnungslos gewesen: 27. – Dd1+ 28. Kh2 Dh5 29. D✕h5 S✕h5 30. Le6! a6 31. Td7 (oder 31. Tc6), und trotz des Minusbauern gewinnt der Anziehende leicht, denn sein Gegner steht zu passiv und büßt in rascher Folge Bauern ein.
**28. T✕g7! Dd1+ 29. Kh2 K✕g7 30. Dg5+ Kf7 31. Le6+ Ke8 32. D✕f6!** (Portisch umgeht die letzte Falle: 32. L✕g8? Sg4+ 33. Kh3 Dh1+ 34. K✕g4 Df3+ mit Remis durch Dauerschach. Nach dem Textzug setzt sich das Läuferpaar gegen den Turm durch, so daß Schwarz schon hier hätte aufgeben können.) **32. – Dh5+ 33. Lh3! Dg6** (33. – Tg6 34. Dh8+ Ke7 35. Da8 ist ebenso einfach.)
**34. D✕g6+ h✕g6 35. L✕a7 Ke7 36. a3 Th8 37. Le3 Kf6 38. Kg2 Th7 39. Lc8 Tc7 40. La6 Tc2 41. b4 Tc3 42. L✕b5 T✕a3 43. Lc6**
Der vom Läuferpaar unterstützte b-Bauer Wandelt sich in eine Dame um. Schwarz gab deshalb auf.

## 32.

### Padewski–Portisch
### Wijk aan Zee 1968

**1. e4 e5 2. Sf3 Sc6 3. Lb5 a6 4. La4 d6 5. c3 Ld7 6. 0–0 Sf6 7. Te1 Le7** (Führt zu einer etwas gedrückten, jedoch festen Stellung. Wegen 7. – g6 8. d4 De7 vergleiche man die 55. Partie, Tatai–Portisch.) **8. d4 0–0 9. a3**
Geht Romanowskis Fortsetzung 9. Sbd2 e✕d4 10. c✕d4 Sb4 aus dem Weg und bereitet den Vorstoß b2–b4 vor. Diese Variante ist für Weiß jedoch nicht gefährlich, und b2–b4 bewährt sich nicht. Gebräuchlicher ist deshalb 9. Sbd2 Te8 10. Sf1, z. B. 10. – h6! (10. – Lf8!? 11. Lg5! b5 12. Lb3 h6 13. L✕f6! D✕f6 14. Se3 e✕d4 15. c✕d4 Sa5 – 15. – g6? 16. e5! +– – 16. Lc2 g6 17. Dd2 Sb7 18. Sd5 Dd8 19. e5! Lg7 20. Df4 +–, Dely–Filip, Budapest 1969) 11. h3 Lf8 12. Sg3 Sa5 13. Lc2 c5 14. d5 g6 usw. mit geringem Raumvorteil für Weiß.
**9. – Te8 10. Sbd2 Lf8 11. Lc2** (Auf 11. b4 kommt 11. – g6 12. Lb2 Lg7 mit etwa gleichen Chancen in Betracht. Schwarz kann indes auch die kampflustige Fortsetzung 11. – d5!? 12. Lb3 Lg4 13. e✕d5 S✕d5 erwägen, die ebenfalls beiden Seiten Aussichten einräumt, Smyslow–Gligorić, Kiew 1959.) **11. – a5!** (Pariert die Drohung b4 und beabsichtigt, Weiß am Damenflügel ein-

zuengen. Einen ähnlichen Plan hat Portisch in der 29. Partie befolgt.) **12. h3 g6** (Der Läufer hat auf der großen Diagonale seinen Platz. Dank der geschlossenen Stellung darf sich Schwarz derart zeitraubende Manöver erlauben.) **13. Sf1 Lg7 14. Sg3!?** (Eine verpflichtende Fortsetzung, die Weiß zu einer scharfen Spielführung zwingt. Eine solidere Aufstellung war 14. Lg5, und falls 14. – h6 geschieht, so folgt 15. Lh4.) **14. – De7 15. Le3 a4!** (Legt – gestützt auf die zum Ausgleich führende taktische Wendung 16. L×a4 S×d4! 17. L×d7 S×f3+ – die weißen Bauern fest.) **16. Sd2!** (Weiß hat sich am Damenflügel in die Rolle des Verteidigers drängen lassen, um mit f2–f4 auf der anderen Flanke einen Angriff einleiten zu können.) **16. – b5 17. f4! Sa5!** (Die einzige Möglichkeit, den Raummangel zu beheben.)
**18. Df3 c5 19. d×e5 d×e5 20. f×e5!** Ein kühner Entschluß. Führt Weiß den Angriff kraftlos, kann der Bauer e4 schwach werden. Dieser kann aber auch die Rolle des Sturmbocks übernehmen. 20. f5 c4 ergibt gleiches Spiel.
**20. – D×e5 21. Df2! Tac8!** (Läßt dem Springer a5 die Wahl zwischen den Punkten b3, c4 und b7.) **22. Tad1 De7 23. Ld3?**
23. Sf3 mit der Absicht 24. e5! hätte dem Nachziehenden bedeutend mehr Schwierigkeiten bereitet, z. B.: a) 23. – Sc4? 24. Lg5! h6 25. e5! h×g5 26. e×f6 D×f6 27. T×d7 usw.; b) 23. – Le6 24. e5 Sd7! (24. – Sd5

25. Lg5! Dc7 26. Se4! Sc4 27. T×d5!? L×d5 28. Sf6+ L×f6 29. L×f6 +−) 25. Lg5 f6 26. e×f6 (26. T×d7 D×d7 27. e×f6 Lf8) 26. – S×f6 ∼.
**23. – c4 24. Lc2 Lc6 25. Ld4**

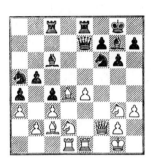

An dieser Läuferstellung vermag sich Weiß nicht lange zu erfreuen. Im Hinblick auf die verwundbaren Punkte e4, b3 und d3 im weißen Lager leitet Schwarz eine Abtauschaktion ein.
**25. – Sd7! 26. L×g7?!**
Auf weite Sicht ließ sich das kaum vermeiden, da Schwarz seine Kräfte gegen den Punkt d4 zusammenzuziehen drohte. Dennoch war es ratsamer, den Gang der Ereignisse mit 26. Sf3! nicht zu beschleunigen.
**26. – K×g7 27. Sf3 Se5 28. S×e5 D×e5 29. Se2 Lb7 30. Sd4 Sb3! 31. L×b3** (Nimmt dem Bauern e4 seinen Schutz, aber es drohte gelegentlich S×d4, wonach c×d4 wegen c4–c3 nicht in Frage kam, während das Schlagen mit einer Figur zu einer ähnlichen Stellung wie in der Partie geführt hätte. Außerdem mußte Weiß mit der Drohung Sc5 rechnen.) **31. – a×b3 32. Sf3 Dc5 33. Td4 Tc7!** (Schwarz

beginnt, den Bauern e4 zu belagern. Es droht Tce7 und f5.) **34. Kh1** (Ein Versehen, aber gegen den erwähnten Plan gab es ohnehin keine Verteidigung.) **34. – T×e4! 35. Tf1 Tce7 36. Dg3 Te2 37. Tf4 T×b2 38. Sh4 Lc8** (Schwarz hat nur noch einige Angriffsversuche zu parieren.) **39. Df3 Le6 40. Te4 Dg5 41. Dd1 Td2 42. De1 Ld5** Weiß gab auf.

# KATALANISCHE ERÖFFNUNG

### 33.

**Portisch–Matanović**
**Skopje 1968**

**1. c4 Sf6 2. Sf3 e6 3. g3 d5 4. Lg2 Le7 5. 0–0 0–0 6. d4 d×c4**
Bevor d2–d4 gespielt wurde, wird das Schlagen auf c4 als ungünstig angesehen, weil Weiß nach dem Rückgewinn des Bauern – je nach den besonderen Umständen – zwischen d2–d3 und d2–d4 wählen kann. Nach 6. – c6 entsteht die geschlossene Variante, für die die mit demselben Gegner gespielte 48. Partie ein gutes Beispiel liefert.
**7. Se5!**
Dieser Zug war schon früher bekannt; er wurde aber für ungefährlich gehalten, so daß der vorliegenden Partie eröffnungstheoretische Bedeutung zukommt. Natürlich liegt es im Interesse des Anziehen-

den, die Diagonale des „katalanischen" Läufers offenzuhalten. Darin äußert sich nämlich der Kerngedanke des gesamten Systems.
**7. – c5?!**
Dieser Zug wurde durch 7. – Sc6! aus der Praxis verdrängt. Ein Beispiel: 8. S×c6 b×c6 9. Sa3 L×a3 10. b×a3 La6 11. L×c6 Tb8 12. Da4 Tb6 13. Ld2 Dd6 14. Lf3 Sd5 =, Ribli–Balaschow, Dortmund 1987.
**8. d×c5 Dc7** (8. – L×c5 9. Sc3 De7 10. S×c4 Td8 11. De1!? Sc6 12. Lg5 Ld7?! – oder 12. – h6 13. L×f6 D×f6 += – 13. Se4! +=, Smejkal–Mititelu, Luhačovice 1971) **9. S×c4** (9. c6 S×c6 10. S×c6 b×c6 11. Da4 Sd5 12. D×d4 Tb8! =, Filip–Portisch, Beverwijk 1964) **9. – L×c5** (Nach 9. – D×c5 10. b3! steht Weiß etwas besser. Jetzt hingegen sieht es so aus, als ob Schwarz infolge der Drohung L×f2+ Zeit gewinnt, die Mobilisierung seiner Streitkräfte abzuschließen.)
**10. Sc3!** Eine Neuerung! Weiß macht sich die gegnerischen Entwicklungsschwierigkeiten und die exponierte Lage der schwarzen Dame energisch zunutze.
**10. – Td8**
Nach 10. – L×f2+? 11. T×f2 D×c4 12. T×f6! wäre entscheidend, z. B. 12. – g×f6 13. Lh6 Sc6 (oder 13. – Te8 14. Se4! Sd7 15. e3 +–) 14. e3 Td8 15. Dh5 usw.
**11. Lf4!!**
Indem er die Schwäche der schwarzen Grundreihe ausnutzt, entwickelt sich Weiß unter Tempogewinn. Die Schönheit dieses Gedankens liegt

in der Abwehr der folgenden Gegenaktion begründet.

**11. – L×f2+?**

Schwarz kann der Versuchung dieser Kombination nicht widerstehen, büßt dabei aber eine Figur ein. Auch das „Ablenkungsopfer" 11.– e5 fruchtete nichts wegen 12. L×e5! L×f2+ 13. T×f2! (13. K×f2? Dc5+) 13. – T×d1+ 14. T×d1 De7 15. L×f6 g×f6 16. Sd5 usw. Verhältnismäßig am besten war die Fortsetzung 11. – De7 mit Übergang in die Partie Smejkal–Mititelu (siehe dazu die Anmerkung zum 8. Zug von Schwarz).

**12. K×f2! e5**

Eine Pointe des Unternehmens von Portisch zeigt sich nach 12. – Dc5+ 13. Le3 Sg4+ 14. Kg1! Jetzt stehen gleichzeitig drei weiße Figuren ein!

**13. Sb5!**

Ein seltener Anblick! Die Dame d1 hängt schon seit drei Zügen, ohne daß Schwarz sie schlagen dürfte. Da 13. – Dc5+ 14. Le3 Sg4+ 15. Kg1 für Weiß günstig ist, muß sich der Nachziehende mit Figurenverlust abfinden.

**13. – De7 14. Ld2 Sc6** (14. – Dc5+ 15. De3 Sg4+ 16. Kg1 De7 17. Db3) **15. Sba3 Le6 16. Tc1 e4 17. Kg1 Sd4 18. De1!** (Weiß gibt einen Bauern zurück, schüttelt dafür aber allmählich den Druck ab.) **18. – b5 19. Se3 L×a2 20. Lc3 Dc5** (Es drohte 21. L×d4 und 22. Sf5 mit Qualitätsgewinn.) **21. Kh1 Dh5 22. L×d4 T×d4 23. Sf5 Td7 24. S×b5 Le6 25. Tc5! L×f5 26. T1×f5 Dh6 27. Dc1 Dd2 28. Tc2 Db4 29. Tc8+ Td8 30. Tfc5 h5 31. h3 a6 32. T×a8 T×a8 33. Dc3!** (Mit einigen kraftvollen Zwischenzügen hat Portisch es verstanden, seine Stellung weiterhin zu verbessern. Die Kompensation, die Schwarz für die verlorengegangene Figur besaß, ist ständig im Schwinden begriffen.) **33. – Da4 34. b3 Da2 35. Sd4 Tf8 36. Kh2 h4 37. g×h4 Db1 38. Tg5!**

Schwarz gab auf. Gegen 39. Sf5 hat er keine Parade mehr.

## SPANISCHE PARTIE

### 34.

### Hort–Portisch
### Skopje 1968

**1. e4 e5 2. Sf3 Sc6 3. Lb5 a6 4. L×c6 d×c6 5. 0–0 f6** (Wegen einer ausführlicheren Besprechung der Eröffnung vergleiche man die 57. Partie.) **6. d4 e×d4** (Üblich ist auch 6. – Lg4.) **7. S×d4 Se7** (Angesichts der gesunden weißen Bauernmehr-

heit wäre der Damentausch mittels 7. – c5?! verfehlt. Annehmbar ist indessen 7. – Ld6.) **8. Sc3?! Sg6 9. f4?**
Auf den ersten Augenblick hin scheint es, daß Weiß infolge seiner Bauernübermacht am Königsflügel den Damentausch nicht zu befürchten hat, da er im Endspiel die besseren Aussichten bekommen könnte. Dank tiefdurchdachter Spielführung weist Portisch jedoch nach, daß die verbundenen Bauern auf e4 und f4 nur im Mittelspiel gefährlich sind, während sie im Endspiel schwach werden. Der Nachteil des verdoppelten c-Bauern fällt demgegenüber nicht ins Gewicht.
**9. – c5! 10. Sf3 D×d1 11. T×d1 Lg4!** (Schwarz ist bestrebt, die weiße Bauernkette aufzulockern. Sofort 11. – Ld6 taugte aber wegen 12. e5! nebst Sd5 noch nichts.)
**12. Kf2 Ld6 13. Sd5** (Durch diesen scheinbar aktiven Ausfall wird der angegriffene Bauer nur unzuverlässig geschützt, denn der Springer kann jederzeit vertrieben werden. Bei dem naheliegenden Aufzug 13. h3?! wäre Weiß nach 13. – Ld7! sofort genötigt, seine Bauernstellung mit 14. f5 zu schwächen. Falls aber 13. g3 geschieht, so folgt 13. – h5!, es droht 14. – h4!), und nach 14. h4 ist der weiße Königsflügel anfällig.
**13. – 0–0–0 14. f5** (Diesen Zug erzwungen zu haben, ist für Schwarz ein großer Erfolg, denn er beherrscht jetzt den Punkt e5; außerdem macht sich die Schwäche des Bauern e4 bemerkbar.) **14. – Se5 15. Lf4 The8**

**16. h3 Lh5 17. Te1 Lf7!** (Durch die Gefährdung des Springers d5 wird es schwierig, das weiße Zentrum zu verteidigen. Es droht 18. – L×d5 19. e×d5 Sd3+ mit für Schwarz günstigen Vereinfachungen. Falsch wäre dagegen 17. – c6? wegen 18. Sb6+, gefolgt vom Tausch auf e5 nebst Sc4, wonach Weiß überlegen stände.)
**18. Sc3**
Entweder unterschätzte Hort die Unannehmlichkeiten, die ihm die folgende Wendung bereitet, oder er hat einfach nichts Besseres gefunden. Jedenfalls wäre seine Lage auch nach 18. Lg3 Sc4! (18. – L×d5 19. e×d5 Sc4 ist ebenfalls gut) 19. b3 (19. L×d6 S×d6 20. Sc3 – 20. Sd2 S×f5! – 20. – b5! –+) 19. – L×g3+ 20. K×g3 L×d5 21. e×d5 Se3 wenig beneidenswert gewesen.
**18. – Sd3+!**
Portisch paßt sich den veränderten Umständen elastisch an – gerade darin zeigt sich laut Aljechin die Schachbegabung – und überträgt seinen Angriff vom Bauern e4 auf die neu entstehende Schwäche d3. Sollte er später einmal c5–c4 durchsetzen, könnte die Verwundbarkeit des Bauern e4 wieder zum Vorschein kommen. Bei allen diesen Unternehmungen leistet das aktive Läuferpaar gute Dienste.
**19. c×d3 L×f4 20. Tad1** (Oder 20. Ke2 c4! 21. d4 – 21. c×d4 L×c4+ 22. Kf2 b5 –+ – 21. – b5 22. a3 und jetzt schlägt sowohl 22. – g6 wie auch 22. – c6, gefolgt von 23. – a5 und 24. – b4, zum Vorteil von

Schwarz aus.) **20. – Td7!** (Nun steht Schwarz bereit, die Türme auf der d- oder e-Linie zu verdoppeln.) **21. b3 b5! 22. Se2 Ld6 23. Ke3?**

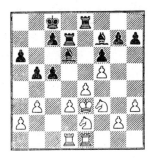

Danach wird der weiße König Zielscheibe eines unmittelbaren Angriffs. Mit 23. Sc1 hätte sich die Krise hinauszögern lassen, aber nach 23. – c4 24. b×c4 b×c4 wäre die Lage von Weiß angesichts des wirksamen gegnerischen Läuferpaares ebenfalls beschwerlich gewesen, z. B. 25. d4? Tde7! 26. Sd2 c3 mit entscheidendem schwarzen Übergewicht. **23. – c4! 24. Sc1** (24. b×c4 25. d4 Lb4 26. Tf1 Ld5 27. Sg3 Ld6 –+) **24. – Tde7** (Dank dem letzten schwarzen Zug wurde der Bauer e4 erneut schwach.) **25. b×c4 b×c4 26. Te2 Ld5! 27. Sd2 c×d3 28. K×d3 Lc6** (Die zusammengedrängten weißen Figuren sind nicht mehr imstande, alle Drohungen zu parieren. Der Schlußabschnitt der Partie ist ein vortreffliches Schulbeispiel für den mit geringem Material geführten Angriff.) **29. Scb3 Lb5+ 30. Sc4 Td8! 31. Sbd2 Lb4+ 32. Kc2 L×d2** Weiß gab angesichts der Zugfolge 33. Te×d2 La4+ die Partie auf.

## KÖNIGSINDISCHE VERTEIDIGUNG

### 35.

### Donner–Portisch
### Schacholympiade, Lugano 1968

**1. d4 Sf6 2. c4 g6 3. Sc3 Lg7 4. e4 d6 5. Le2 0–0 6. Lg5** (Awerbachs Zug ist eine beliebte Waffe gegen die Königsindische Verteidigung.) **6. – c5 7. d5 e6?!** (Statt dessen wird heute 7. – h6 8. Lf4 für besser gehalten. Mit dem Textzug versucht Schwarz, das weiße Zentrum zu sprengen. Nach 8. d×e6?! wird er für den rückständigen Bauern d6 durch gutes Figurenspiel und die Schwäche des Feldes d4 reichlich entschädigt.) **8. Sf3** (Weiß hat zu bedenken, mit welchem Bauern er im Falle von e×d5 zurückschlagen möchte. Will er mit dem e-Bauern schlagen, ist 8. Dd2! genauer, weil er sich dabei die Entwicklung durch Ld3 und Sge2 offenhält.) **8. – h6 9. Le3?!** (9. Lh4! führt zu einer Hauptvariante der Benoni-Verteidigung.) **9. – e×d5 10. c×d5?!** Bei 10. e×d5! entsteht ein solides Abspiel der Königsindischen Verteidigung (siehe dazu die Anmerkung zu 8. Sf3). Nach dem Textzug muß Weiß indessen um den Ausgleich kämpfen.

In der Benoni-Verteidigung bemüht sich Schwarz – gestützt auf seinen starken Läufer g7 – mit b7–b5 um Gegenspiel am Damenflügel. Dank einer taktischen Wendung ist dieser

Vorstoß hier ohne Vorbereitung möglich.

**10. – b5! 11. L×b5** (11. e5 Sg4! –+) **11. – S×e4! 12. S×e4 Da5+ 13. Sc3?** (Von diesem Augenblick an wird die weiße Stellung infolge des genauen Spiels von Portisch allmählich unhaltbar. Zäher war 13. Dd2! D×b5 14. S×d6 D×b2 15. Tc1 La6, obwohl der Anziehende angesichts der vortrefflich plazierten schwarzen Figuren auch nicht auf Rosen gebettet wäre.) **13. – L×c3+ 14. b×c3 D×b5 15. Db3** Nach 15. L×h6? Te8+ 16. Le3 f5 17. g3 Dc4 bricht die weiße Verteidigung rasch zusammen. Donner hat wahrscheinlich damit gerechnet, daß Schwarz jetzt zu 15. – D×b3 gezwungen ist, da der Bauer h6 hängt. Doch seine Hoffnungen, das Spiel auszugleichen, erfüllen sich nicht. Er hat die starke Entgegnung von Portisch übersehen, mit der sich dieser die Schwäche der Diagonale f1–a6 zunutze macht und um den Preis eines Bauernopfers gewaltigen Angriff erhält.

**15. – La6! 16. D×b5 L×b5 17. Sd2** (Mit einem Seitenblick auf den ge-fährdeten Bauern h6 hin bemüht sich der Anziehende, den lästigen weißfeldrigen Läufer durch c4 aus-zusperren. Nach 17. L×h6 Te8+ 18. Le3 f5 19. g3 Sd7! hätte er die gleichen Entwicklungsschwierigkeiten wie in der Partie gehabt.) **17. – Ld3!** (Mit diesem neuerlichen Opferangebot macht Schwarz dem Gegner einen Strich durch die Rechnung.) **18. L×h6** (18. f3 Sd7 19. Kf2 Sb6 –+) **18. – Te8+ 19. Kd1** (Der Anziehende möchte sich mit Te1 entlasten. 19. Le3 Sd7 20. c4 Tb8 oder 20. 0-0-0 Sb6 wäre keinen Deut besser gewesen.) **19. – Sd7 20. Tc1** (Um mit 21. c4 den schwachen Bauern d5 zu befestigen.) **20. – Sb6! 21. Te1** (21. c4 Sa4! 22. Le3 Sb2+ 23. Kc1 f5) **21. – T×e1+ 22. K×e1 Te8+ 23. Le3**

Die folgenden Varianten veran-schaulichen die Angriffschancen von Schwarz:

23. Kd1 Sa4! (droht 24. – Sb2 matt) 24. Le3 f5 25. g3 g5! 26. Sb3 (26. Sf3 f4!) 26. – f4 27. g×f4 g×f4 28. L×f4 Te2!, und Weiß hat gegen die Mattdrohung Sb2 keine ausreichen-de Parade, z. B. 29. Ta1 S×c3+ 30. Kc1 Tc2 matt!

**23. – f5 24. Sf3** (Auf 24. g3 folgt einfach S×d5. Weiß kommt zwar auch bei dem Textzug ohne Figuren-verlust davon – der Läufer d3 hängt –, aber er geht an der Schwä-che des Feldes e2 zugrunde.)

**24. – f4 25. Kd2 c4!**

Schwarz beurteilt es richtig, daß der nach e2 gelangende Turm den weißen König abdrängt und ihm einen entscheidenden Endspielvorteil sichert. Mit 25. – f×e3+ 26. K×d3 e×f2 27. Tf1 hätte er dagegen den Sieg verschenkt, und nach 25. – Lc4 26. L×f4 Te2+ 27. Kd1 Sa4 28. Tc2 Sb2+ 29. T×b2 T×b2 30. Sd2! L×d5 31. L×d6 wäre der Gewinn wegen des reduzierten Materials noch fraglich gewesen.

**26. L×b6** (26. L×f4 Te2+ 27. Kd1 Sa4 –+) **26. – Te2+ 27. Kd1 a×b6 28. Tb1** (Durch diesen harmlosen Trick gelangt der weiße Turm endlich auf eine offene Linie, aber es ist schon zu spät!) **28. – T×f2 29. T×b6 T×g2 30. Ke1** (Es drohte Le2+, und auf 30. Se1 wäre 30. – f3! geschehen.) **30. – T×e2+! 31. Kd1 T×a2** (Das sofortige Schlagen auf a2 wäre längst nicht so gut gewesen, denn jetzt gewinnt Schwarz ein Tempo, da erneut Le2+ droht.) **32. Ke1 Te2+! 33. Kd1 Tf2 34. Sg5 f3 35. h4 Tg2 36. Tb8+ Kg7 37. Tb7+ Kf8** Weiß gab auf, denn der schwarze König nähert sich dem Turm und bereitet den Schachgeboten ein Ende.

## SIZILIANISCHE VERTEIDIGUNG

### 36.

### Portisch–Larsen
### Schacholympiade, Lugano 1968

**1. Sf3 c5 2. c4 g6 3. d4 c×d4 4. S×d4 Lg7 5. e4** (Mit Zugumstellung wurde die Simagin-Variante der Sizilianischen Verteidigung erreicht. Schwarz hofft, für seine etwas beengte Stellung durch die Beherrschung der großen Diagonale entschädigt zu werden.) **5. – Sc6 6. Le3 Sf6 7. Sc3 Sg4** (Eine bekannte taktische Wendung. Durch die Abtauschaktion wird die Diagonale für den Fianchettoläufer geöffnet.) **8. D×g4 S×d4 9. Dd1 Se6** (Die Theorie vermochte noch nicht endgültig zu klären, ob der Textzug 9. – Se6 oder 9. – e5 dem Nachziehenden die besten Chancen einräumt. Nach Boleslawski ist die Partiefortsetzung am stärksten, weil der Springer von e6 aus verschiedene wichtige Felder kontrolliert und zugleich die Königsstellung verteidigen hilft.) **10. Tc1** (Vor dieser Partie war 10. Dd2 gebräuchlicher. Da der Turm in diesem System indes nach c1 gehört, ist der Zug von Portisch elastischer, weil er den Standort der Dame noch nicht festlegt.) **10. – d6** (Bereitet 11. – Ld7 und Lc6 vor. Der Läufer kann mittels 10. – b6 allerdings auch fianchettiert werden.) **11. Ld3** (Die Zusammenfassung der weiteren Abspiele siehe bei der 70. Partie.) **11. – Ld7 12. 0–0 a5 13. f4 Lc6 14. Lb1 Sc5 15. De2!?**

In einer späteren Partie übernahm Polugajewski (mit Zugumstellung) den Aufbau von Portisch und zog 15. Dd2, was vorzuziehen sein dürfte, weil der Druck auf den Bauern d6 nicht verringert wird. Diese Begegnung verlief wie folgt: 15. – 0–0 16. e5 (16. f5!?) 16. – b6 17. e×d6 D×d6 18. D×d6 e×d6 19. Tfd1

Tad8 20. b3 Tfe8 21. Lf2 L×c3!
22. T×c3 d5 23. c×d5 T×d5 24.
T×d5 L×d5 25. Te3! +=, Polu-
gajewski–Kapengut, Sowjetunion
1972.

**15. – 0–0 16. e5!** (Droht nicht nur,
den Bauern d6 zu schwächen, son-
dern auch 17. L×c5 d×c5 18. Le4
In beiden Fällen hätte Weiß Positions-
vorteil.)

**16. – Sa4! 17. S×a4 L×a4 18. b3
Lc6** (Larsen verteidigt sich sehr um-
sichtig. Er hat sich seines unsicher
stehenden Springers entledigt und
außerdem die weiße Bauernstellung
am Damenflügel aufgelockert, so
daß er gelegentlich die a-Linie zu
öffnen vermag.) **19. Tcd1 Dc7 20.
e×d6 e×d6 21. f5!** (Weiß setzt
nicht nur den Bauern d6, sondern
auch den Königsflügel unter Druck.
Dagegen wäre laut Portisch 21. Ld4
wegen 21. – Tfe8! 22. Df2 L×d4 23.
T×d4 f5! bedenklich gewesen.)
**21. – Tfe8 22. Df2 a4! 23. Lb6**
Der Anziehende beabsichtigt, den
starken Läufer g7 abzutauschen,
zwingt jedoch zuvor die schwarze
Dame, sich seinem Turm gegenüber-
zustellen. Der Vorstoß f6 würde
zwar den Läufer von der großen
Diagonale verjagen, er wäre aber
verfehlt, weil die für den Angriff
unentbehrliche f-Linie versperrt blie-
be. Die Öffnung der a-Linie war
nicht zu verhindern, denn auf b4
wird der Bauer c4 schwach. **23. –
Dd7 24. Ld4 a×b3 25. a×b3 L×d4
26. T×d4 Te5?!**
Trotz der weißen Initiative am Kö-
nigsflügel und des vereinzelten Zen-

trumsbauern hat Schwarz vollwerti-
ges Spiel. Er beherrscht die beiden
einzigen offenen Linien, und auch
der Läufer c6 steht ausgezeichnet.
Sehr erwägenswert war hier 26. –
De7!, um den Damentausch anzu-
streben, z. B. 27. Ld3 (27. Tfd1 Ta1!
oder 27. Tdf4 De3! 28. f×g6
D×f2+! 29. T4×f2 f×g6 =) 27. –
De3! 28. D×e3 (auf 28. T×d6 oder
28. Tfd1 geschieht 28. – Ta2!)
28. – T×e3 29. b4! (29. T×d6 Ta1
30. Tf2 Ta1+ 31. Lf1 T×b3 32.
f6 Te3 = oder 32. Td8+ Kg7 33.
f6+ Kh6 34. Tf8 b5! =) 29. –
g×f5 usw. mit nur geringem weißen
Vorteil.

**27. Ld3 De7?!** (In Betracht kam 27.
– Tae8, obwohl die Aussichten des
Anziehenden sowohl nach 28. Tg4
f6 29. h4 wie auch nach 28. Tfd1
und 29. Lf1 günstiger zu sein schei-
nen.) **28. Tf4!** (Nun droht Weiß,
den Kampf durch die Öffnung der
f-Linie zu entscheiden.)
**28. – g5?**
Daraufhin gerät der schwarze Kö-
nig bald in eine verzweifelte Lage.
Die letzte Chance bot der passive
Rückzug 28. – Le8!, z. B. 29. f6
(29. h4!?) 29. – Df8! (oder 29. –

De6 30. Tg4!, und es droht 31.
T×h7! bzw. 31. Df4) 30. b4 (30.
Db6 Lc6 31. b4 Ta2!) 30. – b5! mit
Raumvorteil für Weiß.
**29. f6! De6 30. Lf5! De8 31. Tg4
h6 32. Df4!**
32. Dh4?? 32. – T×f5! 33. T×f5
De3+!, und matt wird Weiß!

Gegen den schwarzen König wurden
gewaltige Kräfte zusammengezogen,
so daß bereits 33. T×g5+ droht.
Das folgende Opfer kann den Angriff
auch nicht zum Stehen bringen.
**32. – T×f5 33. D×f5 De3+ 34.
Kh1 Te8 35. Tg3 Dd2 36. h4 Te2 37.
Dh3** (37. h×g5?? T×g2!) **37. –
Dd4 38. h×g5 h5 39. g6**
Schwarz gab auf.

# NIMZOWITSCH-INDISCHE
# VERTEIDIGUNG

### 37.

### Portisch–Haág
### Ungarische Meisterschaft
### Budapest 1968/9

**1. d4 Sf6 2. c4 e6 3. Sc3 Lb4 4. e3**
(Also wieder das Rubinstein-Sy-
stem, dessen größter Kenner gegen-
wärtig Portisch ist.) **4. – c5 5. Ld3
d5 6. Sf3** (Der ursprüngliche Ge-
danke Rubinsteins sah Sge2 vor,
aber diese Aufstellung hat sich als
harmlos erwiesen.)
**6. – 0–0 7. 0–0 d×c4 8. L×c4 Sc6
9. a3 La5!**
Die im 8. Zug beginnende Variante
wird von Larsen bevorzugt und von
Portisch erbittert bekämpft. Die
schwarze Position ist sehr elastisch,
zumal der Nachziehende noch keine
bindenden Verpflichtungen einge-
gangen ist. Sein wichtigstes Anliegen
bleibt jedoch nach wie vor, den
Läufer c8 mittels e6–e5 oder b7–b6
zu befreien. Auch Weiß steht vor
den Problem, seinen Damenläufer
ins Spiel zu bringen. Er muß beach-
ten, daß 10. d×c5?! L×c3 11.
b×c3 Da5! dem Nachziehenden
gutes Spiel einräumt.
**10. Dd3** (Damals galt diese Fortset-
zung als die stärkste. Sie hat den
Vorteil, daß das Feld e4 kontrol-
liert wird, aber infolge der exponierten
Stellung seiner Dame hat Weiß
Schwierigkeiten, den den Läufer c1
befreienden Abtausch auf d4 zu
erzwingen. Wegen 10. Ld3! oder
10. Sa4 siehe dazu die 42. bzw. 49.
Partie. Sonst ist auch 10. La2! gut.)
**10. – a6! 11. Td1** (Hier wurde auch
11. Se4 versucht.) **11. b5 12. La2
c4?!**
Dieser Zug riegelt die Stellung zwar
unter Tempogewinn ab, aber er hat
doch mehr Nach- als Vorteile.
Schwarz entlastet nämlich den
Bauern d4, so daß sein Gegner beque-

mer zu e4 kommt. Zudem kann Weiß später mit b2–b3 die schwarze Bauernkette sprengen. Die richtige Fortsetzung ist 12. – Lb6! 13. Dc2 c4 14. Se2!? Dc7 15. Sg3 Lb7 16. Ld2 Tad8 17. Tac1 e5 = , wie Olafsson 1969 gegen Portisch spielte.

**13. De2 De8!** (Auch diese Feinheit rührt von Larsen her. Nach 13. – De7 14. e4 e5 15. Sd5! würde den Nachziehenden 15. – Sd5 16. e×d5 e×d4 17. Sd4 De2 18. Se2 die unsichere Postierung seiner Dame ins Verderben stürzen. Aber auch der Textzug genügt nicht zum Ausgleich.) **14. Ld2!** (Das ist bedeutend nachhaltiger als 14. e4 e5! 15. d5 Sd4! 16. S×d5 e×d4 17. T×d4 De5! 18. Le3 Sg4 19. f4 Db8 20. Tad1 Lb6 usw., Gligorić–Gheorghiu, Skopje 1968.) **14. – Lb6 15. b3!**
Nun zeigt sich, warum Weiß seinen Springer c3 gedeckt hat. Nach der Sprengung der schwarzen Bauernkette am Damenflügel eröffnen sich den weißen Läufern ungeahnte Perspektiven. In der 1. Partie des Wettkampfes Portisch – Larsen kam der Anziehende mit 15. Lb1 e5 16. d×e5 S×e5 17. Se4! S×e4 18. L×e4 Sc6 19. Sg5 in Vorteil. Eine nachträglich angestellte Analyse wies aber nach, daß Schwarz mittels 15. – Lb7! 16. Se4 (16. a4 Sa5!) 16. – S×e4 17. L×e4 f5 18. Lc2 Dh5 Gegenspiel erhalten konnte. **15. – c×b3 16. L×b3 Lb7 17. Le1** (Nun droht 18. d5 oder 18. e4. Der Läufer bleibt nur vorübergehend passiv.) **17. – e5?!** (Nach 17. – Td8 hätte Weiß zwar Raumvorteil, aber

ein klarer Gewinn ist nicht ersichtlich.) **18. d5 Sa5** (Im schwarzen Lager ist scheinbar alles in Ordnung.) **19. Lc2 Sc4 20. a4! e4?!** Dadurch wird – neben dem Bauern b5 – auch noch der e-Bauer schwach. Haág rechnete offenbar nur bis zum 23. Zug und übersah den von Portisch vorbereiteten taktischen Schlag. Allerdings stände Schwarz nach e3–d4 sehr gedrückt.
**21. Sd4 Sd6 22. a×b5 L×d4** (Erzwungen.) **23. T×d4 S×b5**

Darauf gründete sich die Verteidigung.
**24. S×e4!! De5**
Es gibt nichts Besseres, wie das folgende Abspiel belegt: 24. – S×d4 25. S×f6+ g×f6 26. Dg4+ Kh8 27. Lc3! Se2+ 28. D×e2 De7 29. Dh5 usw. Der Rest ist jetzt Sache der Technik, der Portisch indes durch eine sehenswerte Abwicklungskombination noch Geschmack abzugewinnen versteht.
**25. S×f6+ D×f6 26. Tdd1 Tfc8 27. Dd3 g6 28. Lb3 h5 29. La5 h4 30. h3 Sc3 31. Te1 Tc5**

Weiß muß noch immer vorsichtig sein: 32. d6? Tg5! Durch energisches Spiel bricht er aber den Widerstand des Gegners. **32. Dd4! D×d4 33. e×d4 Tb5** (Bei 33. – Tcc8 wäre der Vorstoß des d-Bauern noch unangenehmer.) **34. d6! T×b3 35. d7 Lc6 36. d8D+ T×d8 37. L×d8 Lb5 38. L×h4 Se2+ 39. Kh2 S×d4 40. Lf6 Se6 41. Tac1 Kh7 42. h4!** (Ungeachtet des reduzierten Materials knöpft Weiß ein Mattnetz.) **42. – g5 43. h×g5 Kg6 44. Te5** Schwarz gab auf.

# DAMENGAMBIT

## 38.

### Portisch–Keres
### Wijk aan Zee 1969

**1. Sf3 d5 2. d4 Lf5!?**
Im abgelehnten Damengambit ist das Hauptproblem für Schwarz, den Läufer c8 ins Spiel zu bringen. Hier hat der Nachziehende seine Aufgabe scheinbar gemeistert, aber die Schwäche des Feldes b7 wird ihm noch Sorgen bereiten. Von den Großmeistern haben Keres und Smyslow zeitweilig mit diesem Zug experimentiert, dennoch ist er nie wirklich populär gewesen.
**3. c4 e6 4. Db3! Sc6! 5. c5** (Verfrüht wäre 5. D×b7 wegen 5. – Sb4!, aber jetzt droht Weiß, den Bauern zu schlagen. Obendrein engt der Textzug die schwarzen Streitkräfte

ein. Allerdings muß der Anziehende mit dem Gegenstoß e6–e5 rechnen.) **5. – Tb8 6. Sc3** (Ältere Lehrbücher empfehlen noch, mit 6. Lf4 vorsorglich den Punkt e5 zu überwachen. Portisch weist jedoch nach, daß Weiß keinen Grund hat, sich durch das frühzeitige Ins-Spiel-Bringen seines Läufers festzulegen. Den Durchbruch im Zentrum braucht er nicht zu fürchten.) **6. – e5?!** (Wie der weitere Partieverlauf lehrt, verdiente eine solide Entwicklung – trotz der etwas beengten Stellung – den Vorzug, z. B. 6. – Sf6 7. Lf4 e6 8. e3 Le7 9. Le2 Se4 10. S×e4 L×e4 11. 0–0 +=, H. Olafsson–Kneževič, Neskaupsstadur 1984.) **7. e4!**
Ein unerwarteter und sehr energischer Zug! Sein Zweck besteht u. a. darin, die Mobilisierung der Streitkräfte zu beschleunigen sowie die Diagonale a2–f7 zu öffnen. So darf Schwarz beispielsweise nach 7. – d×e4 8. S×e5! wegen des auf f7 drohenden Matts nicht auf f4 schlagen. Nach der Entgegnung von Keres verschwindet indes der schwarze Damenläufer vom Brett, und Weiß erhält Entwicklungsvorsprung.
**7. – e×d4 8. e×f5 d×c3 9. Lb5!** (Der Anziehende möchte so schnell wie möglich gegen den in der Brettmitte steckengebliebenen feindlichen König seine Türme einsetzen. Das Schlagen auf b2 käme seinen Absichten entgegen.) **9. – L×c5 10. 0–0 Sf6** (10. – Sge7 11. D×c3 Ld6 12. D×g7 Tg8 13. L×c6+ b×c6 14. D×h7 +– oder 11. – Dd6 12. D×g7 Tg8 13. D×h7 +–). **11.**

D×c3 Dd6 12. Lf4! (Zwingt Schwarz zu einem unvorteilhaften Tausch.) 12. – D×f4 13. D×c5 Dd6! (Andernfalls vermag er nicht, seinen König in Sicherheit zu bringen, z. B. 13. – D×f5 14. Tfe1+ Se4 15. T×e4+ usw. Schlecht wäre jetzt 14. D×a7 wegen 14. – 0–0!) 14. Tfe1+ Se4 (14. – Kf8 15. D×d6+ c×d6 16. Tac1 +–) 15. D×d6 c×d6 16. Tad1 Dadurch gewinnt Weiß den Bauern zurück, und der Einzelgänger auf d6 wird zum Angriffsobjekt. Um ihn zu decken, ist Schwarz genötigt, mit seinem König in eine Fesselung zu ziehen. Die Hilfsmittel der Verteidigung sind aber noch nicht erschöpft.

16. – Kd7! 17. T×d5 Te8 18. Td4! (Weiß kann den Bauern d6 nur dann mit Aussicht auf Erfolg angreifen, wenn der feindliche Zentrumsspringer zum Rückzug genötigt wird.) 18. – Sf6 19. Ted1 d5 (Erzwungen. Falls 19. – Se4 geschieht, so folgt 20. Sd2)! 20. T4d3 (Mit der Absicht Lc4.) 20. – Kc7 21. Tc1 Kd6! 22. Sd2?! (Eine interessante Idee: Es droht Bauerngewinn durch 23.

Sc4+, gefolgt von Sa5 bzw. Se3. Trotzdem war es wohl klüger, vorerst mit 22. h3 nebst g4 für die Deckung des Bauern f5 zu sorgen.) 22. – Tbc8? (Statt dessen hätte laut Portisch der überraschende Königszug 22. – Ke5! dem Nachziehenden gute Ausgleichschancen eingeräumt. Jetzt hingegen geht dieser an dem sich auf der c-Linie entfaltenden weißen Angriff zugrunde.) 23. Sc4+! Kc5 (23. – Kc7 24. Se3) 24. L×c6! K×c6 (Auf 24. – b×c6 erobert Weiß mit 25. Se5+ einen Bauern, während 24. – T×c6 25. Se5+ zum Qualitätsgewinn führt.) 25. Se3+ Kd6 26. Tcd1 Tc5 (Da der Bauer d5 nach dem folgenden starken Zug von Weiß ohnehin nicht mehr zu halten ist, war es ratsamer, den König mittels 26. – Ke7 aus der Gefahrenzone zu entfernen. Im Turmendspiel bereitet es bekanntlich oft Mühe, einen Materialvorteil zur Geltung zu bringen.) 27. g4! (Danach ist das Schicksal des Bauern d5 besiegelt.) 27. – h6 28. h4 Kc6? (Keres übersieht, daß sein Turm nun in der Falle sitzt. Am besten war noch 28. – Ke7.) 29. b4! Tb5 30. g5 h×g5 31. h×g5 Se4 32. S×d5 (Droht, mit Tc1+ den König auf die d-Linie zu treiben.) 32. – b6 33. Tc1+ Kb7 34. a4 T×d5 35. T×d5 S×g5 36. Td7+ Kb8 37. T1c7 Te4 38. a5 b×a5 39. b×a5 Ta4 (Um nicht nach 40. a6 im Mattnetz zu zappeln.) 40. Tb7+ Kc8 41. Tbc7+ Schwarz gab auf.

## HOLLÄNDISCHE VERTEIDIGUNG

### 39.

**Portisch–Radulow**
**Mannschftskampf**
**Budapest–Sofia**
**Budapest 1969**

**1. c4 f5** (Die Holländische Verteidigung bietet Schwarz ein festes, jedoch etwas gedrücktes Spiel.) **2. Sf3 Sf6 3. g3 e6 4. Lg2 Le7 5. 0–0 0–0 6. d4 c6**
Eine anspruchslose List. Schwarz will mit diesem Zug noch nicht aufdecken, ob er mit d7–d5 in die Stonewall-Verteidigung oder in die durch d7–d6 gekennzeichnete Aufstellung einzulenken beabsichtigt. Gegen sofort d5 hat Botwinnik schon in den dreißiger Jahren ein wirksames System ausgearbeitet: Er tauschte mittels 7. b3! c6 8. La3 die schwarzfeldrigen Läufer ab, wonach einige Felder im Lager des Nachziehenden schwach werden. Dieses Manöver hält sich Weiß mit seinem nächsten Zug noch offen. **7. Dc2 b6?!** (Eine der wichtigsten Aufgaben des Verteidigers besteht darin, den Läufer c8 ins Spiel zu bringen. Die von Schwarz gewählte Methode ist jedoch nicht dazu angetan, dieses Problem zu lösen. Den Vorzug verdiente deshalb 7. – d5 nebst Lc8–d7–e8–h5.) **8. Sbd2 d5 9. Se5 Lb7 10. Sd3!** (Eine nützliche Umgruppierung, denn der Springer steht hier noch aktiver

als auf e5. Er unterstützt die weißen Aktionen auf der Damenseite und nimmt gleichzeitig den Königsflügel und das Zentrum aufs Korn.) **10. – Sbd7 11. b4!** Der Auftakt zu einem verheißungsvollen Angriff am Damenflügel! Portisch läßt sich nicht auf Abwege führen und verzichtet auf die naheliegende Fortsetzung 11. Sf4, worauf 11. – Kf7 mit der Drohung 12. – g5 gefolgt wäre. Schwarz hätte es dann leichter gehabt als in der Partie. Im folgenden wird a7–a5 stets mit b×a5! beantwortet, und wie der Nachziehende auch zurückschlägt, Weiß übt danach einen starken Druck auf der b-Linie aus. **11. – Te8 12. a4 Ld6 13. Sf3 Se4** (Die Besetzung des Feldes e4 entschädigt Schwarz teilweise für andere Nachteile.) **14. c5!**
Erzwingt die Öffnung der b-Linie (14. – Lc7 15. b5!), was für Weiß angesichts seines bedeutenden Raumvorteils günstig ist. **14. – b×c5 15. b×c5 Lc7 16. Lf4!** (Der Abtausch der schwarzfeldrigen Läufer macht das Feld e5 verwundbar.) **16. – L×f4 17. g×f4! Dc7 18. Sfe5 Sef6 19. Tfb1 a5?**

Schwarz möchte seinen ausgesperrten Läufer über a6 ins Spiel eingreifen lassen, sofort war das wegen 20. Sb4 jedoch noch nicht ratsam. Der Textzug ist indes ein entscheidender strategischer Fehler, weil er das Feld b6 und den a-Bauern schwächt. Mittels logischer Spielführung nimmt Portisch sogleich seine Chancen wahr, indem er die feindlichen Schutzfiguren beseitigt. Angezeigt war 19. – Teb8, mit der Absicht, sich durch Turmtausch auf der b-Linie zu entlasten. In diesem Falle wäre es Weiß wegen der geschlossenen Stellung schwergefallen, seinen Vorteil zu verwerten.

**20. S×d7! S×d7 21. Se5! S×e5 22. f×e5 Teb8 23. Tb6 La6 24. Tab1 Tb7 25. Dd2!** (Zwingt Schwarz zu dem für ihn unvorteilhaften Abtausch auf b6.) **25. – T×b6 26. c×b6!** (Das ist energischer und überzeugender als 26. T×b6, da jetzt der Bauer b6 die schwarzen Kräfte völlig bindet. Der Nachziehende versucht zwar später, ihn zu erobern, aber darauf hält Weiß eine kraftvolle Kombination bereit!) **26. – Db7 27. D×a5! Lb5** (27. – L×e2 28. D×a8+! D×a8 29. b7 Db8 30. Lf1!, und der Vorstoß des a-Bauern entscheidet.) **28. Db4 T×a4** (28. – L×a4 29. Ta1! Lb5 30. T×a8+ D×a8 31. De7! Da1+ 32. Lf1 h6 – 32. – h5 33. De8+ – 33. b7! L×e2 34. D×e6+ Kh7 35. D×f5+ g6 36. Df7+ Kh8 37. b8D matt) **29. Dd6! Kf7**
Beim 26. Zug galt es, diese Stellung

genau zu beurteilen, zumal sich der weiße Angriff festgefahren zu haben scheint. Jedenfalls verlöre Weiß bei 30. Dc7+? D×c7 31. b×c7 Ta8! seinen Schlüsselbauern. Portisch hat aber weiter gerechnet. Mit einem lehrreichen Durchbruch im Zentrum hebt er die Blockade des Bauern e5 auf und bringt den Läufer g2 ins Spiel, wodurch der schwarze König unmittelbar bedroht wird. **30. e4!! D×b6**
Nach 30. – f×e4 beendet 31. Lh3! den Kampf sofort. Auf 30. – d×e4 plante Portisch folgenden hübschen Gewinn: 31. d5! e×d5 32. Lh3! g6 33. Df6+ Kg8 34. L×f5!! g×f5 35. Kh1 Le2 36. Tg1+ Lg4 37. D×f5 usw. Der am Damenflügel eingeleitete und schließlich dank der Öffnung der g-Linie entscheidend verstärkte Angriff auf den König gewährt einen hohen künstlerischen Genuß. Der Rest ist einfach.
**31. e×f5 Da7** (31. – e×f5 32. e6+ Kf6 33. e7+ Kf7 34. Dd8) **32. D×e6 +Kf8 33. L×d5 c×d5 34. T×b5 T×d4 35. Dc8+**
Schwarz gab auf.

# DAMENGAMBIT

## 40.

### Portisch–Bronstein
### Monte Carlo 1969

**1. d4 d5 2. c4 c5?!**
Der Textzug ist in der Turnierpraxis
verständlicherweise nur selten anzu-
treffen, denn der weiße Tempovorteil
muß bei der symmetrischen Stel-
lung ins Gewicht fallen. Trotzdem
ist 2. – c5 nicht leicht zu widerlegen.
**3. c×d5 Sf6** (3. – D×d5 4. Sf3
nebst 5. Sc3 wäre für Schwarz offen-
bar nicht erstrebenswert. Nach 3. –
c×d4 4. D×d4 e6 6. Sc3 entsteht
eine Variante der Tarrasch-Vertei-
digung des Damengambits; siehe
dazu die 1. Partie.) **4. e4!** (Weiß gibt
den Bauern d5 nicht her, weil dieser
in seinen Plänen noch eine große
Rolle spielt.) **4. – S×e4 5. d×c5!**
Im folgenden übt der Vorposten c5
einen spürbaren Druck auf die geg-
nerische Stellung aus. Beseitigt ihn
der Nachziehende aber, so wird
seine Lage keineswegs erträglicher.
In der Partie Bárczay–Barcza, Bu-
dapest 1968, kam Schwarz nach 5.
Lc4?! Da5+ 6. Ld2 S×d2 7. S×d2
b5 8. Le2 Sd7 9. Sgf3 g6! 10. 0–0
Lg7 11. a4 b×a4! 12. T×a4 Dd8
zu gutem Spiel.
**5. – S×c5?!** (5. – Da5+ 6. Ld2
S×d2 – 6. – D×c5?? 7. Da4+ –
7. S×d2 Sd7! 8. Sf3! – 8. c6?! b×c6
9. d×c6 Se5 10. Dc2 g6! – 8. –
S×c5 9. Lc4 +=) **6. Sf3** (Gut ist
auch 6. Sc3 e6 7. b4! ±) **6. – e6 7.**
**Sc3 e×d5** (Traurige Notwendigkeit.

Es drohte 8. Lb5+, und auf 7. – a6
wäre 8. b4! Sd7 9. D×e6 f×e6 10.
Db3! unangenehm.) **8. D×d5**
**De7+!?**
Bronstein ist sich seiner mißlichen
Lage bewußt und trachtet deshalb
danach, Verwicklungen herbeizu-
führen. In den Varianten 8. – Sc6 9.
D×d8+ S×d8 (9. – K×d8 10. Le3
und 11. 0–0–0 +–) 10. Lb5+ Ld7
(10. – Sc6 11. 0–0, und es droht 12.
Sd5) 11. 0–0 könnte er sich bedeu-
tend länger halten als in der Partie,
aber dafür hätte er kaum Chancen
auf Gegenspiel.
**9. Le3 Sc6** (9. – Le6 10. Lb5+ Sbd7
11. L×c5! D×c5 12. D×b7) **10.**
**Lb5! Ld7 11. 0–0 Se6?!**
Angesichts der raschen Mobilisie-
rung der weißen Streitkräfte bemüht
sich der Nachziehende, die Stellung
geschlossen zu halten. Nach 11. –
0–0–0 12. L×c5! D×c5 13. D×f7
hätte er für den Bauern zwar keine
genügende Kompensation gehabt,
dennoch wäre das – verglichen mit
der Partiefortsetzung – das kleinere
Übel gewesen. Gefährlich war 11. –
a6 12. L×c5! D×c5 13. Tfe1+
Le6 (13. – Kd8 14. D×f7 a×b5 15.
Tad1 Le7 16. Td5 Tf8 17. D×g7
+–). **14. T×e6+!** f×e6 15.
D×e6+ Le7 16. Se4!, z. B.
a) 16. – Db6 17. Sd6+ Kd8 18.
S×b7+;
b) 16. – L×b5 17. Sd6+ Kd8 18.
S×b5 a×b5 19. Td1+;
c) 16. – Db4 17. L×c6+ b×c6 18.
D×c6+ Kf7 19. Se5+.
Nach dem Textzug öffnet Portisch
die Stellung mit wuchtigen Schlägen.

**12. Se5!!** S×e5 (12 – Sc7 13.
D×d7+ D×d7 14. S×d7 S×b5 15.
S×b5 K×d7 16. Tfd1+ +–). **13.
D×e5 L×b5 14. S×b5 a6**
Schwarz glaubte wohl, daß der
Springer jetzt ziehen müsse, aber
bei einem derart gewaltigen Ent-
wicklungsvorsprung stellen sich
Kombinationen beinahe von selbst
ein.
**15. Tad1! Td8** (15. – a×b5?? 16.
D×b5+) **16. Lb6! T×d1** (Auf 16.
– a×b5 geschieht am einfachsten
17. L×d8 S×d8 18. D×b5+ Sc6
19. Tfe1, auf 16. – Td7 hingegen 17.
Db8+ Sd8 18. Tde1.) **17. T×d1 f6
18. Df5 g6 19. Sc7+ Kf7 20. Dd5**
Schwarz gab wegen der Zugfolge
20. – Lh6 21. Te1 Td8 22. T×e6!
die Partie auf.

## KÖNIGSGAMBIT

### 41.

### Gheorghiu–Portisch
### Amsterdam 1969

**1. e4 e5 2. f4 e×f4 3. Lc4!?**
Das Königsgambit wird in der mo-
dernen Meisterpraxis selten ange-
wandt. Wenn es aber doch einmal
vorkommt, spielt Weiß an dieser
Stelle 3. Sf3. Der rumänische Groß-
meister hat indes eine Neuerung
vorbereitet.
**3. – Sf6 4. De2?!** (Das ist sie. Im
allgemeinen wird das Königsläufer-
gambit mit d7–d5 bekämpft, des-
halb will Weiß diesem Gegenstoß
vorbeugen. 4. e5?! d5! oder 4. Sc3
c6! 5. Df3 d5! gibt Schwarz beque-
mes Spiel.) **4. – d5!** (Erschüttert
den weißen Aufbau in seinen Grund-
festen. Um der schnellen Mobili-
sierung willen trennt sich der Nach-
ziehende leichten Herzens von dem
Mehrbauern.)
**5. e×d5+ Le7 6. Sf3 0–0 7. 0–0 c6!**
Rasche Figurenentwicklung ist ober-
stes Gebot! Mit 7. – Sbd7 nebst Sb6
hätte Schwarz den Bauern d5 er-
obern können, dabei hätte er aber
den Bauern f4 verloren, der noch
den wichtigen Punkt e3 überwachen
soll.
**8. d×c6 S×c6 9. c3 Ld6! 10. d4
Lg4**
(Die schwarzen Figuren stehen vor-
trefflich, während der weiße Damen-
flügel noch im tiefen Dornröschen-
schlaf liegt.) **11. Sbd2 Te8 12. Df2
Lh5!** (Portisch besticht in dieser
Partie durch einige meisterhafte
Läuferzüge. Mit der Textfortsetzung
will er die Schwäche des Feldes e3
ausnutzen – es droht Sg4–e3 – und
zugleich den Läufer auf eine noch
günstigere Diagonale überführen.)
**13. h3 h6 14. Lb5?** (Dieser Zug stellt
sich bald als Tempoverlust heraus,

den sich Weiß in dieser Stellung aber nicht leisten kann. Scheinbar droht c4 und d5, aber das läßt sich bequem parieren. Besser war 14. Ld3 Lg6! mit etwas Vorteil für Schwarz.) **14. – Lc7!** (Nun wäre das Vorziehen des c- oder d-Bauern wegen der auf der Diagonale g1–a7 entstehenden Verpflichtungen lebensgefährlich für Weiß; gleichzeitig droht Dd5, den schwarzen Vorteil zu vergrößern.) **15. Te1 Dd5 16. Ld3 Lg6!** (Erzwingt den Läufertausch, wonach Schwarz – gestützt auf seine Bauernmehrheit am Königsflügel – einen Angriff einleiten kann.) **17. L×g6 f×g6 18. b3 g5 19. Lb2 g4!** (Portisch erkennt, daß er den h-Bauern für den Angriff benötigt. 19. – h5? 20. c4 Df5 21. d5 hätte die Lage des Anziehenden erleichtert.) **20. h×g4 S×g4 21. Df1 Se3 22. Df2 g5!** (Droht in erster Linie g5–g4–g3 mit einem Mattangriff gegen den Punkt h2.) **23. c4 Df5 24. Sf1 g4. 25. Se5 S×f1 26. T×f1 S×e5 27. d×e5**

**27. – Dh5!**
Schwarz nutzt mit einer forcierten Zugserie die Schwäche der Diago-

nale g1–a7 aus und lenkt die weiße Dame vom kritischen Feld g3 ab. Seine Grundidee ist, sich des Angelpunktes h2 zu bemächtigen. Im Augenblick droht 28. – g3.
**28. D×f4 Lb6+! 29. Ld4** (Verliert sofort, aber 29. c5 L×c5+ 30. Tf2 b5! – 30. – Tf8?? 31. D×c4+! – ist ebenfalls hoffnungslos.) **29. – Tf8! 30. De3 L×d4 31. D×d4 g3 32. Tf6 Tad8! 33. Df4 Dh2+?** (Schade, daß Portisch in gegenseitiger Zeitnot das Matt übersieht: 33. – T×f6! 34. e×f6 Td1+! 35. T×d1 D×d1+ 36. Df1 Dd4+ 37. Kh1 Dh4+ 38. Kg1 Dh2 matt. Die Partie ist aber trotz dieses Fehlers gewonnen.) **34. Kf1 T×f6 35. e×f6 Dh1+ 36. Ke2 D×g2+**
In dieser unhaltbaren Stellung überschritt Weiß die Bedenkzeit. Nach einer Analyse von Portisch und Csom siegt Schwarz am einfachsten durch 37. Ke1 (37. Ke3 Dd2+ 38. Kf3 Df2+ und 39. – Td4) 37. – Te8+ 38. Kd1 De2+ 39. Kc1 De1+ 40. Kc2! Df2+! 41. D×f2 g×f2 42. Kd2 Te1!, und das Bauernendspiel ist angesichts des entfernten Freibauern leicht gewonnen.

## NIMZOWITSCH-INDISCHE VERTEIDIGUNG

### 42.

**Portisch–Langeweg**
**Amsterdam 1969**

**1. d4 Sf6 2. c4 e6 3. Sc3 Lb4 4. e3 c5 5. Ld3 0–0 6. Sf3 d5 7. 0–0 d×c4**

**8. L×c4 Sc6** (Ein Zug von Larsen.)
**9. a3 La5 10. Ld3** (10. Dd3 und 10. Sa4 ist gleichfalls gebräuchlich, sogar auch 10. La2! ist stark.) **10. – De7?!**
Einige Meister haben diesen Zug im Hinblick auf 11. – Td8 empfohlen, trotzdem dürfte er nicht vollwertig sein. Sein Nachteil besteht darin, daß Schwarz nach der kräftigen weißen Erwiderung genötigt ist, unter ungünstigen Umständen auf d4 zu schlagen. Nach 10. – c×d4! 11. e×d4 Lb6 12. Le3 Sd5 (12. – Se7) 13. S×d5 e×d5 oder 13. – D×d5 stände Schwarz dagegen vollkommen befriedigend.
**11. Se4! c×d4?!**
Daraufhin erreicht Weiß dank tempogewinnender Zwischenzüge eine typische Stellung, in der er für den isolierten Bauern Raumvorteil und aktives Spiel besitzt. Um dies zu vermeiden, kam 11. – S×e4 12. L×e4 Td8 13. Da4 Lb6 14. d×c5 L×c5 15. b4! Lb6 16. Lb2! (nicht aber 16. L×c6 b×c6 17. Lb2 – 17. D×c6?! Lb7 – wegen 17. – c5!) in Betracht, obwohl Weiß die besseren Aussichten hätte.
**12. b4! Lb6 13. b5 Sb8 14. S×f6+ D×f6 15. e×d4 h6** (Eine Schwächung und ein Tempoverlust, aber es drohte 16. Lg5 mit Damenfang.)
**16. Lb2 Sd7 17. Lb1!** (Bereitet den Mattangriff auf der Diagonale b1–h7 vor. 17. Tc1 De7 18. Lb1 Sf6 wäre für Schwarz ungefährlicher.) **17. – Td8** (Nach Portisch verläuft die Folge 17. – De7 18. Dc2 Sf6 19. d5 günstig für Weiß, allerdings ist die Lage nach 19. – Td8 noch nicht völlig klar. Es scheint deshalb ratsamer zu sein, die Spannung aufrechtzuerhalten.) **18. Dc2 Sf8 19. Te1!** (Auf 19. d5 kann 19. – De7 folgen, deshalb hält sich Weiß diese Möglichkeit noch offen.) **19. – La5?** (Das entlastet nur den Bauern d4 und treibt den weißen Turm auf ein aussichtsreicheres Feld.)
**20. Te3 Ld7 21. De2 Tac8**

**22. Le4!**
Ein einfacher, aber kraftvoller Zug. Er desorganisiert die gegnerische Verteidigung und bereitet einen listigen Qualitäts- bzw. Figurengewinn vor. Nach dem naheliegenden Vorstoß 22. d5?? hätte sich dagegen das Blatt mit 22. – Tc1+! plötzlich zugunsten von Schwarz gewendet!
**22. – Tc7** (Geht in die Falle, aber Schwarz vermochte den Bauern b7 nicht mehr befriedigend zu decken.)
**23. d5! Lc3** (Büßt eine Figur ein. Ungenügend war indessen auch 23. – De7, denn darauf hätte Weiß mit 24. d6! D×d6 25. Le5 die Qualität gewonnen.)
**24. Tc1!**
Schwarz gab auf.

## SPANISCHE PARTIE

### 43.

**Westerinen–Portisch**
**Zonenturnier, Raach 1969**

**1. e4 e5 2. Sf3 Sc6 3. Lb5 a6 4. La4 Sf6 5. 0–0 Le7 6. Te1 b5 7. Lb3 d6 8. c3 0–0 9. h3 Sb8**
Ein Zug von Gyula Breyer, dem leider früh verstorbenen genialen ungarischen Schachmeister. Er dient dazu, das Zentrum mittels 10. – Sd7 zu verstärken, wonach der Damenläufer nach b7 entwickelt wird; obendrein ist der Weg des c-Bauern nicht länger verstellt. Dieser Aufbau hat hauptsächlich unter Positionsspielern viele Anhänger.
Die Idee ist nicht schlecht, wurde aber durch das noch bessere 9. – Lb7 heutzutage aus der Praxis verdrängt.
**10. d3** (Eine gesunde Spielweise. Weiß beendet zunächst die Entwicklung des Damenflügels, bevor er mit d4 aktiv wird. Üblicher ist indes die Fortsetzung 10. d4 Sbd7, während neuerdings auch 10. a4 populär ist.) **10. – Sbd7 11. Sbd2 Lb7** (Schwarz übt einen Druck auf das Feld e4 aus und erschwert dadurch den Vorstoß d3–d4.) **12. Sf1 Sc5** (Bereitet die Umgruppierung 13. – Te8 nebst 14. – Lf8 vor, indem der den Punkt f7 gefährdende weiße Läufer abgedrängt wird.) **13. Lc2 Te8 14. Sg3 Lf8 15. b4** (Weiß ist bestrebt, seinen Gegner an allen Frontabschnitten in die Enge zu treiben. Um d3–d4 durchsetzen zu können,

muß er jedoch zuerst den Springer c5 verjagen. Einen interessanten Kampf verspricht auch 15. Sh2 d5 16. Df3.) **15. – Scd7 16. Sf5?!**
Eine überstürzte Entscheidung. Empfehlenswerter ist 16. Lb3 a5 17. a3 a×b4 18. c×b4 h6 19. d4! (19. Sf5!? d5! 20. S3h4!? ~, Tal–Spasski, Wettkampf 1965) 19. – c5 20. b×c5 d×c5 21. d×e5 S×e5 22. S×e5 T×e5 23. Lb2 Te8 24. Df3 +=, Tal–Smejkal, Tallinn 1971. Die beste Entgegnung auf 16. Lb3 ist aber 16. – d5! 17. a3 c5 18. e×d5 L×d5 19. Lg5 Dc7 =, Petrosjan–Portisch, Hamburg 1965. Beachtenswert ist außerdem 16. d4, z. B. 16. – g6! 17. a4! Lg7 18. Ld3 b×a4 19. d×e5 d×e5 20. T×a4 +=, Keres–Matanović, Winnipeg 1967.
**16. – a5!** (Unterminiert den weißen Damenflügel. In Frage kam auch 16. – d5 17. g4 a5 18. b×a5 T×a5 19. Sd2 d×e4 20. d×e4 Sc5 21. Df3 Da8 usw. mit gegenseitigen Chancen, Bárczay–Földi, Budapest 1965.) **17. Ld2** (Elastischer ist 17. a3, um dem Läufer erst später seinen Platz anzuweisen.) **17. – a×b4 18. c×b4 d5!** (Das wirksamste Mittel gegen eine verfrühte Flügelaktion – hier 16. Sf5!? – besteht bekanntlich in einem Gegenschlag im Zentrum.) **19. Lb3! h6!** (Der Bauerngewinn auf e4 verbot sich wegen Sg5.) **20. S3h4?!** (Weiß setzt alles auf eine Karte, doch Portisch wehrt den Königsangriff kaltblütig ab. Deshalb verdiente 20. Dc2 den Vorzug.) **20. – Kh7!** Um den Springer f5

mittels g6 abzudrängen. Schlecht wäre dagegen 20. – d×e4?! 21. d×e4 S×e4? wegen 22. Dg4! S×d2 (22. – f6 23. Dg6! – droht 24. S×h6+ nebst Sf7+ – 23. – Kh8 24. Df7!, und gegen 25. Sg6+, gefolgt von S×f8+ und D×g7 matt, gibt es keine Parade mehr.) 23. S×h6+ Kh7 24. S×f7 Df6 25. Dh5+ usw.

Für Schwarz vorteilhaft, aber doch recht undurchsichtig wären die Verwicklungen nach 20. – d×e4?! 21. d×e4 L×e4 gewesen, z. B. 22. T×e4!? S×e4 23. Dg4! S7f6! 24. Dg6 (24. S×h6+ Kh7 25. Df5+ g6 –+) 24. – Kh8! 25. D×f7 (droht Sg6+, S×f8+ und D×g7 matt) 25. – Dd7! 26. D×d7 S×d7 27. Le3, und Weiß hat dank der Drohungen 28. Ld5 und Lf7 noch gewisse Chancen. Sich in guter Position auf unnötige Verwicklungen einzulassen, hieße aber das Schicksal herauszufordern. **21. Se3** (Damit gesteht Weiß ein, daß der im 16. Zug begonnene Angriff verfehlt war.) **21. – Sb6 22. Tc1! Dd7!**

Bisher durfte Schwarz nicht auf e4 schlagen, da der Bauer f7 hing.

Jetzt muß Weiß jedoch damit rechnen. Den auf der Diagonale b1–h7 drohenden Gefahren kann Portisch ruhig entgegensehen.

**23. Dc2 Tac8 24. e×d5?**
Daraufhin ballen sich die schwarzen Figuren im Zentrum zusammen. Verdächtig war auch 24. f3, denn danach befände sich der Springer h4 außer Spiel. Der Druck gegen e4 ließ sich nur durch 24. Sf1! neutralisieren. (Wieviel Tempoverluste verträgt doch eine Stellung, der lavierende Manöver das Gepräge geben!) Auf den Springerrückzug könnte z. B. 24. – c5!? 25. b×c5 L×c5 26. Db1 usw. mit beiderseitigen Aussichten folgen.

**24. – Sb×d5 25. d4+** (Weiß hofft offenbar, daß es ihm gelingt, seinen schwachen Bauern abzutauschen.) **25. – e4!** (Da Schwarz diesen Vorposten zuverlässig zu schützen vermag, fallen die Schwächen des Feldes d3 und des Bauern d4 um so stärker ins Gewicht.) **26. L×d5** (Nach 26. S×d5 L×d5 27. L×d5 D×d5 hängt der Bauer d4, und es droht Figurengewinn durch g7–g5. Diese Drohung liegt von nun an ständig in der Luft, obwohl Portisch vor allem um seine Sicherheit bedacht ist.) **26. – S×d5 27. a3** (27. S×d5 D×d5 wäre zu gefährlich, da Schwarz die gegnerische Königsstellung von der großen Diagonale her beunruhigen würde.) **27. – Sf4!** (Enthüllt die Schwäche der Punkte d3 und d4. Die schwarze Stellung kann als gewonnen eingeschätzt werden, doch stößt die Verwertung

des Vorteils in Zeitnot noch auf Schwierigkeiten.) **28. Tcd1 Sd3 29. Tf1 D×d4 30. Lc3 Db6 31. Da2 De6 32. Da1 Sf4 33. Tde1 Sd5** (Chancenreich ist auch 33. – S×h3+.) **34. Ld4 Tcd8 35. f3 S×e3 36. T×e3 Le7** (36. – g5 37. f×e4 g×h4 38. Tf6 Dd7 erobert zwar eine Figur, aber Portisch will in Zeitnot ganz sicher gehen.) **37. Tfe1 Dd7** (Auf 37. – L×h4 wäre ebenfalls 38. T×e4 geschehen.) **38. T×e4 L×e4 39. T×e4 Lf8?** (Verlängert den Leidensweg von Weiß. 39. – f5! hätte schneller gewonnen.) **40. Tg4 Te2! 41. Db1+ Kg8 42. L×g7** (Darauf folgt eine forcierte Abwicklung. Allerdings hätte 42. Sf5 wegen 42. – g6 auch nichts getaugt.) **42. – Dd1+ 43. D×d1 T×d1+ 44. Kh2 L×g7 45. Sf5 Td5! 46. S×g7 Kf8!** (Die Pointe der Verteidigung! Der aufdringliche Springer wird gefangengenommen.) **47. f4 Te4 48. h4 h5 49. Tg3 T×f4 50. Kh3 Te4**
Weiß gab auf.

## LARSEN-ERÖFFNUNG

### 44.

#### Larsen–Portisch
#### Schacholympiade, Siegen 1970

**1. b3 e5 2. Lb2 Sc6 3. c4 Sf6 4. e3** (Nach 4. Sf3 e4! 5. Sd4 Lc5! hatte Larsen wenige Monate zuvor im Mannschaftskampf Sowjetunion–Weltauswahl gegen Spasski eine aufsehenerregende Partie verloren.)

**4. – d6 5. Sc3 g6 6. Sf3 Lg7 7. d4 Lf5!** (Hier nimmt der Läufer eine aktive Position ein. 7. – e4?! 8. d5! überläßt Weiß einen kleinen Vorteil.) **8. d5?!** (8. Le2 e4 9. Sd2 h5 ~) **8. – Sb4!** (Unter Tempogewinn strebt der Springer nach c5.) **9. Tc1 a5 10. a3 Sa6** (Portisch hat bereits ausgeglichen. Der folgende weiße Angriffsversuch ist zu riskant.) **11. h3?! 0–0 12. g4?** (Larsens Stärke, zugleich aber auch seine Schwäche, liegt in seiner herausfordernden Kampfweise, mit der er gegen nicht ebenbürtige Gegner jedoch Erfolg hat.) **12. – Ld7 13. g5 Sh5 14. Se4 f5! 15. g×f6 S×f6 16. Sfd2 S×e4 17. S×e4 Dh4!** (Wie der dänische Großmeister später erklärte, hatte er diesen Damenausfall nicht gebührend gewürdigt.) **18. Sg3 Sc5 19. Lc3?!**

Ein Versehen in einer bereits verlorenen Stellung. Weiß möchte b4 spielen, was wegen 19. – a×b4 20. a×b4 Ta2 aber nicht sofort geschehen durfte. **19. – T×f2! 20. K×f2 Se4+ 21. Kg1 D×g3+ 22. Lg2 D×e3+**
Weiß gab auf.

# GRÜNFELD-INDISCHE VERTEIDIGUNG

### 45.

### Naranja–Portisch
### Schacholympiade, Siegen
### 1970

**1. c4 Sf6 2. d4 g6 3. Sc3 d5 4. c×d5**
(Die Abtauschvariante ist eine der gefährlichsten Waffen gegen die Grünfeld-Indische Verteidigung. Zu ihren Anhängern zählt auch Spasski.)
**4. – S×d5 5. e4 S×c3 6. b×c3 Lg7 7. Lc4 c5 8. Se2 Sc6** (Alle Anstrengungen von Schwarz sind darauf gerichtet, das weiße Zentrum zu unterminieren.)
**9. Le3 0–0 10. h4?!**
Der Nachziehende hat seine Entwicklung im großen und ganzen vollendet und seine Figuren wirksam postiert. Deshalb ist ein derartiger Überrumpelungsversuch wohl kaum angebracht. Allerdings muß Schwarz aktiv auftreten, denn zaudert er, könnte der gegnerische Angriff durchdringen. Die eigentliche Hauptvariante verzweigt sich nach 10. 0–0 in zahlreiche Abspiele.
**10. – c×d4 11. c×d4 Dd6!**
Der altbekannte Grundsatz, nach dem ein verfrühter Flügelangriff am wirksamsten durch eine rasche Aktion im Zentrum bekämpft wird, läßt sich kaum eindrucksvoller illustrieren als durch diese Partie. Dank der Drohung 12. – Db4+ gewinnt Schwarz Zeit, den Druck auf f4 zu steigern.
**12. Tc1 Td8 13. d5** (Die Bauern

e4 und d4 bilden einen starken Block im Zentrum, weshalb es als großer Erfolg gilt, wenn es gelingt, ihn ins Wanken zu bringen. 13. e5 hätte Schwarz zwar das Feld d5 überlassen, wäre aber – verglichen mit der Partiefortsetzung – das kleinere Übel gewesen. 13. Db3 sah dagegen ebenfalls nicht gerade verlockend aus.)
**13. – Se5 14. Db3 Ld7** (Bereitet den energischen Zug b5! vor, der sofort wegen 15. D×b5! Tb8 16. Dc5! S×c4 17. D×c4 La6 18. Dc5 nicht durchdrang.) **15. f3?** (Ein versehen in schwieriger Lage.) **15. – b5! 16. Ld3**

Schwarz zieht und gewinnt:
**16. – Db4+!!**
Weiß gab auf, denn der Läufer d3 geht in allen Varianten verloren.

# ENGLISCHE ERÖFFNUNG

### 46.

### Bobozow–Portisch
### Schacholympiade, Siegen 1970

**1. c4 Sf6 2. Sc3 e5 3. Sf3 Sc6 4. e3**
Gebräuchlicher ist 4. g3, während

der einst beliebte Doppelschritt 4. d4 heute als ungefährlich angesehen wird. Nach dem Textzug kann Weiß mit vertauschten Farben und einem Mehrtempo in die Scheveninger Variante der Sizilianischen Verteidigung einlenken.

**4. – Lb4** (4. – d5? 5. c×d5 S×d5 6. Lb5!) **5. Dc2** (5. Sd5?! e4! 6. S×b4 S×b4 7. Sd4 c5 ∼) **5. – 0–0 6. Le2** (Stark in Frage kommt 6. a3 oder auch 6. d3 und 7. Ld2.) **6. – Te8! 7. 0–0?!** (Weiß beurteilt seine Aussichten zu optimistisch. Vorzuziehen ist 7. a3 Lf8 8. d3 usw.) **7. e4 8. Sd4 S×d4 9. e×d4 d5! 10. c×d5?!** (In der nun entstehenden Stellung hat Weiß für den isolierten Bauern keine ausreichende Kompensation. Nach 10. c5! b6! 11. Sa4 b×c5 12. S×c5 Lg4! 13. L×g4 S×g4 14. h3 Sf6 15. d3 hätten sich die Chancen ungefähr die Waage gehalten.) **10. – Lf5! 11. d3** (Bahnt den unentwickelten Figuren einen Weg. Zu gewagt war dagegen 11. Db3 Ld6! 12. D×b7?) **11. – e×d3 12. L×d3 L×d3 13. D×d3 S×d5**

Eine ähnliche Bauernstruktur ergibt sich oft im Damengambit, in der Nimzowitsch-Indischen Verteidigung und in der Panow-Variante der Caro-Kann-Verteidigung. Dort kann Weiß aber für den isolierten Bauern auf eine dauerhafte Initiative verweisen, während er hier keine Entschädigung besitzt, zumal ihm der zum Angriff erforderliche weißfeldrige Läufer fehlt.

**14. Dc4?** (Der Anziehende möchte seinen Bauern d4 befestigen, aber dieser Plan hat seine Schattenseiten. Angezeigt war, mit 14. Ld2 abzuwarten.) **14. – L×c3 15. b×c3**

**15. – b5!**

Legt auf kombinatorische Weise das Bauernpaar c3–d4 fest und sichert dadurch dem Springer das Feld d5, denn 16. D×b5 verbietet sich wegen 16. – S×c3 17. Dc4 D×d4! 18. D×d4 Se2+.

**16. Dd3 Dd7 17. a4 Dc6!** (Portisch geht sehr energisch zu Werke und gönnt seinem Gegner keine Atempause! Bei 18. D×b5 D×b5 19. a×b5 S×c3 gewänne Schwarz einen Bauern.)

**18. Ld2 Dc4!**

Ein Zug von Gewicht. Schwarz ist mit Recht der Meinung, daß er für den theoretischen Nachteil des Doppelbauern durch die Überlegenheit des „guten Springers" über den „schlechten Läufer" reichlich entschädigt wird. Dem Tausch vermag Weiß nicht gut auszuweichen.

**19. D×c4 b×c4 20. Tab1 Tab8 21. Tfc1** (Nach 21. Tfe1 T×e1+ 22. T×e1 Kf8 dringt Schwarz verderbenbringend auf der b-Linie ein.) **21. – Kf8 22. Kf1 a6?!** (Eine un-

103

scheinbare Ungenauigkeit, die Weiß instand setzt, durch ein geistreiches Qualitätsopfer den Widerstand zu verlängern. Präziser war 22. – a5.) **23. Tb4! S×b4 24. c×b4 c3!** (Versperrt vorübergehend die c-Linie, so daß der König gerade noch zurechtkommt, um den Bauern c7 zu decken.) **25. L×c3 Te4 26. g3 Ke8 27. Le1 Kd7 28. Tc4 Tb6! 29. b5!?** (Vereitelt den Turmtausch durch 29. – Tc6, der es Schwarz gestatten würde, ungehindert mit seinem König auf den weißen Feldern ins gegnerische Lager einzudringen.) **29. – a×b5 30. a×b5 T×b5 31. Ld2 g5 32. Kg2 Td5 33. Le3 h6 34. Kf3 Te6 35. g4 f5 36. g×f5 T×f5+ 37. Kg4 T5f6 38. Tc5 Te4+ 39. Kg3 Td6 40. Tc4 Th4 41. Ta4**

Auch 41. f4 versprach keine Rettung, z. B. 41. – Tc6! 42. T×c6 (42. Ta4 Tc3!) 42. – K×c6 43. f×g5 h×g5 44. L×g5 T×d4 45. h4 Kd5 46. h5 Ke6 47. h6 Kf7 48. h7 Td3+! und 49. – Kg7, und Schwarz gewinnt. Den Textzug hatte Weiß abgegeben, aber am nächsten Tag gab er die Partie ohne Fortsetzung auf.

## ENGLISCHE ERÖFFNUNG

### 47.

**Portisch–Gligorić**
**Interzonenturnier zur**
**Weltmeisterschaft**
**Palma de Mallorca 1970**

**1. c4 c5 2. Sf3 Sf6 3. Sc3 Sc6 4. d4 c×d4 5. S×d4 e6 6. g3 Lc5!**

Das ist wesentlich stärker als der in der 25. und 27. Partie angewandte Zug 6. – Lb4, weil Schwarz, bevor er den Springer c3 fesselt, den anderen Springer aus dem Zentrum vertreibt. In der Partie Portisch–Kortschnoi, Sowjetunion – Weltauswahl 1970, geschah 6. – Db6 7. Sb3 Se5 8. e4 Lb4 9. Dc2 0–0 usw. mit überlegenem Spiel für Weiß.

**7. Sb3 Lb4** (Beachtung verdient auch 7. – Le7?!)

**8. Lg2 d5! 9. c×d5 S×d5 10. a3!** Der einzige Zug, der etwas Vorteil verspricht. Ihm liegt der Gedanke zugrunde, daß nach dem Damentausch die Schwächen des schwarzen Damenflügels zum Vorschein kommen, z. B. 10. – S×c3 11. D×d8+ K×d8 12. a×b4 Sb5 und nun 13. L×c6 bzw. 13. Ld2, gefolgt von 14. Sa5 oder 14. Sc5.

**10. – L×c3+ 11. b×c3 0–0?!** In der Partie Kortschnoi–Darga, Siegen 1970, brachte der Anziehende Läuferpaar und Entwicklungsvorsprung nach 11. – Df6! 12. Dc2 0–0 (12. – D×c3+ 13. D×c3 S×c3 14. Lb2) 13. c4 Sde7 14. Lb2 e5 15. 0–0 Dh6 16. Tfd1 Lf5 17. Dc1 Dh5? dank der offenen Stellung zur Geltung. Doch nach 17. – D×c1 18. Ta×c1 Tfd8 19. Sc5 b6 hätte Weiß nur mikroskopischen Vorteil gehabt.

**12. c4 Sb6 13. D×d8!** (Die Aufgabe der d-Linie ist zweitrangig, verglichen mit dem starken Druck, den Weiß bald am Damenflügel ausübt.) **13. – T×d8 14. c5 Sc4** (Auf 14. – Sd5 wäre 15. Lb2 gefolgt, und

Schwarz würde durch e2–e4 wieder zurückgeworfen werden.) **15. Sd2!** (Fördert das Zusammenspiel der weißen Figuren. 15. 0–0? gäbe Schwarz bequemes Spiel.) **15. – Sd4!** (Nach 15. – S×d2? 16. L×d2 Sd4 17. Ta2 e5 18. La5 nebst Tb2 stände Weiß klar überlegen.) **16. Ta2 Sa5 17. Lb2 Sac6**

Darauf erlangt der Anziehende entscheidenden Vorteil, da der Springer d4 genötigt sein wird, nach f5 auszuweichen, von wo aus er sich nicht am Kampf beteiligen kann. Die Folge ist, daß das weiße Läuferpaar die wichtigsten Felder beherrscht und die Türme auf der b-Linie zu Wort kommen. Die richtige Fortsetzung war 17. – e5 18. Lc3 Sac6 19. e3 Se6 20. Sb3 usw. mit nur geringem Übergewicht für Weiß.

**18. e3 Sf5 19. Ke2 Ld7 20. Lc3!** (Bereitet die Besetzung der b-Linie vor und nimmt das Feld a5 aufs Korn.) **20. – Tac8! 21. Tb1 Tc7 22. Tab2 Lc8** (Schwarz ist zu völliger Passivität verurteilt.) **23. Sc4 b6!?** In gedrückten Stellungen läßt sich in der Regel nur schwer entscheiden, ob geduldiges Ausharren oder ungestümes Draufgängertum am Platz ist. Zweifellos hätte 23. – Sfe7 zäheren Widerstand geleistet, zumal sich eine sofortige Entscheidung noch nicht abzeichnet. Doch nach 24. Sa5 Tdd7 oder 24. Sd6 b6 25. c×b6 a×b6 26. S×c8 besäße Weiß erdrückenden Vorteil. Aus diesem Grund muß man den Entschluß von Gligorić gutheißen. Nach dem Textzug verwertete Portisch sein materielles Übergewicht mit präziser Technik.

**24. c×b6 a×b6 25. S×b6** (25. T×b6? Scd4+! 26. L×d4 S×d4+ 27. e×d4 T×c4 =) **25. – La6+** (Das war der Sinn des Bauernopfers. Durch das Eingreifen des Läufers kann Schwarz etwas Aktivität entfalten.) **26. Ke1 Sfe7 27. a4!** (Das Vorrücken des Randbauern wird bald zu einer realen Gefahr.) **27. – f6 28. f4 Sd5 29. Ld2!** (Deckt den Bauern e3 und überwacht den weiteren Vorstoß des a-Bauern.) **29. – Kf7 30. S×d5 e×d5 31. Tb6 Lc4 32. Tc1!** (Nun zwingt die Drohung 33. T×c4 den Gegner zu einem erneuten Rückzug.) **32. – Se7 33. a5 Ta7 34. Lf1!** (Der Abtausch des den Vormarsch des Freibauern behindernden Läufers besiegelt endgültig das Schicksal des Nachziehenden.) **34. – L×f1 35. K×f1 Sf5 36. Tc5 Te8 37. Kf2 Td7 38. Kf3** (Verhindert die Umgruppierung Sf5–d6–e4+.) **38. – Tde7 39. Tb3 Td7 40. a6 Tee7 41. Tcb5!** Schwarz gab auf. Gegen 42. Tb7 ist kein Kraut gewachsen.

# KATALANISCHE ERÖFFNUNG

### 48.

**Portisch–Matanović**
**Adelaide 1971**

**1. c4 Sf6 2. Sf3 e6 3. g3 d5 4.
Lg2 Le7 5. 0–0 0–0 6. d4**
Im Vergleich zu den Systemen mit
frühzeitigerem d4 hat diese Zugfolge
einen großen Vorteil. Schwarz kann
nämlich nach beispielsweise 1. d4 d5
2. c4 e6 3. Sf3 Sf6 4. g3 sofort auf
c4 schlagen und die Zeit, die Weiß
benötigt, um den Bauern zurück-
zuerobern, dazu verwenden, seinen
Damenflügel mittels 4. – d×c4
5. Da4+ Sbd7 6. Lg2 a6 7. D×c4 b5
oder 5. – Ld7 6. D×c4 Lc6 zu
entwickeln.
**6. – c6**
Matanović möchte sich nicht noch
einmal den Gefahren der Fortset-
zung 6. – d×c4 7. Se5! (siehe dazu
die 33. Partie) aussetzen. Nach dem
Textzug entsteht die geschlossene
Variante, in der Schwarz eine ge-
drückte, jedoch feste Stellung besitzt.
Seine größte Sorge gilt dem Läufer,
c8, der im allgemeinen nach b6,
Lb7 und c5 auf der großen Diagona-
le ins Spiel eingreift.
**7. Dc2 Sbd7 8. b3 b6** (Passiv. Rich-
tiger ist 8. – b5!) **9. Lb2**
Portisch bleibt bei der Hauptvarian-
te. Interessant verlief eine Partie
Stein–Liberson, Sowjetunion 1970,
in der Weiß nach 9. Sc3 Lb7 10.

Td1 Tc8 11. e4 d×e4 12. S×e4
S×e4 13. D×e4 Dc7?! den Um-
stand ausnutzte, daß sein Damen-
läufer noch nicht gezogen hatte.
Nach 14. Lf4! Ld6 15. L×d6
D×d6 16. c5! setzte sich der weiße
Springer auf dem Feld d6 fest,
wodurch der Anziehende entschei-
denden Vorteil erlangte. Der Bauer
c5 ist natürlich wegen 16. – b×c5?
17. d×c5 S×c5? 18. Db4! tabu.
**9. – Lb7** (9. – La6!?) **10. Sc3 Tc8
11. Tad1 Dc7 12. e4!** (Nach dem
gegenwärtigen Stand der Theorie
ist diese Spielweise am gefährlichsten
für Schwarz.) **12. – d×e4?!** (Beach-
tenswert ist 12. – La6, um die
Stellung geschlossen zu halten.)
**13. S×e4 S×e4 14. D×e4 c5**
(Schwarz hat sein Ziel nur scheinbar
erreicht, denn sein Läufer kommt
auch auf diese Weise nicht ins Spiel.)
**15. d5! Lf6!** (15. – Sf6 16. Dc2
e×d5 17. Le5! Dd8 18. Sg5! g6
19. h4 +–, Geller–Cirić, Oberhau-
sen 1961) **16. Dc2 e×d5 17. c×d5
L×b2 18. d6!** (Ein feiner Zwischen-
zug! Dieser vorgetriebene Keil wird
Schwarz noch viele Unannehmlich-
keiten bereiten.) **18. – Dd8?** (Ener-
gischer war 18. – Db8! 19. D×b2
Tcd8, um einen Teil der weißen
Streitkräfte an die Verteidigung des
Bauern d6 zu binden. Nach dem
Textzug steht Weiß ebenfalls vor
keiner leichten Aufgabe, aber sein
Gegner erhält kaum Chancen auf
Gegenspiel.) **19. D×b2 Te8 20.
Dc3** (Weiß braucht sich nicht zu
überstürzen. Er verbessert deshalb
zunächst die Postierung seiner Figu-

ren.) **20. – g6 21. h4!** (Endlich ein konkreter Ansatzpunkt! In ähnlichen Stellungen ist die an den Vormarsch des h-Bauern geknüpfte Lockerungsstrategie oft recht wirksam.) **21. – Tb8 22. h5 Lc6 23. Tfe1!** (Auf 23. h6 wäre 23. – Df6! geschehen, weil Schwarz inzwischen das Feld d7 in der Hand hat.) **23. – T×e1+** (Im Falle von 23. – Df6? 24. D×f6 S×f6 25. Se5! würde der d-Bauer entscheidend eingreifen.) **24. T×e1 Sf6**

**25. h6!**
Mit Hilfe eines doppelten Bauernopfers knüpft Weiß ein Mattnetz!
**25. – D×d6** (Nach 25. – L×f3? 26. d7!! droht 27. Te8+, und 26. – D×d7 verbietet sich wegen 27. Df6 Dd4 28. Te5.) **26. Se5! Le8!** (Der einzige Versuch, denn auf 26. – L×g2 gewinnt Weiß mit 27. Sd7! D×d7 28. D×f6 Dd4 29. Te5.) **27. Sg4 Sh5** (Mit der Absicht 28. – f5. Ist der Angriff zum Stillstand gekommen?) **28. Ld5! Ld7** (Auf 28. – D×d5 folgt 29. Sf6+,

und mit der Liniensperrung durch Te5 würde – wie in den vorangegangenen Abspielen – die Kombination vollendet werden.) **29. Te5!** (Vom Feld g7 verlagert sich jetzt der Schwerpunkt des Angriffs nach f7.) **29. – L×g4 30. T×h5 Df8 31. Te5 D×h6 32. Te7 Tf8 33. Dc4 Dg5?**

In Zeitnot begeht der jugoslawische Großmeister einen verhängnisvollen Fehler. Nach 33. – Le6! 34. L×e6 f×e6 35. D×e6+ Kh8 hätte Portisch die richtige Fortsetzung erst noch finden müssen. Die Lösung lautet: 36. De5+! Kg8 37. T×a7 g5! 38. Te7! (droht 39. Te6) 38. – Td8 (38. – Df6 39. De3, gefolgt von 40. Te6 oder 40. Te5 +–) 39. Kg2 Dc6+ 40. f3 Td2+ (40. – Dh6 41. De3 Df6 42. Te5 +–) 41. Kh3 Dh6+ 42. Kg4 Td4+ 43. f4, und Weiß gewinnt.
**34. L×f7+ Kg7 35. T×a7 Kh6 36. Lg8! T×g8 37. D×g8 Dc1+ 38. Kh2 Lf3 39. Df8+**
Schwarz gab auf.

# NIMZOWITSCH-INDISCHE VERTEIDIGUNG

## 49.

### Portisch–Browne
### Amsterdam 1971

1. d4 Sf6 2. c4 e6 3. Sc3 Lb4 4. e3 c5
5. Ld3 0–0 6. Sf3 d5 7. 0–0 d×c4
8. L×c4 Sc6 9. a3 La5 (Wegen einer Besprechung dieser Variante siehe die Bemerkungen zur 37. Partie.)
10. Sa4!?
Damit betritt Portisch Neuland. Der Hauptzweck des Springerzuges ist es, den Gegner zu zwingen, den Läufer c1 zu befreien. Laut Aljechin, der einer dynamischen Schachanschauung huldigte, wiegt in derartigen Stellungen das aktive weiße Spiel den isolierten Bauern reichlich auf. Jedenfalls kam 10. Ld3 oder 10. La2 stark in Betracht.
10. – c×d4 11. e×d4 h6 (Eine notwendige Schwächung, denn die Fesselung durch Lg5 darf nicht zugelassen werden.) 12. Dd3 Lc7 13. Sc3 b6 14. Td1 (Je nach den besonderen Umständen kann Weiß nun einen Angriff am Königsflügel anstreben – dabei bliebe die Lage in der Brettmitte weitgehend unverändert – oder mittels d4–d5 einen aussichtsreichen Durchbruch im Zentrum organisieren.) 14. – Lb7 15. b4 Tc8 16. Lb2 Lb8 17. Tac1 Dd6?! (Beachtung verdiente 17. – Se7, um das Feld d5 zu überwachen, obwohl dadurch der Punkt e5 etwas vernachlässigt wird.) 18. La6! (Bei diesem Stellungstyp kommt es selten vor, daß der Anziehende am Damenflügel die Initiative ergreift.) 18. – Dd7? (Danach verwirklicht Weiß den ersehnten Durchbruch im Zentrum. Besser war 18. – L×a6 19. D×a6 Sd5 20. b5! Sce7 21. S×d5, und falls 21. – D×d5 oder 21. – S×d5 geschieht, so folgt 22. Se5 +=.) 19. L×b7 D×b7 20. d5! e×d5 21. S×d5 S×d5 22. D×d5 Sd8 (Schwarz muß sich um die Befestigung seiner gefährdeten Königsstellung bemühen und versucht, seinen Springer dorthin zu überführen. Nach 22. – Tfd8 23. De4 hätte Weiß angesichts der Drohung 24. Dg4 gute Angriffschancen gehabt.) 23. T×c8 D×c8 24. Se5 Dc2? (Hartnäckiger war 24. – L×e5 25. D×e5 f6, nicht aber 25. – Se6 wegen 26. f4! Das Endspiel nach 24. – De6 25. D×e6 S×e6 26. Sc6 wäre dagegen für Schwarz ebenfalls hoffnungslos.)
25. Sd7! Te8

26. L×g7!
Die Schönheit dieser Kombination wird noch dadurch gesteigert, daß die weiße Grundreihe schwach ist.

26. – K×g7 27. Dd4+ Le5 (Schwarz ist gezwungen, die Figur zurückzugeben, da 27. – Kg6 28. Dg4+ Kh7 29. Sf6+ Kh8 30. S×e8 sofort zum Verlust führt.) 28. S×e5 Se6 29. Da1! Kh7 30. h3 Sf4 (Droht 31. – T×e5, doch Portisch wehrt die zeitweilige Initiative seines Gegners mühelos ab.) 31. Te1 Tg8 32. Sg4! (Der schwarze König ist noch immer verwundbarer als sein Widersacher!) 32. – S×h3+ 33. g×h3 h5 34. Df6 h×g4 35. D×f7+ Kh8 36. Df6+ Tg7 37. Dh6+ Dh7 38. Te8+ Tg8 39. T×g8+ Schwarz gab auf.

## SPANISCHE PARTIE

### 50.

### Dely–Portisch
### Ungarische Meisterschaft
### Budapest 1971

1. e4 e5 2. Sf3 Sc6 3. Lb5 a6 4. La4 Sf6 5. 0–0 Le7 6. Te1 b5 7. Lb3 d6 8. c3 0–0 9. Le6 (Als Schwarzspieler bedient sich Portisch gern der verschiedensten Varianten der Spanischen Partie. Der Textzug leitet ein solides Abspiel ein, mit dem er kombinatorischen Verwicklungen aus dem Wege geht, denn der Gegner hat den Ruf eines gefährlichen Taktikers.) 10. d4 L×b3 11. D×b3 (Laut Theorie ist 11. a×b3! chancenreicher.) 11. – Db8 (Eine ungewöhnliche Methode, um die schwarze Dame ins Spiel zu bringen. Einfacher ist 11. – d5!)

12. Sbd2?! (Ein schablonenhafter Zug, nach dem Schwarz allmählich die Initiative ergreift. Die Ursache davon ist, daß sich das Feld d4 augenblicklich nicht ausreichend schützen läßt, was Schwarz sogleich ausnutzt. 12. d5 Sa5 nebst c6 hätte ebenfalls nicht viel ergeben. Am besten scheint 12. Lg5! h6 13. Lh4 Sd7 14. L×e7 S×e7 15. Sbd2 c5 16. Tad1 += zu sein, Romanischin–Nei, Tallinn 1977.) 12. – Db6! (Liquidiert das starke weiße Bauernzentrum.) 13. d×e5 (Öffnet dem Läufer e7 eine Diagonale. Auf 13. d5 gibt jedoch 13. – Sa5 nebst c6 dem Nachziehenden bequemes Spiel.) 13. – S×e5! 14. S×e5 (Dieser Abtausch ist wegen der Schwäche des Feldes d3 erzwungen.) 14. – d×e5 15. Dc2 (Um die Drohung Lc5 zu entkräften.) 15. – Dc6 (Übt einen Druck auf den Bauern e4 aus, und Schwarz droht gelegentlich mit b5–b4.) 16. Sf3? (Ein naheliegender, „natürlich" aussehender Zug. Es zeigt sich aber bald, daß der weiße Springer hier nichts zu suchen hat. 16. Sf1 hätte noch gleiche Chancen geboten.) 16. – Sd7 17. Le3 Ld6 18. Tad1 a5! (Portisch drängt seinen Gegner am Damenflügel nach und nach in die Defensive. Scheinbar ist Weiß noch nicht in Nöten, doch in Wirklichkeit sieht er sich außerstande, einen gesunden Plan zu finden.) 19. Sh4?! (Weiß jagt einem Trugbild nach und entfernt leichtsinnig eine Figur aus dem Zentrum.) 19. – g6 20. Lh6 Tfd8 21. Dd3 Dc4!

Erstickt alle Angriffsversuche im Keim. Nach dem unvermeidlichen Damentausch stellt sich heraus, daß die weißen Figuren auf der h-Linie zu weit abgeschweift sind. Falls sofort 22. D×c4 b×c4 geschieht, so hätte Schwarz gute Chancen auf der b-Linie.

**22. b3 D×d3 23. T×d3 Sc5 24. Td5 c6 25. Tdd1 Le7** (Der Nachziehende hat alle Gefahren gebannt, aber wie soll er vorankommen? Die Antwort läßt nicht lange auf sich warten.) **26. Sf3 f6** (Portischs Spiel zeichnet sich durch äußere Einfachheit aus. Die Drohung 27. – T×d1 nebst 28. – S×e4 zwingt Weiß, die d-Linie aufzugeben.) **27. T×d8+ T×d8 28. Le3 Td3!** (Da nun die Bauern e4 und c3 gleichzeitig hängen, muß sich Weiß wohl oder übel zu dem Tausch auf c5 bequemen, wonach indessen die Überlegenheit des aktiven schwarzen Läufers gegenüber dem passiven weißen Springer offenbar wird.)

**29. L×c5 L×c5 30. Tc1 La3! 31. Tc2 Td1+ 32. Kh2 Lc1!**

**33. c4?**
Der letzte Fehler! Die einzige Chance lag in der Öffnung einer Turmlinie. Nach 33. b4! a4 34. c4 hätte Schwarz unter vielen verführerischen Fortsetzungen mit 34. – La3 35. c×b5 c×b5 36. Tc5 L×b4 37. T×b5 Ld6! erst die richtige finden müssen. In diesem Fall stände er sehr verheißungsvoll (die Bauern a2 und e4 sind schwach, der Springer ist zur Passivität verurteilt, und gelegentlich droht f5), aber sein Sieg wäre bei weitem noch nicht gesichert. Nach dem Textzug bleibt Weiß dagegen ohne jedes Gegenspiel. Auf lange Sicht sind die Hauptdrohungen von Schwarz a5–a4–a3 nebst Tb1–b2 und – nach dem Vorrücken des Königs – f6–f5. Beide Spielweisen können bei Bedarf auch miteinander kombiniert werden.

**33. – b4 34. g3 Kf7 35. Kg2 Ke6 36. Te2 Lh6 37. Sh2** (Auf 37. Te1 gewinnt Td3–c3.) **37. – Lf8 38. Sf3 Lc5 39. Td2 Tc1 40. g4 a4! 41. Tb2** und Weiß gab gleichzeitig auf. Gegen die oben dargelegte Strategie (eventuell noch durch Ld4–c3 verstärkt) ist kein Kraut gewachsen.

## ENGLISCHE ERÖFFNUNG

### 51.

**Portisch–Sax**
**Ungarische Meisterschaft**
**Budapest 1971**

**1. d4 Sf6 2. c4 g6 3. Sf3 Lg7 4. g3 c5 5. Lg2** (Gegen seinen jungen Gegner, der als einfallsreicher Taktiker gilt, wählt Portisch – ähnlich wie in der vorigen Partie – einen einfachen, gut überschaubaren Aufbau. 5. d5 hätte die Partie in die Benoni-Verteidigung hinübergelenkt.) **5. – 0–0 6. Sc3 c×d4 7. S×d4 Sc6 8. 0–0 d6!? 9. S×c6 b×c6 10. L×c6 Tb8** führt zu unklaren Verwicklungen. Ein charakteristisches Beispiel: 11. Lg2 Da5 12. Sb5 Lb7 13. L×b7 T×b7 14. D×d3 d5 15. Sc3 d×c4 16. D×c4 h5 17. Td1 Tb4 18. Dc6 h4 ~, Sawon–Ermolinski, Sowjetunion 1985.

Da die Annahme des Opfers indessen nicht erzwungen ist, scheint die Spielweise 8. – S×d4 9. D×d4, gefolgt von a6, Tb8 und b5 oder Da5, Le6, a6 und b5, mehr zu versprechen. **9. Sc2** (Portisch entscheidet sich für den positionellen Weg. Schwarz hat nun zwar keine Entwicklungsschwierigkeiten, aber er muß darauf achten, daß er angesichts seiner Unterlegenheit im Zentrum nicht in Nachteil gerät.) **9. – Sd7?!** (Natürlicher und gebräuchlicher ist 9. – Le6! 10. b3 Dd7 11. Te1 Tfd8 mit Abschluß der Mobilisierung. Die Hoffnungen, die Schwarz auf das Spiel auf der großen Diagonale setzt, erfüllen sich nicht.) **10. Ld2!** Nicht schön, aber zweckmäßig gespielt. Weiß pariert die Drohung 10. – L×c3!? und kann jetzt außerdem den Bauern c4 jederzeit mit b3 decken. Die passive Aufstellung seiner Figuren ist nur zeitweilig, der schwarze Raummangel dagegen bleibend. **10. – Sb6?**

Greift mit Tempogewinn den Bauern c4 an und soll den Zeitgewinn d6–d5 durchsetzen helfen. Doch dieser Plan kommt Schwarz noch teuer zu stehen. Vorzuziehen war 10. – Sc5, 11. – Le6 und 12. – Dd7 oder 11. – Se6. **11. b3 e6 12. a4! d5** (Auf 12. – a5 folgt 13. Ta2! – später ergänzt durch Td2 –, und Schwarz muß an der Schwäche der Felder d6 und b5 zugrunde gehen.) **13. a5 Sd7** (13. – d4 14. a×b6 d×c3 15. Le3 +–) **14. c×d5 S×a5** (Mit Mühe und Not ist Schwarz ohne materiellen Verlust davongekommen, aber durch den folgenden Zug wird er gezwungen, das Zentrum für die feindlichen Figuren zu öffnen.) **15. Se3 e×d5 16. Se×d5 Sc6 17. Le3 Sf6 18. Lc5 Te8 19. Ta2! Le6 20. Td2 Sd7?!** Beschleunigt das Ende. Auf Grund allgemeiner Prinzipien soll man in gedrückter Lage danach trachten, sich durch Abtausch zu entlasten. Gewiß, nach 20. – S×d5 21. S×d5 L×d5 22. L×d5 oder 22. T×d5 stände Weiß überlegen, aber ein klarer Gewinn ist nicht nachzuweisen. **21. Le3 Da5 22. Se4 Ted8 23. Sd6 Tab8**

Hierauf gewann Portisch durch eine forcierte Zugserie:

**24. Sc4! Db5 25. Sc7! Df5 26. Sd6 Df6 27. S×e6!** Schwarz gab auf. 27. – D×e6 würde mit 28. S×f7! beantwortet werden, und auf 27. – f×e6 gewänne die kombinatorische Öffnung der langen Diagonale durch 28. S×b7! T×b7 29. L×c6.

## ENGLISCHE ERÖFFNUNG

### 52.

### Portisch–Larsen
### Palma de Mallorca 1971

**1. c4 Sf6 2. Sc3 e6 3. Sf3 Lb4** Das ist scheinbar unlogisch, da der Springer – zumindest vorläufig – nicht gefesselt ist. Der weiße d-Bauer muß indes meist doch aufziehen. Außerdem läßt Schwarz den Gegner darüber im ungewissen, welche Bauernkonfiguration er anstrebt. **4. Dc2** (Gegenwärtig hält man diesen Zug für den besten, obwohl Weiß um des Vorteils des Läuferpaars willen Zeit verliert.) **4. – 0–0.** (Nach Meinung einiger Experten ist auch die Fortsetzung 4. – c5 5. a3 L×c3 6. d×c3 b6 7. e3 Lb7 8. Le2 0–0 9. 0–0 d6 befriedigend für Schwarz.) **5. a3 L×c3 6. D×c3 d6** (Schwarz trachtet danach, dem nach b2 gelangenden Läufer die Diagonale zu versperren. Üblich ist auch 6. – b6.) **7. b4!** (Vergrößert den Terrainvor-

teil des Anziehenden am Damenflügel und bereitet gleichzeitig die Fianchettierung des Damenläufers vor. Zudem verrät Portisch noch nicht, wohin er seinen anderen Läufer zu entwickeln gedenkt. 7. g3 e5 8. Lg2 Te8 9. 0–0 a5 10. d3 Sc6 11. h3 a4 =, Lein–Lengyel, 1967) **7. – e5 8. Lb2 Sc6?!** Larsen ist am Scheideweg. Doch seinem Temperament entsprechend, verschmäht er einfache Lösungen, obwohl seine Resultate gegen Portisch eigentlich keine Veranlassung zum Optimismus geben. Jetzt war er offensichtlich der Meinung, daß die weiße Bauernkette durch 9. b5 zu sehr an Elastizität einbüßt. Einfacher geschah 8. – Te8, gefolgt von 9. – c6 und 10. – Sbd7 bzw. 10. – Lg4. Schwarz hätte dann, abgesehen von einem kleinen Raummangel, weiter keine Sorgen gehabt. **9. b5** (Auf 9. d3 würde 9. – Lg4!, auf 9. g3 oder 9. e3 aber 9. – e4! 10. Sd4 Se5 störend wirken.) **9. – Se7 10. e3** (Nach 10. g3 Lg4! 11. Lg2 Dd7 würde unangenehm Lh3 drohen.) **10. – b6!?** (Wiederum ein riskanter Entschluß. Allerdings muß Weiß viel Zeit aufwenden, wenn er den fianchettierten schwarzen Läufer abdrängen will. Mit 10. – Lg4 hätte sich Larsen unkomplizierter um den Ausgleich bemühen können.) **11. Le2 Lb7 12. 0–0 Se4!** (Das wäre nach d2–d4 noch stärker gewesen, aber im Augenblick hat Schwarz keine andere Wahl, will er Gegenspiel erhalten. Larsen hofft offenbar, gelegentlich mit f7–f5 am

Königsflügel die Initiative ergreifen zu können. Jagt Weiß dann unbedacht dem schwarzen Springer hinterher, läuft er Gefahr, seine Bauernstellung zu schwächen.)
**13. Dc2 Sg6** (Ermöglicht eventuell Sg5 und überdeckt den Bauern e5. Nach 13. – f5? 14. d3 Sc5 15. d4, vor allem aber nach 14. – Sf6 15. d4! e4 16. Sg5 Dd7 17. c5! geriete Schwarz in eine beängstigende Lage.) **14. Se1!**
Ein unerwarteter Rückzug! Portisch plant das unschön aussehende Abdrängungsmanöver 15. f3, um später die Diagonale h1–a8 so abzusperren, daß der schwarze Springer weder auf c5, noch auf g5 einen Stützpunkt findet.
**14. – f5 15. f3 Sc5** (15. – Sg5?!) **16. d4 Se6 17. d5?!**
Dieser originelle Vorstoß ist die positionelle Pointe des weißen Planes. Der Vorteil dieses Zuges besteht darin, daß Schwarz am Königsflügel um jede taktische Chance gebracht wird; obendrein vermag sich sein Springer nur vorübergehend auf c5 zu behaupten. Im weiteren kann Weiß mit Ld3 am Königsflügel oder mit a4–a5 am Damenflügel aktiv werden. Die Schattenseite dieses Vorgehens besteht jedoch darin, daß die Stellung abgeriegelt wird, wodurch das weiße Läuferpaar längere Zeit wirkungslos bleibt.
**17. – Sc5 18. Sd3 f4?!** (Wahrscheinlich war es ratsamer, den Angriff des Anziehenden auf den unversehrten Bauernblock e5–f5 abzuwarten, z. B. 18. – S×d3 19. L×d3 Dg5 –

19. – Lc8 20. a4! – 20. Lc1 a6! 21. b×a6 L×a6 22. a4, und Weiß hat dank der Möglichkeit a4–a5 gewisse Aussichten, aber Schwarz besitzt vollwertiges Spiel.) **19. S×c5 b×c5 20. Ld3!** (Weiß darf sein Läuferpaar nicht mit 20. e4? einschließen, zumal Schwarz darauf durch 20. – Sh4 nebst Dg5 und Tf6 gute Angriffschancen erhielte.)
**20. – f×e3** (Nach 20. – Dg5 21. e×f4 e×f4 22. L×g6 h×g6 23. Tfe1 hätte Weiß das wesentlich bessere Spiel.) **21. Tae1** (Nicht aber 21. L×g6?! h×g6 22. D×g6 wegen Dh4!, und Schwarz bekommt Gegenchancen.) **21. – a6!?** (Verhilft Weiß zu einem Freibauern, räumt aber auch dem Nachziehenden einige Vergünstigungen ein. Schlecht war dagegen 21. – Sf4? wegen 22. L×h7+ Kh8 23. Lc1!) **22. b×a6 L×a6 23. T×e3 Dg5 24. Lc1 Dh5 25. g3** (Nimmt dem Springer wichtige Felder.)
**25. – Se7?**
Da passives Spiel nicht nach Larsens Geschmack ist, fühlt er sich offenbar dadurch beunruhigt, daß sein Springer nur wenig Bewegungsfreiheit besitzt. Er versucht deshalb, diesen über f5 nach d4 zu überführen. Dieser Plan hat jedoch den Nachteil, daß die schwarze Königsstellung geschwächt wird. Angezeigt war 25. – Lc8!, wonach es Weiß angesichts der Drohung 26. – Lf5! nicht leichtgefallen wäre, etwas auszurichten. Darauf scheint es das beste zu sein, die Spannung aufrechtzuerhalten und den Vormarsch des a-

Bauern anzustreben, z. B. 26. Dd1! (damit Schwarz nach 26. − Lf5? 27. g4! nicht mit Bedrohung der Dame auf d3 schlagen kann) 26. − Se7 (andernfalls muß Schwarz mit der Aufstellung a4, Lc2 und Ta3, eventuell noch verstärkt durch Dd3, rechnen) 27. Te4! mit leichtem Vorteil für Weiß.

**26. Te4! h6!?**

Es drohte 27. Th4, wogegen 26. − T×f3? wegen 27. Th4! T×f1+ 28. L×f1 Dg6 29. Ld3 keine Abhilfe schafft. Am schwersten hätte es Weiß wohl nach 26. − Sg6 gehabt, denn darauf wäre 27. Tg4? schlecht wegen 27. − T×f3 28. Tg5 T×f1+ 29. L×f1 Df3. Die Lösung des Stellungsproblems liegt in 27. Kg2 Lc8 (es drohte 28. Tg4 und 28. Tg5) 28. h4! (mit der Absicht 29. De2 nebst 30. Tg4!! und 31. Tg5) 28. − Df5 28. − Lf5? 29. g4! S×h4+ 30. Kg3 L×e4 31. L×e4!) 29.

Tg4 Df6 30. Tg5 usw. +−. Nach dem Textzug kommt Portisch durch einen geistreichen Stellungswechsel zu entscheidendem Angriff.

**27. Th4! Df7 28. De2! Lc8** (28. − Sf5 29. De4 g6 30. Th3, und es droht 31. g4.) **29. g4!** (Setzt den im 27. Zug eingeleiteten Plan folgerichtig in die Tat um. Schwarz ist nun außerstande, die Diagonale b1−h7 zu verteidigen.) **29. − Df6 30. Th5 Sg6** (Auf 30. − Tf7 oder 30. − Kf7 folgt 31. g5.) **31. De4 Sf4 32. L×f4 e×f4 33. Dh7+ Kf7 34. Lf5 Dd4+ 35. Kh1** (Ebensogut war 35. Kg2, denn nach 35. − T×a3 36. L×c8 Ta2+ 37. Kh1 Dd2 38. Df5+ oder 37. − T×c8 38. Df5+ Ke8 39. D×c8 Dd2 40. D×c7+ Ke8 41. Dc8+ Ke7 42. De6+ gewinnt Weiß forciert.) **35. − Dc3** (Um 36. Te1 zu verhindern. Zwar wäre dieser Turmzug auf 35. − D×c4 wegen 36. − Dc3! noch verfrüht gewesen, aber nach 36. Kg2 T×a3 37. L×c8 Ta2+ 38. Tf2 hätte der weiße König auf h3 einen Schlupfwinkel vor dem Dauerschach gefunden.)
**36. L×c8 Ta×c8 37. Tf5+ Ke7 38. Dg6 T×f5 39. De6+! Kd8 40. g×f5 40. − De5 41. Tg1 D×e6 42. d×e6 g5 43. f6!** und Schwarz gab angesichts der unvermeidlichen Linienöffnung durch 44. h4! auf.

# DIE ERSTE GLANZZEIT MIT KLEINEREN RÜCKSCHLÄGEN 1972–1975

Das Jahr 1972 beginnt mit einem hervorragenden Erfolg in Wijk aan Zee. Portisch läßt das stark besetzte Feld mit einem Vorsprung vom 1 1/2 Punkten hinter sich (Smyslow belegt nur den 5–6. Platz). Die weiteren Turniere des Jahres zeigen ebenfalls, daß sich Portisch schon in der Nähe des Gipfels befindet. Nach einem mittelmäßigen Resultat in England triumphiert er in Las Palmas abermals: 1. Portisch 12, 2–3. Larsen und Smyslow je 11, 4. Bronstein 10 Punkte usw. (16 Teilnehmer).
Die Olympiade in Skopje bringt wieder einen großen Erfolg für Ungarn. Die ungarische Mannschaft erringt hinter der Sowjetunion den 2. Platz und überholt Jugoslawien mit einem Vorsprung von 2 1/2 Punkten. Portisch sammelt in 17 Partien 12 Punkte. Beim Großmeisterturnier in San Antonio begegnet er zum erstenmal dem neuen sowjetischen Schachstern Karpow. Unser Champion fängt zwar ziemlich schwach an (nach acht Runden hinter Karpow mit zwei Punkten Rückstand), aber Portisch kommt später in Schwung, und durch Siege über Karpow, Keres und andere holt er schließlich auf. Das Endresultat lautet: 1–3. Portisch, Karpow und Petrosjan je 10 1/2, 4. Gligorić 10, 5. Keres 9 1/2, 6–7. Hort und Suttles je 9, 8–9. Larsen und Mecking je 8 1/2 Punkte (16 Teilnehmer).
1973 beginnt Portisch ebenfalls mit einem Sieg im Turnier zu Ljubljana-Portorož: 1. Portisch 12 1/2, 2–4. Gligorić, Quinteros und Šmejkal je 11 Punkte (18 Teilnehmer).
Nach Petropolis (Brasilien) fährt er schon als Favorit und führt hier im Interzonenturnier bis ans Ende. Die in der letzten Runde erlittene Niederlage wirft ihn aber zurück, und er muß sich wieder im Stichkampf stellen. Der Endstand lautet: 1. Mecking 12 (heimisches Spielfeld!), 2–4. Portisch, Geller und Polugajewski je 11 1/2, 5. Smyslow 11, 6. Bronstein 10 1/2 Punkte usw. (Bei 18 Teilnehmern befinden sich Ljubojević, Reshevsky und Keres abgeschlagen im Feld.) Der Stichkampf kommt Portisch wie gerufen; er schlägt seine Gegner zu Boden und wird zum dritten Mal Weltmeisterkandidat: 1. Portisch 5 1/2, 2. Polugajewski 3 1/2, 3. Geller 3 Punkte.
Portisch ist also dem Gipfel sehr nahegekommen. Das wird auch dadurch belegt, daß er in der Elo-Weltrangliste vom 1. Juli 1973 mit 2650 Punkten hinter Karpow und Spasski den 3–4. Platz, geteilt mit Kortschnoi, einnimmt. (Fischer war damals nicht mehr aktiv.) In den folgenden Jahren

fällt Portisch jedoch in seinen Leistungen zurück. (Madrid 1974: 6–7., Manila 1974: 11–12.!) Der Grund dafür ist wahrscheinlich sein bevorstehender Zweikampf gegen Petrosjan. In diesem unterliegt er aber, wenn auch knapp. (Nach einem Stand von 6:6 verliert er die letzte Partie!) Das war ärgerlich, denn in dieser Zeit war Petrosjan leistungsmäßig kaum besser als Portisch und die Resultate gegeneinander sprechen klar für Portisch. Aber auch in dieser wechselhaften Periode trägt Portisch einen imposanten Sieg davon, nämlich im Großmeisterturnier in Wijk aan Zee vor Hort, Smejkal, Kavalek, Gligorić, Hübner usw. bei 16 Teilnehmern. Auch zwei bescheidenere Resultate sind zu verzeichnen (Budapest: 4–5., Portorož: 6–7.).

Ende 1975 im Superturnier zu Mailand setzt er diesem Zeitabschnitt die Krone auf. (Hier betrug der erste Preis 12 000 Dollar.) Der Endstand lautet: 1. Portisch 7, 2–4. Karpow, Petrosjan und Ljubojević je 6 1/2, 5. Šmejkal 6, 6–7. Tal und Browne je 5 1/2, 8–11. Unzicker, Andersson, Gligorić und Larsen je 5, 12. Mariotti 2 1/2 Punkte. (Die Bilanz von Portisch lautet hier +4−1 = 6.)

Das Turnier war damit aber noch nicht beendet. Die ersten vier Plazierten trugen ein Ausscheidungsturnier aus. In der 1. Runde schlug Portisch Ljubojević mit 2 1/2:1 1/2 Punkten, während der Zweikampf Karpow–Petrosjan mit einem Unentschieden 2:2 endete. So hat sich der Weltmeister nur mit Punktwertung für das Finale qualifiziert. Das Finale hat schließlich Karpow gegen Portisch mit 3 1/2:2 1/2 Punkten gewonnen.

## SIZILIANISCHE VERTEIDIGUNG

### 53.

**Ljubojević–Portisch**
**Wijk aan Zee 1972**

**1. e4 c5 2. Sf3 d6 3. d4 c×d4 4. S×d4 Sf6 5. Sc3 a6 6. Lc4** (Ein beliebter Zug. Auf dieser Diagonale steht der Läufer meist recht wirksam.) **6. – e6** (Es ist durchaus logisch, daß Schwarz den Einflußbereich des Läufers c4 einzuschränken versucht.) **7. Lb3** (Im Hinblick auf

S×e4 und d5 ist dieser vorbeugende Rückzug völlig systemgemäß. 7. a4!?) **7. – b5**

Schwarz hatte die Wahl zwischen ruhiger Entwicklung durch 7. – Le7 und der sofortigen Gegenaktion. In der Praxis wird gegenwärtig der Textzug bevorzugt, weil er den Grundgedanken des weißen Aufbaus – den raschen Vormarsch f4–f5 – am energischsten bekämpft. **8. 0–0** (Nach 8. f4!? b4!? 9. Sa4 S×e4 10. 0–0 Sf6 ist nicht ersichtlich, wie Weiß für den geopferten Bauern Angriff erhalten will.) **8. – Le7 (!)** (Schwarz muß auf die genaue Zugfolge achten! Im Fall von 8. – Lb7 9. f4?! Le7? ist 10. L×e6! äußerst gefährlich, aber auch 9. Te1 mit der späteren Drohung Sd5 kommt stark in Frage. Darauf wäre jedenfalls 9. – Le7 wieder wegen 10. L×e6! schlecht. Riskant ist 8. – b4?! 9. Sa4 S×e4 wegen 10. Te1 d5 11. c4 b×c3 12. S×c3 S×c3 13. b×c3 Le7 14. Lf4 Ld7 15. Sf5! 0–0 16. S×e7+ D×e7 17. L×d5 mit großem Vorteil für Weiß.)

**9. f4 0–0 10. f5?!**
Der strategische Plan des Anziehenden sieht die Erstürmung des Feldes d5 vor, aber dieses Vorhaben läßt sich nicht ohne weiteres verwirklichen. Weniger verpflichtend ist 10. De2 oder 10. a3, während 10. e5?! d×e5 11. f×e5 Sfd7 12. Df3?! (12. Lf4 Sc5 =) 12. – S×e5! 13. De4! Lc5 14. Le3 Sbc6! günstig für Schwarz verläuft, Bronstein–Tal, Moskau 1971.

**10. – e5?!** (Laut Polugajewski darf sich Schwarz auch auf die durch 10. – b4 entstehenden Verwicklungen einlassen, z. B. 11. Sa4 e5 12. Se2 Lb7 13. Sg3 Sbd7 14. Df3 Lc6 –+, Janosević–Polugajewski, Skopje 1971.) **11. Sde2 Sbd7 12. Lg5!** (Gelänge es Weiß, die den Punkt d5 schützenden schwarzen Figuren abzutauschen, hätte er eine strategische Gewinnstellung.) **12. – Lb7 13. Sg3 Tc8 14. L×f6 S×f6 15. a3** (In der Begegnung Ciocaltea–Minić, Bukarest 1966, führte 15. Sh5!? S×h5! 16. D×h5 b4 17. Sd5 L×d5 18. L×d5!? zu unklarem Spiel.) **15. –**

Db6+ **16. Kh1 De3!** (Eine wesentliche Verbesserung im Vergleich zu früher gespielten Partien. Schwarz stört den Gegner ständig mit Damenzügen, so daß dieser nicht imstande ist, seinen strategischen Plan durchzusetzen.) **17. Tf3 Dg5 18. Dd3** (18. Sd5 L×d5 19. L×d5 S×d5 20. e×d5 Tc4! =+) **18. – Dh4! 19. Te1 Tc7!** (Durch die Turmverdopplung steigert Schwarz seinen Druck am Damenflügel. Der Anziehende hat schon Schwierigkeiten, das Gleichgewicht zu wahren.) **20. Te2 Tfc8 21. h3?!** (Wie Portisch angibt, hat Schwarz nach 21. Sd5! L×d5 22. S×d5 23. e×d5 Dd4! 24. c3 D×d3 25. T×d3 Tc4! in Anbetracht der Möglichkeit a5 nebst b4 ein gewisses Übergewicht. Dank des starken Springerfeldes e4 vermag sich Weiß aber zu halten. Nicht empfehlenswert ist dagegen 21. Ld5? wegen 21. – T×c3! 22. b×c3 L×d5 23. e×d5 Da4 –+.) **21. – Dg5** (Erzwingt mittels der Drohung 22. – Dc1+ den Damentausch, wonach Weiß noch weniger Gegenspiel hat.) **22. De3 D×e3 23. Tf×e3 Tc5!** (Droht, den Gegner durch a5 und b4 völlig einzuschnüren.) **24. Td3!** (Bereitet die einzig richtige Defensivaufstellung vor.) **24. – a5 25. Tdd2 h5! 26. h4!** (Wenn dadurch auch das Feld g4 und der h-Bauer geschwächt werden, so durfte Weiß doch auf keinen Fall die weitere Einengung durch h5–h4 gestatten.) **26. – Kf8 27. Kh2 La6** (Nun droht Schwarz mit 28. – b4 die Qualität zu erobern, doch 28.

Te1 wäre wegen 28. – b4! 29. a×b4 a×b4 30. Sd5 S×d5 31. e×d5 L×h4 unbefriedigend. Ljubojević hat aber noch eine Ausrede bei der Hand.) **28. Sd5! S×d5 29. e×d5 T5c7 30. Kh3 a4** (Auf 30. – b4 hatte der Anziehende die Pointe 31. a×b4! vorbereitet, wonach ihm die starke Springerstellung ausreichende Kompensation für die geopferte Qualität verheißt.) **31. La2 b4 32. Te4!** (Jetzt wäre das Qualitätsopfer wegen der Schwäche des Punktes c2 aussichtslos. Verdächtig ist auch 32. Tf2 b×a3 33. b×a3 Tc3!) **32. – b×a3 33. T×a4! Lc4!** (Eine unerwartete Wendung! Nach dem Abtausch auf c4 würde Matt auf h4 drohen.) **34. b3 Lb5 35. T×a3?**

**35. Ta5! T×c2** (35. – Ld7 36. c4!) **36. T×c2 T×c2 37. T×b5 g6 38. Tb8+ Kg7 39.** Tb7 hätte die Partie gerettet, weil 39. – Lf6 wegen 40. g×f6 zu gewagt wäre und 39. – Kf8 **40. Tb8+** Zugwiederholung ergäbe.
**35. – Tc3!**
Legt Weiß Fesseln an. Es droht der Vormarsch des e-Bauern, der sich eventuell durch Lf6–e5 noch verstärken läßt.
**36. Lb1 e4 37. Kh2 e3 38. Td4 Lf6 39. Tb4 Le5! 40. T×b5 e2**
Weiß gab auf.

## RÉTI-ERÖFFNUNG

### 54.

**Portisch–Smyslow**
**Wijk aan Zee 1972**

**1. Sf3 Sf6 2. g3 d5 3. Lg2 Lf5?!**
Es wäre besser gewessen, diesen Zug aufzuschieben, bis b3 geschehen ist, denn jetzt vermag Weiß den Punkt b7 überfallartig zu bedrohen. Mit dieser vorzeitigen Läuferentwicklung hat Smyslow schon einmal gegen einen ungarischen Meister, und zwar auf der Moskauer Schacholympiade gegen Barcza, den kürzeren gezogen. Diesmal hält er eine Verstärkung bereit, dennoch ist 3. – c6 empfehlenswerter.
**4. c4! c6 5. c×d5 c×d5 6. Db3! Db6**
In der erwähnten Partie geschah 6. – Dc8?! 7. 0–0 e6 8. d3! Le7 9. Sc3 0–0 10. Lf4 Sc6 11. Tac1 Dd7 12. e4! d×e4 13. d×e4 S×e4 14. S×e4 L×e4 15. Se5! S×e5 16. L×e4 Sc6 17. Tfd1, und Weiß gewann den Bauern bald zurück und erlangte entscheidenden Stellungsvorteil.
Smyslow hat wahrscheinlich geglaubt, daß der Doppelbauer ihn nicht belastet und er auf der sich öffnenden a-Linie Gegenspiel er-

hält. Diese Hoffnung erweist sich indes als trügerisch. Am besten dürfte deshalb 6. – Lc8!? gewesen sein, zumal der schwarze Damenläufer wegen d2–d3 auf der Diagonale b1–h7 später ohnehin nichts auszurichten vermag. In diesem Fall wäre Schwarz teilweise dadurch entschädigt worden, daß der Wirkungskreis des Läufers g2 ebenfalls eingeschränkt bliebe.
**7. D×b6 a×b6 8. Sc3 Sc6** (8. – e6? 9. Sb5! Sa6 10. a3 Le7 11. b4 0–0 12. Lb2 +–) **9. d3 e6 10. Sb5!** (Eine Neuerung. Nach 10. 0–0 Lc5! hätte Schwarz keine Sorgen.) **10. – Lb4+** (Auf 10. – Tc8 folgt 11. 0–0 nebst Lf4, und falls dann Kd7 geschieht, so wäre der schwarze König nach Tfd1 und e4 mancherlei Angriffen ausgesetzt.) **11. Ld2 Ke7 12. Sfd4 L×d2+ 13. K×d2 Lg6 14. f4!**
Die Stellung des Nachziehenden weist drei Mängel auf: Der schwarze Läufer befindet sich außer Spiel; außerdem sind der Punkt b5 und der Bauer b6 schwach. Man könnte meinen, daß diese kleinen Nachteile kaum ins Gewicht fallen. Doch das Gegenteil trifft zu, wie es Portischs lehrreiche Spielführung nachweist. **14. – h6** (Smyslows Verteidigungsplan gründet sich darauf, daß nach dem Turmtausch der Läufer mittels Lh7–g8, Sd7 und f6 irgendwie ins Spiel gebracht werden soll.) **15. a3 Thc8 16. Tac1 Lh7 17. Lh3!** (Bevor Portisch die Türme verdoppelt, beugt er jedem Gegenspiel vor. Unvorsichtig wäre dagegen 17. Tc3

gewesen wegen 17. – S×d4! 18. S×d4 T×c3 19. K×c3 Tc8+ 20. Kb4?! Sg4!) **17. – Sd7 18. Tc3!** (Der auf der c-Linie drohende Druck zwingt Schwarz zum Turmtausch, wonach sich Weiß ungestört den Schwächen am Damenflügel widmen kann.) **18. – S×d4 19. S×d4 T×c3 20. K×c3 Tc8+ 21. Kd2** (21. Kb4 Tc5!) **21. – Lg8 22. Tc1! T×c1 23. K×c1 f6 24. Kd2 Lf7** (24. – e5? 25. Sf5+) **25. Lg2 g6 26. Sb5 Sb8 27. e4! d×e4?!**

Einige Kommentatoren haben diesen Abtausch als entscheidenden Fehler getadelt und statt dessen 27. – Sc6 mit Remisaussichten vorgeschlagen. In Wirklichkeit hätte dieser Zug den Widerstand nur verlängert, ohne jedoch am Ausgang der Partie etwas zu ändern. Im folgenden sei der Versuch unternommen, die Gewinnstrategie nach 27. – Sc6 zu entwerfen. Dabei können wegen der Vielzahl der denkbaren Abweichungen natürlich nicht alle Fortsetzungen analysiert werden. I. Das Schlagen auf e4 wird erzwungen. 28. Kc3 Kd7 29. d4! d×e4 (Man überzeugt sich leicht davon, daß 30. e5! nebst Sd6 für Schwarz unerträglich wäre. Der Anziehende hat also sein erstes Teilziel erreicht: Der Läufer wurde aktiviert, das Feld c4 befreit, und gelegentlich droht d4–d5.) 30. L×e4

II. Die weißen Bauern am Damenflügel rücken vor.

30. – Ke7 (30. – Le8 könnte mit 31. d5! beantwortet werden.) 31. b4 Kd7 32. a4

III. Weiß steuert das Endspiel „Springer gegen schlechten Läufer" an.

a) 32. – Ke7 33. L×c6!! b×c6 34. Sa3 Kd7 35. a5 b5 (Der Abtausch auf a5 verliert, weil der weiße König nach c5 gelangt. Nach dem Vorbeizug des b-Bauern muß der schwarze König indes den weißen Freibauern bewachen. Mittels Se4 oder Sg4 fordert der Anziehende den Bauernzug f5 heraus, wodurch das Feld e5 freigekämpft wird. Im Schlußabschnitt opfert Weiß mit d5! einen Bauern und dringt mit seinem König auf den schwarzen Feldern ein. Die besten praktischen Gegenchancen bietet noch der Versuch, den schwarzen Läufer durch g5 zu befreien.) 36. Sb1 g5! 37. Sd2! (Mit der Absicht 38. Se4.) 37. – Lg6 38. Sb3 (droht 39. Sc5+ Kd6 40. a6!) 38. – Lf5 39. Sc5+ Kc7 40. Kd2 Kc8 41. Ke3 Kc7 42. Se4!, und Weiß gewinnt;

b) 32. – Sd8 33. Sa3 und nun:

b/1. 33. – Sc6 34. Sc4 Kc7 35. L×c6!! K×c6 (Beim Schlagen mit dem Bauern würde das Spiel in Variante a) einmünden.) 36. b5+ Kc7 (Der Gewinnweg verläuft jetzt analog

dem unter Punkt a) angegebenen Abspiel, denn der schwarze König ist an die Schwäche b6 gekettet.) 37. Se3! (droht Sg4) 37. – h5 38. h4! Kd6 39. Sc4+ Kc7 40. Sd2 f5 (40. – Kd6 41. Se4+ Ke7 42. Kb4 und 43. a5 +–) 41. Sc4 Le8 42. Se5 Kd6 43. Kc4 (Zugzwang!) 43. – Kc7 44. d5! Kd6 45. d×e6 K×e6 46. Kd4 Kd6 47. Sc4 + Kc7 48. Ke5 Lf7 49. Sd2 mit leichtem Sieg; b/2. 33. – Kd6 34. Sc4+ Kc7 35. h4! g5 (35. – Le8 36. b5 Lf7 37. Se3, und es droht 38. Lf3 nebst 39. Sg4 oder 39. d5.) 36. Lf3 (In Betracht kommt auch der zweifache Tausch auf g5, gefolgt von Se5, aber diese Möglichkeit läuft nicht davon.) 36. – Le8 37. b5 g×h4 (37. – Lf7 38. f×g5 f×g5 39. h×g5 h×g5 40. Se5 Le8 41. Lg4 +–) 38. g×h4 Lf7 (Gegen 39. d5 gerichtet.) 39. Lg2! (Zugzwang!) 39. – h5 (39. – Le8 40. Se3! h5 41. Lf3 Lf7 42. Sf1 +–) 40. Le4 Le8 41. d5! e×d5 42. L×d5 Lg6 43. Se3 Kd6 (43. – Sf7??44.f5!)44.Kd4 Se6+ 45. L×e6 K×e6 46. Sc4 und gewinnt. Der durch Zugzwang ermöglichte Durchbruch d4–d5 entscheidet also früher oder später den Kampf. (Natürlich handelt es sich hier nur um eine Skizze, bei der Verstärkungen für beide Seite nicht völlig auszuschließen sind. Unserer Meinung nach vermag sich Schwarz gegen die dargelegte Strategie nicht zu verteidigen.)

**28. L×e4 Sc6 29. Kc3 e5?!** (Erleichtert die Aufgabe von Weiß, denn auf e5 entsteht eine zusätzliche

Schwäche. Auf andere Züge triumphiert aber der oben umrissene Plan.) **30. f×e5 f×e5 31. a4 Kd7 32. Sa3 g5** (32. – Kc7 33. Sc4 L×c4 34. K×c4 Se7 35. h4, und Schwarz geht am Zugzwang zugrunde.) **33. Sc4 L×c4 34. K×c4 Kd6**

Das Folgende liefert ein Schulbeispiel dafür, wie man durch zweckmäßige Vereinfachung ein gewonnenes Bauernendspiel erreichen kann. **35. Kb5!! Kc7 36. L×c6! b×c6+ 37. Ka6 g4 38. b3 c5** (Schwarz ist dem Zugzwang ausgeliefert: 38. – h5 39. b4 c5 40. b×c5 b×c5 41. Kb5 Kd6 42. a5 +–.) **39. Kb5 Kb7 40. a5 b×a5 41. K×c5**
Schwarz gab auf.
Smyslow wurde mit seinem eigenen Stil bezwungen!

## SPANISCHE PARTIE

### 55.

### Tatai–Portisch
### Hastings 1971/72

**1. e4 e5 2. Sf3 Sc6 3. Lb5 a6 4. La4 d6 5. 0–0** (Diesen Zug hat Fischer wieder in die Praxis eingeführt. Weiß weicht dem Siesta-Gambit – 5. c3 f5!? – aus, muß sich dafür aber den Verwicklungen nach dem Figurenopfer 5. – Lg4 6. h3 h5!? stellen.) **5. – Ld7** (Portisch verläßt sich lieber auf die solide Steinitz-Verteidigung.) **6. d4 Sf6 7. c3 De7** (Ein Zug von R. Byrne. Bevor Schwarz seinen Läufer fianchettiert, befestigt er den Bauern e5, wobei er gelegentlich einen Druck auf e4 ausübt.) **8. Te1 g6 9. Sbd2 Lg7 10. Sf1 0–0 11. Se3** (Im Hinblick auf die etwas unsichere Stellung der Dame e7 kam 11. Lg5 h6 12. Lh4 stark in Betracht, denn die Abdrängung des weißen Damenläufers durch 12. – g5?! 13. Lg3 würde die schwarze Stellung ernstlich kompromittieren.) **11. – Tae8?! 12. Lc2** (Der Bauer e4 war gefährdet. Zu bequemem Spiel für Schwarz hätte sowohl 12. d5 Sb8 13. L×d7 Sb×d7 14. Dc2 Sh5! als auch 12. Sd5 S×d5 13. e×d5 Sb8 geführt, 12. d×e5 verdiente jedoch ebenfalls Aufmerksamkeit.) **12. – e×d4!? 13. Sd5?**

Auf den ersten Blick hin eine ganz plausible Fortsetzung, deren Mängel Portisch aber sofort nachweist. Statt dessen ergab 13. S×d4 S×d4! gleiche Chancen. Die interessante Spielweise war jedoch 13. c×d4 Sb4 14. Lb1.

a) 14. – S×e4?? 15. a3 Sc6 16. Sd5 +–

b) 14. – d5 15. e5! (15. e×d5 Dd6 bzw. 15. a3? d×e4!) 15. – Sg4! 16. a3 S×e3 17. L×e3 Sc6 +=

c) 14. – c5 15. d5! a5 16. a3 Sa6 17. Sc4 b5! (relativ das beste, denn es drohte gleichzeitig 18. Lf4 und 18. S×a5) 18. S×a5 usw. Für den geopferten Bauern hat Schwarz etwas Gegenspiel (c5–c4, Sa6–c5), aber es ist fraglich ob dies genügt

d) 14. – a5 15. a3 Sa6 +=

e) 14. – Sg4!? 15. a3 S×e3 16. L×e3 Sc6 17. b3 mit unklarem Spiel. Weiß beherrscht vorläufig das Zentrum, aber seine Mittelbauern können später angegriffen werden. **13. – S×d5! 14.** e×d5 Se5 **15.** S×d4 (Falls 15. c×d4? so 13. – S×f3+. Nach dem Textzug scheint alles in Ordnung zu sein.) **15. – Dh4!** (Das also war die Absicht! Die weißen Figuren können sich nun nicht frei entfalten.) **16. Tf1** (Ein trauriger Rückzug, aber es gibt kaum etwas Besseres. 16. g3 schwächt die Königsstellung, auf 16. f4 ist hingegen 16. – Lg4! unangenehm.) **16. – Lg4!** (Erzwingt eine Schwächung des Feldes e3.) **17. f3 Lc8 18. Lb3 Te7!** (Schwarz vergrößert systematisch seinen Vorteil. Nach der Turmverdoppelung hat er die e-Linie völlig in der Gewalt.) **19. f4?** (In seiner beengten Lage erliegt der Anziehende der Illusion, die Initiative ergreifen zu können. **19. – Sg4 20. Sf3 Dh5 21. h3 Sf6** Die Schattenseiten des 19. weißen Zuges treten jetzt klar hervor:

1. Das Feld e4 wurde geschwächt.
2. Der Bauer f4 behindert den Läufer c1.
3. Der Bauer d5 wird früher oder später schwach.
4. Die gegnerische Vorherrschaft auf der e-Linie macht sich bald bemerkbar.

**22. c4 Tfe8 23. La4** (Beschleunigt das Ende. Mit meisterhafter Technik unterminiert Portisch jetzt den Bauern d5.) **23. – Ld7 24. Lc2 b5! 25. Ld3 b×c4 26. L×c4 Lb5! 27. Dd3 L×c4 28. D×c4 D×d5!** (Der Bauer a6 ist wegen des überraschenden Damenfangs durch Ta8! unverletzlich.) **29. b3 D×c4 30. b×c4 Se4 31. Tb1 Sg3! 32. Td1** (Ein Versehen in verlorener Stellung.) **32. – Se2+**
Weiß gab angesichts 33. K (beliebig) Sc3 die Partie auf.

## HOLLÄNDISCHE VERTEIDIGUNG

### 56.

### Portisch–Menvielle
### Las Palmas 1972

**1. c4 f5 2. g3 Sf6 3. Lg2 g6** (Dieser Aufbau ist ein Abkömmling Königsindischer Systeme und eine der gefährlichsten Varianten der Holländischen Verteidigung.) **4. d4 Lg7 5. Sc3 0–0 6. Sh3!?** (Ein geistreiches Manöver, das in dieser Variante jedoch selten anzutreffen ist. Sein Vorzug besteht darin, daß der Springer von f4 aus die Punkte e6 und d5 kontrolliert, wobei zugleich die Diagonale des Läufers g2 frei bleibt.) **6. – Sc6** (Auf 6. – d6 kann 7. Sf4 e5?! 8. d×e5 d×e5 9. D×d8 T×d8 10. Sfd5 S×d5 11. S×d5 – droht 12. Se7+ nebst 13. S×c8 und 14. L×b7 – 11. – Td7 12. Lg5! Kf8 13. 0–0–0 oder auch einfach 7. d5 und 8. Sf4 folgen; in beiden Fällen ist Weiß im Vorteil.) **7. 0–0 d6 8. d5 Se5?** (In Betracht kam 8. – Sa5 9. Dd3 c5 usw. mit einer Stellung, die sich ähnlich in einer Hauptvariante der Königsindischen Verteidigung ergeben kann. Der Unterschied ist, daß hier das Feld e6 durch f7–f5 geschwächt wurde, wofür Schwarz indes den Punkt e4 wirksam kontrolliert.) **9. b3 Se4?!** (Beabsichtigt, aus der scheinbaren Schwäche der großen Diagonale Nutzen zu ziehen. Besser geschah aber 9. – c5.) **10. S×e4 Sf3+?!** (10. – f×e4 11. Tb1 Lf5 12. Sg5 Dd7 – 12. – e3 13. L×e3 L×b1 14. Se6 +– – 13. S×e4 +=, Taimanow–Hort, Wijk aan Zee 1970. Der Textzug beschwört große Verwicklungen herauf.) **11. e×f3 f×e4** (Der Kerngedanke der Kombination zielt darauf ab, daß jetzt nicht nur der Turm a1, sondern – wegen der Drohung 12. – e×f3 – auch der Läufer g2 und der Springer h3 hängen. Der Aufmerksamkeit von Schwarz ist es aber entgangen,

daß sein Bauer e7 anfällig wird.) **12. Lg5!** (Das Resultat dreiviertelstündigen Nachdenkens!) **12. – L×a1** Portisch schrieb, daß er während der Partie in erster Linie das Damenopfer 12. – e×f3 13. Te1 f×g2 14. L×e7 L×h3 15. L×d8 Ta×d8 zu ergründen suchte, das er mit 16. Te4! zu widerlegen hoffte. Weiß ist indessen nicht verpflichtet, sich darauf einzulassen; er kann auch 14. Sf4 Tf7 15. Tc1 spielen, worauf 15. – h6 wegen 16. Se6 nichts taugt. **13. D×a1 e×f3 14. Te1 Tf7** (Der Nachziehende muß mit der Deckung des Bauern e7 Zeit verschwenden, weil der auf dem Damenopfer beruhende Angriff jetzt völlig verfehlt wäre, z. B. 14. – f×g2 15. L×e7 L×h3 16. L×d8 Ta×d8 17. Te4! – droht 18. Th4! – 17. – g5 18. Dc1 h6 19. De3, und Weiß verfügt über zahlreiche, kräftige Drohungen, von denen vor allem 20. g4! erwähnt zu werden verdient.) **15. Lf1 Df8 16. Dc1 Tf5** (Passive Verteidigung bedeutet den sicheren Tod. Ein Beispiel: 16. – Ld7 17. Lh6! usw.) **17. T×e7 Te5 18. T×c7 De8 19. Lf6 Te1** (Fast sieht es so aus, als ob es dem Nachziehenden gelungen sei, Gegenspiel zu erlangen. Portisch hat aber weiter gerechnet.) **20. Sg5! De2** (20. – T×c1 21. Tg7+ führt zum Matt.)

*(Siehe folgendes Diagramm)*

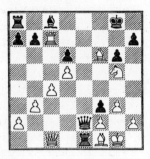

**21. D×e1! D×e1 22. T×h7**
Schwarz gab auf.

## SPANISCHE PARTIE

### 57.

**Andersson–Portisch**
**Las Palmas 1972**

**1. e4 e5 2. Sf3 Sc6 3. Lb5 a6 4. L×c6 d×c6**
Die spanische Abtauschvariante –
einst die gefürchtete Waffe Laskers – steht heute wieder in voller
Blüte. Ihr Leitmotiv ist, daß Weiß
ein gewonnenes Bauernendspiel erhält, wenn man nach 5. d4 e×d4 6.
D×d4 alle Figuren vom Brett entfernt. Diesen einfachen Plan vermochte Lasker in zahlreichen Partien zu verwirklichen. Die Praxis
hat seitdem aber gezeigt, daß Schwarz
für die schlechtere Bauernstellung
durch das Läuferpaar und ein bequemes Figurenspiel ausreichend
entschädigt wird.
**5. 0–0!** (Seinerzeit setzte Lasker noch
mit 5. d4 oder 5. Sc3 und 6. d4 fort.
Den Textzug hat Fischer in Mode

gebracht.) **5. – Dd6!?** (Wohl eine
Neuerung. In älteren Theoriewerken
wird die Opferwendung 5. – Lg4 6.
h3 h5 als günstig für Schwarz beurteilt. Seitdem hat sich aber gezeigt,
daß die Sache längst nicht klar ist.
Heute wird eher 5. – f6 als Hauptvariante angesehen. Portischs Zug
bereichert die Abtauschvariante um
einen neuen Gedanken.) **6. d4** (6.
d3!? 6. Sa3!?) **6. – e×d4 7. S×d4**
(Beachtung verdient auch 7. D×d4
Lg4 8. De3.) **7. – Ld7 8. Sc3 0–0–0
9. Le3** (Das weiße Zentrum sieht
beeindruckend aus, aber Portisch
versteht es meisterhaft, Ansatzpunkte für sein Gegenspiel zu entdecken.) **9. – Sh6! 10. h3 g5!?**
(10. – L×h3? 11. g×h3 c5 12.
L×h6!) **11. Dh5?!**
11. L×g5? Tg8 12. L×d8 (oder 12.
L×h6) 12. – L×h3! überließe dem
Nachziehenden einen starken Angriff. Verdächtig wäre auch 11. g4?!
wegen 11. – f6! nebst Sf7–e5. Der
Textzug ist ebenfalls zu geradlinig
und stellt die weiße Dame etwas
abseits. In dieser Variante sollte der
Anziehende aber bestrebt sein, seine
Chancen – die sich aus der gesünderen Bauernstruktur ableiten – in
erster Linie strategisch wahrzunehmen.
Portisch hatte während der Partie
hauptsächlich mit der Fortsetzung
11. Sb3! Dg6 12. Dd4 b6 gerechnet.
Der Turm darf zwar kaum geschlagen werden, aber das Spiel verliefe
ruhiger, und die Dame stände in der
Mitte wirkungsvoller als am Brettrand.

**11. – g4 12. Sf5?** (Verfehlt, da jetzt die g-Linie geöffnet und der nach f5 gelangende Bauer schwach wird. Der weiße Angriff hat demgegenüber keine Aussichten auf Erfolg. Nach Portisch bot 12. h4 Dg6 13. Da5! beiderseitige Chancen.) **12. – S×f5 13. e×f5 g×h3 14. Tad1 Db4!** (Andersson hat wahrscheinlich nur 14. – De7? 15. Tfe1 erwartet.) **15. Lg5** (15. a3 oder 15. D×h3 wäre mit 15. – Da5! beantwortet worden.) **15. – Le7 16. a3 Dc5 17. L×e7** (Wegen der möglichen Fesselung durch D×f5 ließ sich der Umstand nicht ausnutzen, daß die schwarze Dame an den Läufer e7 gebunden war.)
**17. – D×e7 18. Tfe1**

**18. – h2+!**
Ein wichtiger Zwischenzug, durch den Schwarz Zeit gewinnt, seine Pläne zu verwirklichen. Wie Portisch ausführt, hätte ihn sofort 18. – Dc5 wegen 19. g4! Thg8 20. Se4 noch in eine schwierige Lage gebracht, z. B. 20. – D×f5? 21. D×f5 L×f5 22. T×d8+ K×d8 23. Sf6! Der Textzug hat den Sinn, Weiß zu zwingen, den Bauern f2 im Stich zu lassen, so daß Schwarz Gelegenheit zu einem Doppelangriff erhält. **19. K×h2** (19. D×h2 Dg5!) **19. – Dc5 20. D×f7 D×f2 21. Tf1 Dh4+ 22. Kg1 Thf8 23. Dg7 T×f5** (Weiß hat also einen Bauern eingebüßt und muß obendrein wegen seiner luftigen Königsstellung bald ins Endspiel einlenken.) **24. Td4 Dg5 25. D×g5 T×g5 26. Se4 Te5!**
Es ist wichtig, die 5. Reihe zu behaupten. Nun droht 27. – c5. Das schwarze Übergewicht wird zwar durch den Doppelbauern etwas entwertet, trotzdem genügt es zum Sieg, da der Springer keinen Stützpunkt findet und der Turm e5 wirksam postiert ist. **27. b4 Lf5 28. T×d8+ K×d8 29. Sc5 b6!** (Am einfachsten! Portisch gibt den Bauern zeitweilig zurück und drängt den Springer an den Rand. Um ihn zu befreien, muß Weiß viel Zeit aufwenden.) **30. S×a6 Kc8 31. g4 Lg6 32. c4 Te4 33. b5 T×g4+ 34. Kh2 T×c4 35. Tf8+ Kb7 36. b×c6+,** und Weiß gab gleichzeitig auf.

## NIMZOWITSCH-INDISCHE VERTEIDIGUNG

### 58.

**Portisch–Larsen**
**Las Palmas 1972**

**1. d4 Sf6 2. c4 e6 3. Sc3 Lb4 4. e3 c5 5. Ld3 Sc6 6. Sf3 d5 7. 0–0 0–0 8. a3** (Die beiden Großmeister haben sich schon mehrmals mit dieser

Variante bekämpft. Meist wählte Larsen dabei seinen Lieblingsaufbau 8. – d×c4 9. L×c4 La5.) 8. – c×d4 9. e×d4 (Auch 9. a×b4 d×c3 10. b×c3 d×c4 11. L×c4 Dc7 12. Db3, was Weiß einen leichten Vorteil überläßt, ist hier schon gespielt worden.) 9. – L×c3 10. b×c3 d×c4 11. L×c4 Da5 (Schwarz plant, seinen Läufer mittels c5 zu befreien. Zu diesem Zweck gewinnt er durch den Angriff auf den Bauern c3 ein Tempo.) 12. Dc2 (Taimanow behauptet – dabei beruft er sich auf eine Partie Kortschnoi–Buslajew, Sowjetunion 1956 –, daß Weiß nach 12. De2!? D×c3 13. Ld2 Dc2 14. Ld3 Da4 15. Tfd1 ausreichende Kompensation für den geopferten Bauern habe. Portisch scheint dieser Variante indes nicht recht zu trauen. Als Kuriosum sei auf die Möglichkeit 12. De1 verwiesen.) 12. – e5 13. Le3 e×d4 (Auf Grund einer älteren Analyse gilt 13. – Lg4 14. S×e5 S×e5 15. d×e5 D×e5 16. Ld4 als vorteilhaft für Weiß.) 14. L×d4! (Originell! 14. c×d4 Lg4! oder 14. S×d4 S×d4 nebst Lf5 ergibt gleiches Spiel. Portisch erkennt, daß er für den beabsichtigten Angriff auf den Punkt f7 den Springer benötigt.) 14. – S×d4 (14. – Lg4 15. L×f6 L×f3 16. g×f3 g×f6 17. Kh1 + =) 15. c×d4 Lf5?! (Schwarz setzt sich darüber hinweg, daß die Punkte b7 und f7 anfällig sind. Bei 15. – b5! wäre der weiße Vorteil kaum der Rede wert.) 16. Db3 Le4 (Nach Beendigung der Partie wies Larsen auf die Fortsetzung 16. – Tad8 17.

Se5 T×d4?! hin, die aber kaum befriedigend sein dürfte.) 17. Se5 Ld5

Larsen äußerte später, daß er die folgende kleine Kombination nicht übersehen, doch deren Folgen unterschätzt habe. Allerdings konnte er den Punkt f7 ohnehin nicht mehr anders decken, denn 17. – Dc7 18. Tac1 De7 19. Tfe1 wäre unerträglich.

18. Sd7 L×c4 (Auf 18. – S×d7 erobert Weiß mit 19. L×d5 Tab8 20. L×b7! einen Bauern, da sich die Fesselung wegen der Schwenkung Df3 nicht ausnutzen läßt.) 19. S×f6+ g×f6 (Dank der taktischen Wendung hat Weiß erreicht, daß die gegnerische Königsstellung aufgerissen ist.) 20. D×c4 Tac8 21. Db3 b6 (Sofort Tc3 taugte nichts, da der b-Bauer hängt. Larsen hat auf die Möglichkeit 21. – Dc3?! 22. D×b7 D×d4 verwiesen. Danach hätte sich zwar das Material reduziert, aber die schwarze Königsstellung bliebe nach wie vor verwundbar; obendrein wäre Weiß seinen isolierten Bauern losgeworden.) 22. Df3 Kg7 23. Tae1!

„Das war der schwerste Zug der Partie, obwohl er naheliegend zu sein scheint. Nur galt es, ihn gegen andere, sich ebenfalls aufdrängende Züge sorgfältig abzuwägen. Beispielsweise erhält Schwarz nach 23. d5 mit 23. – Dc3 und auf 23. Tad1 durch 23. – Tc3 Gegenchancen. Es dauerte eine ganze Weile, bis ich sah, wie ich nach 23. Tae1 Tfe8 fortsetzen wollte. 24. Te3 gefiel mir nämlich nicht wegen 24. – T×e3 25. f×e3 Dg5! Paradoxerweise steht der schwarze Turm aber auf c8 schlechter als auf f8. Der Sinn des Tempoverlustes 23. Tae1 Tfe8 24. Td1! erschließt sich erst dann, wenn man bedenkt, daß das Gegenspiel durch 24. – Tc3 wegen der Antwort 25. Dg4+ Dg5 26. Dd7! jetzt weniger wirksam ist." (Portisch)

**23. – Tfd8** (23. – Tc3 24. Te3 T×e3 25. f×e3 Dg5 wäre schwächer, denn nach 26. e4! dürfte der Turm f8 wegen e4–d5 nicht ziehen.) **24. Te4 h5 25. h4!** (Nimmt der feindlichen Dame das Feld g5.) **25. – Dd5 26. Tfe1 Tc4?!** (Das ist nur scheinbar aktiv. Verhältnismäßig besser war 26. – Tc6.) **27. Dg3+ Kf8 28. Df4 Kg7 29. T1e3 Tc1+ 30. Kh2 Tc6** (Wegen der Drohung Tg3+ muß Schwarz den Bauern f6 decken.) **31. Tg3+ Kh7 32. Te7 a5 33. De3 Tcd6 34. Dd3+!** (Die Dame nähert sich schrittweise der c-Linie. Von dort aus vermag sie die schwarze Königsstellung nicht nur diagonal, sondern auch horizontal – von c7 aus – zu bedrohen.) **34. – Kh8 35. De2 Kh7 36. Dc2+ Kh8?!**

Übersieht die folgende durchschlagende Kombination. Portisch bemerkt, daß auf 36. – Kh6 die Entgegnung 37. Dc1+! Kh7 38. Dc7! sehr stark sei. Die Beweisführung ist aber gar nicht einfach:
a) 38. – T6d7 39. Dc2+ Kh6 40. Dc1+ Kh7 41. Te5! f×e5 42. Dg5
b) 38. – T8d7 39. Dc2+ Kh6 40. Dd2+ Kh7 41. Dd3+ Kh6 42. De3+ Kh7 43. Te8 (droht 44. Th8+!) 43. – Td8 44. T3g8! T×e8 45. D×e8, in beiden Fällen mit Gewinn.

**37. Tg6!**
Dieser taktische Schlag ermöglicht den weißen Türmen den Einbruch ins gegnerische Lager. 37. – f×g6 38. D×g6 oder 37. – f5 38. Tg5 führt sofort zum Verlust.

**37. – Tg8 38. Th6+ Kg7 39. Th7+ Kf8 40. Th×f7+!**
(Der Auftakt zu einer genau berechneten Abwicklung. Scheinbar erhält Schwarz genügenden Gegenwert für die Dame, aber seine Türme finden keine Zeit, sich gegenseitig zu decken.) **40. – D×f7 41. T×f7+ K×f7 42. Dc7+! Ke6 43. Dc4+ Td5 44. Dc6+ Td6 45. d5+! Ke7 46. Dc7+ Td7 47. d6+!**

Das harmonische Zusammenspiel von Dame und Bauer ist beeindrukkend. Die Schlußkombination, die Matt oder Turmgewinn ergibt (47. – Ke8 48. Dc8+ Td8 49. De6+ Kf8 50. De7 matt!), könnte einer Studie entstammen.
Schwarz gab auf.

## NIMZOWITSCH-INDISCHE VERTEIDIGUNG

### 59.

#### Donner–Portisch
#### Schacholympiade, Skopje 1972

**1. d4 Sf6 2. c4 e6 3. Sc3 Lb4 4. e3 c5 5. Ld3** (Der von Schwarz gewählten Zugfolge tritt der Anziehende oft auch mit 5. Sge2 entgegen. Nach dem Textzug würde 5. – 0–0 6. Sf3 zur Hauptvariante führen, aber Portisch hat etwas anderes im Sinn.) **5. – Sc6 6. Sf3 L×c3+!?**
Eine relativ selten vorkommende Variante, die nach dem Wettkampf Spasski–Fischer, Reykjavik 1972, in Mode gekommen ist. Portisch hat sie aber auch schon einige Male zuvor gespielt.
In der Nimzowitsch-Indischen Verteidigung zieht Weiß häufig a3, wobei er sogar unter Tempoverlust einen Doppelbauern in Kauf nimmt, um sich eines starken Bauernblocks im Zentrum und des Läuferpaars zu versichern. Hier liegen die Dinge indes anders. Da der Anziehende seinen Königsspringer bereits nach f3 entwickelt hat, bereitet es ihm einiges Kopfzerbrechen, schnell die aggressive Bauernstellung e4–f4 zu erreichen. Der weiße Angriff entfaltet sich also langsamer als gewöhnlich, so daß der Nachteil der Bauernschwäche stärker ins Gewicht fällt. **7. b×c3 d6** (Durch diese Bauernformation wird der Doppelbauer zuverlässig blockiert, und es wird obendrein verhindert, daß der weiße Damenläufer auf der Diagonale a3–f8 aktiv werden kann.) **8. e4** (Am natürlichsten. Spielbar sind auch noch 8. Sd2 e5 9. 0–0 Lg4! 10. f3 Lh5 11. d5 Se7, Kluger–Csom, Budapest 1971, oder 8. 0–0 e5 9. Sg5!? 0–0 10. f4 e×d4 11. c×d4 h6 12. Sf3 c×d4 13. e×d4 d5! =, Plister–Mednis, Amsterdam 1986.) **8. – e5 9. d5** (In Betracht kam 9. h3!?, um die Spannung im Zentrum aufrechtzuerhalten.) **9. – Se7!** (Früher bevorzugte man 9. – Sa5 mit Druck auf den Bauern c4, doch ist dann die schwarze Königsstellung relativ ungeschützt.) **10. Sh4!** (10. Sd2 h6 11. Sf1 Sg6 12. Se3 Da5 ~) **10. – h6** (Droht gelegentlich g5. Falls 10. – Sg6? geschieht, so folgt 11. Sf5!) **11. f3?!**
Ziel dieses Zuges ist es, den nach e3 gelangenden Läufer zu sichern und später g2–g4 folgen zu lassen. Natürlicher ist aber die in dem erwähnten Wettkampf um die Weltmeisterschaft angewandte Fortsetzung 11.f4!Sg6!(Nach 11. – e×f4 12. L×f4 g5 13. e5! entstehen große Verwicklungen, die jedoch eher für Weiß günstig sind.) **12. S×g6 f×g6**, ob-

wohl Schwarz nach 13. f×e5? d×e5
14. Le3 b6 15. 0–0 0–0 16. a4 a5 17.
Tb1 Ld7 in Vorteil kam, weil das
weiße Läuferpaar zur Passivität ver-
urteilt war. Vorzuziehen ist indessen
13. 0–0 0–0 14. f5! g×f5 15. e×f5
e4!? 16. Le2, früher oder später
gefolgt von g4.

**11. – Da5!** (Die von Portisch ge-
wählte Entwicklungsmethode stellt
den ganzen weißen Aufbau in Fra-
ge.) **12. Dc2 g5! 13. Sf5 S×f5!**
(Ohne das Zugpaar Da5/Dc2 pflegte
man hier früher mit dem Läufer,
für den man keine rechte Anwen-
dung hatte, auf f5 zu schlagen.) **14.
e×f5 Ld7** (Nun zeigt sich der Sinn
des 11. Zuges: Der Läufer wird über
a4 ins Spiel gebracht.) **15. h4**
(Weiß verläßt sich auf sein „aktives"
Läuferpaar. Er hatte indes keine
Zeit mehr, das Feld g4 zu blockie-
ren, denn nach 15. g4 La4! 16. Dd2
0–0–0 17. h4 e4! erlangt Schwarz
Gegenspiel.

**15. – g4 16. f×g4?!** (Die Linien-
öffnung begünstigt allein den Nach-
ziehenden. Zäher war 16. h5!?)
**16. – S×g4 17. Le2** (Weiß vertraut
offenbar darauf, daß er nach 17. –
Tg8 vorteilhaft auf g4 tauschen bzw.
nach 17. – h5 18. 0–0 mit 19. L×g4
h×g4 20. g3 die Stellung abriegeln
kann.) **17. – Tg8!** (17. – L×f5??
18. D×f5 D×c3+ 19. Kd1 D×a1
20. L×g4) **18. L×g4?** (Nach 18.
0–0 f6! 19. L×g4 T×g4 20. L×h6
0–0–0 würde 21. – Tdg8 drohen,
nach 19. h5 0–0–0 dagegen 20. –
Tg7 = +.) **18. – T×g4 19. L×h6**

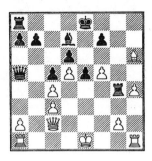

**19. – L×f5!**
Entscheidet den Kampf sofort. Der
weiße König befindet sich in einer
auswegslosen Lage, denn er kann
sich vor den Schachgeboten nie auf
der Grundreihe verstecken, weil
dann der Turm a1 hinge.
**20. D×f5** (20. Dd2 Le4 –+)
**20. – D×c3+ 21. Kf2** (21. Ke2
Db2+) **21. – Db2+ 22. Ke3 T×g2!**
Gegen die vielen Mattdrohungen ließ
sich nichts mehr ausrichten, deshalb
gab Weiß auf.

## NIMZOWITSCH-INDISCHE
## VERTEIDIGUNG

### 60.

### Portisch–Bobozow
### Schacholympiade, Skopje 1972

**1. d4 Sf6 2. c4 e6 3. Sc3 Lb4 4. e3 c5
5. Ld3 b6?!** (Es wäre vorsichtiger
gewesen, erst Sf3 abzuwarten, denn
jetzt vermag der Anziehende das
Feld e4 leichter zu kontrollieren.)
**6. Sge2! Lb7 7. 0–0 c×d4** (Schwarz
muß dem Läufer b4 den Rückzug
sichern. Nach 7. – 0–0 wäre 8. d5!

sehr stark.) **8. e×d4 Le7** (Schwarz wäre aller Sorgen ledig, wenn er im richtigen Moment zu d5 käme. Sofort 8. – d5? verbot sich jedoch wegen 9. Da4+ Sc6 10. c×d5 e×d5 11. Lb5 Dd6 12. Lf4 –+.) **9. d5!** (Erreicht das strategische Ziel, die Aussperrung des Läufers b7, mit taktischen Mitteln.) **9. – e×d5?** (Die Annahme des Bauernopfers ist äußerst gefährlich. Schlecht war indes 9. – 0–0 wegen 10. d6! L×d6 11. L×h7+ K×h7 12. D×d6 nebst 13. Lf4 und 14. Tad1 bzw. 9. – d6 wegen 10. Sg3 0–0 11. Te1 usw. +=, O'Kelly–Portisch, Palma de Mallorca 1967.) **10. c×d5 S×d5** (Schwarz hat keinen besseren Zug, da 10. – 0–0 11. d6 oder 10. – d6 11. Lb5+! für ihn noch unerfreulicher wäre.) **11. S×d5 L×d5 12. Sf4!** (Verfehlt wäre 12. L×h7 wegen 12. – L×g2! Seinerzeit lehrte Tarrasch, daß in einer offenen Stellung zwei Tempi einen Bauern aufwiegen. Schwarz befindet sich jetzt in einer Zwangslage, denn auf 12. – Le6 entscheidet bereits 13. S×e6! f×e6 14. Dh5+ bzw. 13. – d×e6 14. Le4.) **12. – Lb7 13. Te1!** Danach gerät der schwarze König auf der offenen Linie früher oder später in Bedrängnis, denn 13. – 0–0 scheitert an dem Zerstörungsopfer 14. Dg4! g6 (14. – h6 15. Df5) 15. S×g6!, z. B. 15. – f×g6 16. L×g6 h×g6 17. D×g6+ Kh8 18. Te5! usw. Der Versuch, die Rochade durch 13. – g6 vorzubereiten, schlägt ebenfalls fehl: 14. De2! Kf8 15. Sd5! L×d5 16. Lh6+ Kg8 17. De5.

**13. – Sc6 14. Sh5!** (Desorganisiert die Verteidigung vollends. Nach der schablonenhaften Fortsetzung 14. Sd5? – nach dem Motto: Springer gehören ins Zentrum! – käme Schwarz zur Rochade.) **14. – Kf8** (Bei anderen Zügen ist der Gewinnweg ebenfalls sehenswert, z. B. 14. – g6 15. Sf6+ Kf8 16. Lh6 matt oder 14. – 0–0 15. S×g7! – auch 15. Lh6! Lf6 16. L×g7! gewinnt – 15. – K×g7 16. Dg4+ Kh8 17. Df5.)

**15. S×g7!!**
Ebnet den weißen Figuren den Weg: 15. – K×g7 16. Dg4+ Kf8 17. Lh6+ Ke8 18. Dg7 d5 (18. – Tf8 19. D×f8 matt!) 19. Lf5! führt zum Matt.
**15. – h6 16. Sf5 Lg5 17. Sd6 Dc7** (Trotz aller Verteidigungsbemühungen hat Schwarz in der Nähe seines Königs noch einen weiteren verwundbaren Punkt, und zwar auf f7. Diesen nimmt Portisch jetzt aufs Korn.) **18. Lg6! Se7** (18. – f×g6 19. Df3+ usw.) **19. L×f7 Th7 20. Lb3 Dc6 21. S×b7 D×b7 22. L×g5 h×g5 23. Dd3! Tg7 24. T×e7!** Elegant bis zum Schluß! Der Sinn

des Opfers ist, daß Weiß nach 25. Ld5 nebst Damenschach alles mit Zinsen zurückerobert.

**24. – K×e7 25. Ld5**
Schwarz gab auf.
Dies dürfte die schönste Partie der Schacholympiade in Skopje gewesen sein. Portisch bewarb sich mit ihr um den Schönheitspreis, war aber aus Zeitmangel nur in der Lage, sie mit kurzgefaßten Analysen einzureichen. Die Jury, die sich ebenfalls in „Zeitnot" befand, zog jedoch eine farblosere, aber ausführlicher glossierte Partie vor.

## BENONI-VERTEIDIGUNG

### 61.

#### Portisch–Larsen
#### San Antonio 1972

**1. d4 e6 2. c4 c5 3. d5 e×d5 4. c×d5 d6 5. Sc3 g6 6. Sf3 Lg7 7. Lf4 Sf6** (Obwohl Larsen in der Eröffnung wieder eigene Wege ging, hat sich mit Zugumstellung eine Variante der Benoni-Verteidigung ergeben. Will Schwarz der folgenden Fortsetzung ausweichen, kann er 7. – a6 antworten, obgleich er nach 8. a4 etwas unter Raummangel zu leiden hat.)
**8. Da4+** (Ein nutzbringender Tempoverlust! Der Kern der Sache ist, daß Schwarz gezwungen wird, seinen Damenläufer nach d7 zu ziehen, wo er die harmonische Entwicklung der eigenen Figuren behindert.)

**8. – Ld7** (Bei anderen Zügen geht entweder der Bauer d6 oder das Rochaderecht verloren.) **9. Db3 Dc7** (Gegenwärtig wird 9. – b5! für viel stärker gehalten, z. B. 10. L×d6 Db6 11. Le5 0–0 12. e3 c4 13. Dd1 Sa6 ~, van der Sterren–Winants, Budel 1987, oder 10. S×b5?! L×b5! 11. D×b5+ Sbd7 12. L×d6 Se4 13. Le5 0–0 = +, Zs. Polgár–Illescas, Bilbao 1987.)
**10. e4** (10. L×d6? D×d6 11. D×b7 Db6! 12. D×a8 D×b2–+) **10. – 0–0 11. Le2** (Die früher gebräuchliche Spielweise 11. Ld3 ergibt nach dem heutigen Stand der Theorie nur gleiche Aussichten: 11. – Te8 12. 0–0 c4! 13. D×c4 D×c4 14. L×c4 S×e4 usw.)
**11. – Sh5?**
Die Einleitung zu einer riskanten Aktion, die von Portisch widerlegt wird. Die Theorie empfiehlt 11. – a6 12. a4 Lg4 als annehmbar für Schwarz, aber Portisch brachte im Interzonenturnier 1970 Fischer mittels 12. e5! d×e5 13. L×e5 Dc8 14. 0–0 Lg4 15. h3 in eine schwierige Lage, aus der sich dieser nur mit Mühe und Not ins Remis zu retten vermochte. Die besten Chancen bietet wahrscheinlich das Opfer des Bauern d6 durch 11. – Lg4! In der Partie Petrosjan–Nievergelt, München 1958, folgte darauf 12. Sb5?! Da5+ 13. Sd2 c4? 14. D×c4 Tc8 15. Dd3 L×e2 16. D×e2 S×e4 17. 0–0 S×d2 18. L×d2 Da6 19. Lf4 mit überlegener Stellung für Weiß, doch hätte 13. – L×e2! 14. K×e2 a6! 15. S×d6 b5 scharfes

Spiel mit annähernd gleichen Aussichten ergeben. Anstelle von 12. Sb5 ist es aber klüger, die Entwicklung zu vollenden.

**12. Le3 Sa6 13. Sd2 f5?!** (Ein Bauernopfer, das mit dem Scheinopfer des Springers h5 verbunden ist.) **14. e×f5 g×f5 15. L×h5 f4 16. 0–0 f×e3 17. f×e3 Sb4**
Bei seiner häuslichen Vorbereitung hat Larsen die Variante wohl nur bis zu diesem Zug analysiert. Auf den ersten Blick glaubt man tatsächlich, daß Schwarz für den geopferten Bauern ausreichende Kompensation besitzt. Er verfügt nämlich über das Läuferpaar, der rückständige Bauer auf der e-Linie scheint anfällig zu sein, der Punkt d4 wird im Falle von e3–e4 schwach, und obendrein kann das Feld e5 unter Umständen zu einem starken Stützpunkt ausgebaut werden. Dieses Urteil ist jedoch einseitig, denn auch Schwarz hat zwei ernste Schwächen auf e6 und h7, die sich Weiß, gestützt auf seinen Mehrbauern, zunutze machen kann.

**18. Sce4! a5** (zu 18. – h6 war wegen 19. Sc4! keine Zeit mehr.) **19. Sg5!** (Nach 19. a3? a4 ginge der Bauer d5 verloren.) **19. – a4 20. Dc4 h6** (Das ist wegen der Drohung 21. De4 – dieser Zug würde auch auf 20. – L×b2 folgen – erzwungen.) **21. Se6** (Falsch wäre 21. Lf7+ T×f7! 22. S×f7 Le8!, denn der weiße Springer säße in der Falle.) **21. – L×e6 22. d×e6** Der tief im feindlichen Lager stehende Bauer e6 ist ein starker Trumpf in der Hand

von Weiß. Der eventuelle Vorstoß e7 bindet nämlich einen Teil der schwarzen Streitkräfte.

**22. – d5 23. Lf7+ Kh8 24. Dh4 De5** (Die einzige Möglichkeit, Gegenspiel zu bekommen. Übrigens mußte auch die Drohung 25. Tf6 beachtet werden.) **25. Sf3!** Dank seinem ausgeprägten Gefühl für taktische Zusammenhänge erkennt Portisch, daß nicht der Schutz des Bauern e3, sondern die schnelle Mobilisierung seines Springers das Gebot des Augenblicks ist. Die sich öffnende e-Linie kommt zudem dem Bauern e6 zugute.

**25. – D×e3+** (25. – D×b2 26. Dh5! – droht 27. e7 – 26. – Df6 27. Sh4!) **26. Kh1 Sd3!**

Die Pointe der Verteidigung. Doch nach dem folgenden geistreichen Qualitätsopfer fällt dem Vorposten e6 die Hauptrolle zu.

**27. Tae1! S×e1 28. T×e1 Dd3 29. Dh5** (Nun läßt sich die Drohung e7 nicht mehr parieren.) **29. – a3!? 30. b3!** (Bevor Weiß zum entscheidenden Schlag ausholt, unterbindet er jedes Gegenspiel.) **30. – Lc3!? 31. e7! Kg7** (Es drohte 32. D×h6+

mit Matt in einigen Zügen.) **32. e×f8D+ T×f8**
Weiß besitzt zwar eine Mehrfigur, aber Turm und Läufer hängen. Doch Portisch hat beizeiten einkalkuliert, daß er siegbringenden Angriff erhält, sobald der feindliche Läufer die große Diagonale verläßt. **33. L×d5! L×e1 34. De5+!** (Der Höhepunkt der Kombination. Der schwarze König darf jetzt wegen 35. Le4+ weder nach g6 noch nach h7 ausweichen.) **34. – Tf6 35. De7+!** Der Gnadenstoß. Schwarz büßt entweder den Turm mit Schach oder die Dame ein, deshalb gab er auf.

## NIMZOWITSCH-INDISCHE VERTEIDIGUNG

### 62.

**Portisch–Karpow**
**San Antonio 1972**

**1. d4 Sf6 2. c4 e6 3. Sc3 Lb4 4. e3 c5 5. Ld3 0–0 6. Sf3 d5 7. 0–0 d×c4 8. L×c4 Sbd7 9. De2 c×d4!?**
In der 8. Partie setzte Portisch hier als Nachziehender mit 9. – b6 fort. Sehr oft wird auch 9. – a6 gespielt. Mit dem Textzug befreit Karpow zwar den Läufer c1, vertraut aber darauf, später die Schwäche des vereinzelten Damenbauern ausnutzen zu können.
**10. e×d4 b6 11. d5!** (Weiß entledigt sich seines isolierten Bauern und hofft, dank der sich öffnenden Linien die Initiative ergreifen zu kön-

nen. Allerdings kam auch in Betracht, die Spannung aufrechtzuerhalten.) **11. – L×c3 12. d×e6 Lb4 13. e×d7 D×d7!** (13. – S×d7? 14. Lg5 Dc7 15. Tac1 +–) **14. a3?!** Treibt den Läufer auf ein besseres Feld und vergibt dadurch den Vorteil. 14. Se5! hätte den Nachziehenden vor größere Probleme gestellt. **14. – Ld6 15. Td1** (15. Lg5 Df5!) **15. – Dc7** (Ursprünglich hatte Weiß wohl angenommen, daß der Gegner die c-Linie nicht rechtzeitig zu besetzen vermag, zumal dessen Dame auf den offenen Linien kein sicheres Feld findet.) **16. – h3** (Weiß ist genötigt, ein Tempo zu verlieren, damit der nach e3 ziehende Läufer nicht durch Sg4 belästigt werden kann. Doch nun vollendet Schwarz ungestört seine Entwicklung und gleicht das Spiel aus.) **16. – Lb7 17. Le3 Tae8?!**
„Angesichts dieses Verzichts auf die c-Linie fühlte ich, daß mein Gegner seine Chancen überschätzt und danach trachtet, die Fesselung auf der e-Linie auszunutzen." (Portisch) Nach 17. – L×f3 18. g×f3 wäre Weiß durch das Läuferpaar und die offene g-Linie ausreichend für den Doppelbauern entschädigt worden. **18. Tac1 Db8 19. Lb5!** (Der Anziehende möchte den starken Läufer b7 abtauschen, um das Feld c6 zu schwächen.) **19. – Te7** (19. – Tc8 20. T×c8 L×c8 21. Lg5! +=) **20. Lc6! L×c6**
„Auf sofort 20. – Lc5 plante ich 21. Sd4, worauf 21. – De5 wegen 22. Df3 unwirksam ist. Auch 21. – L×d4

22. T×d4 Tc8 ist gefahrlos, weil Weiß 23. Tcd4 und auf 23. – La6 einfach mit 24. Lb5 antworten kann. Weiß behält dann einen Läufer gegen den Springer und hat leichten Positionsvorteil." (Portisch) Nach Milić gleicht 20. – Lf4 21. L×f4 T×e2 22. L×b8 T×b8 23. Sd4 Te5 das Spiel aus, aber darüber läßt sich streiten, da Weiß über die Fortsetzung 24. f4 gebietet. Der Anziehende kann aber auch zuvor abweichen, z. B. 23. L×b7 T×b7 24. Tc8+ Te8 25. T1d8 Kf8 26. Sd4, wonach er einen kleinen, aber dauerhaften Vorteil besitzt.

**21. T×c6 Lc5** (21. – Td8?! 22. Sd4! +–)

**22. T×f6!**
Dieses Opfer bietet gute praktische Chancen, zumal Schwarz bei genauester Verteidigung höchstens Remis zu erreichen vermag.
**22. – g×f6 23. Sd4 L×d4** (Erzwungen, denn Schwarz durfte Sf5 nicht zulassen.) **24. T×d4 De5 25. Df3 Kh8??** Verliert sofort. 25. – f5! 26. Td5! De4? (26. – Dg7 27. Ld4 f6 28. T×f5 +=) 27. Dg3+ Kh8 28. Lh6 De1+ 29. Kh2 Tg8 30. Td8!!

Tee8 31. T×e8 D×e8 32. Dc3+ führt zwar zum Matt, aber mit 26. – D×b2! nebst Te6–g6 hätte sich Schwarz noch zäh wehren können. Die Aussichten des Anziehenden wären in dieser Variante nicht schlechter, denn er besitzt für die Qualität einen starken Läufer und hat obendrein die Möglichkeit, den gegnerischen König durch h3–h4–h5 zu beunruhigen.
**26. Td5!**
Karpow rechnete nur mit 26. Tf4, worauf 26. – Td8 alle Drohungen pariert hätte. Jetzt indessen ist guter Rat teuer, denn es folgt unabwendbar 27. Ld4. Schwarz gab deshalb auf.

## FRANZÖSISCHE VERTEIDIGUNG

### 63.

**Barle–Portisch**
**Ljubljana–Portorož 1973**

**1. e4 e6 2. d4 d5 3. Sd2 Sf6 4. e5 Sfd7 5. Ld3** (Üblich ist auch 5. f4.)
**5. – c5 6. c3 Sc6 7. Se2 c×d4 8. c×d4 f6!?** (Portisch bevorzugt im allgemeinen die mit Sb6 beginnende Leningrader Variante. Der Textzug wird selten gespielt.)
**9. Sf4!?**
In Hinblick auf die Drohung 10. Dh5+ sieht der Textzug sehr kräftig aus, aber nach dem folgenden Qualitätsopfer wird die Lage zumindest unklar. Hier kommt noch

9. e×f6 in Frage.
**9. – S×d4! 10. Dh5+ Ke7 11. Sg6+?** (Energischer scheint 11. e×f6+ S×f6 12. Sg6+ h×g6 13. D×h8 Kf7 14. 0–0 e5 usw. mit beiderseitigen Chancen zu sein.) **11. – h×g6 12. e×f6+ K×f6!** Laut Keres schlägt 12. – S×f6 13. D×h8 Kf7 zum Vorteil für Schwarz aus, aber Portisch gibt seinem jungen Gegner keine Gelegenheit, eine eventuell vorbereitete Neuerung vorzuführen. Der Textzug ist indes ebenfalls überzeugend, da sich Schwarz die Möglichkeit Sc5 offenhält. **13. D×h8 Kf7! 14. 0–0 Sc5 15. Lb1 e5** (Der Anziehende hat sich nur einen Fehler zuschulden kommen lassen, befindet sich deshalb aber schon in einer wenig beneidenswerten Lage und weiß nicht recht, welchen Plan er wählen soll. Das folgende Bauernopfer ist nahezu erzwungen.) **16. Sb3 Sc×b3 17. a×b3 Le6!** (Portisch überstürzt nichts! 17. – S×b3?! 18. Ta3! hätte Weiß noch Gegenchancen eingeräumt.) **18. Dh7 Df6 19. h4 Se2+ 20. Kh1 e4!** (Bereitet einen durchschlagenden Angriff auf der Diagonale h2–b8 vor.) **21. Lg5 De5 22. Te1 Ld6 23. f4 e×f3 e. p. 24. D×g6+ Kf8** Weiß gab auf.

## GRÜNFELD-INDISCHE VERTEIDIGUNG

**64.**

**Portisch–W. Schmidt**
**Europa-Mannschaftsmeisterschaft**
**Bath 1973**

**1. d4 Sf6 2. c4 g6 3. Sf3 Lg7 4. g3 0–0 5. Lg2 d5 6. 0–0 Sc6** (Gebräuchlich ist außerdem 6. – c5 und 6. – d×c4.) **7. c×d5 S×d5 8. Sc3 Sb6** (Jetzt wäre es weniger gut, auf c3 zu schlagen, da der Nachziehende nicht mit c7–c5 unmittelbar Einfluß auf das Zentrum nehmen kann.) **9. e3** (Nach 9. d5 Sa5 10. e4 c6 hätte Schwarz leichteres Spiel als in der Partie.) **9. – e5** (Gegenwärtig ist dieser Zug sehr beliebt, aber die ältere Fortsetzung 9. – a5, gefolgt von Le6–c4 oder a5–a4, dürfte zuverlässiger sein.) **10. d5 Sa5!?** (10. – Se7 11. e4 Lg4 12. h3 +=). **11. e4 c6 12. Lg5!** (Ein wichtiger Zwischenzug, der Schwarz zwingt, den Läufer g7 zu verstellen und die Diagonale a2–g8 zu öffnen.) **12. – f6 13. Le3 c×d5 14. L×b6** (Verbürgt die Eroberung des Punktes d5. Zu erwägen war auch 14. e×d5, z. B. 14. – Lg4 15. h3! L×f3 16. L×f3 f5

135

17. Tc1 Tf7 18. b3! ±, Piguschow-Kraschenkow, Sowjetunion 1987.)
**14. – D×b6!** (14. – a×b6 15. D×d5+ Kh8 16. Tfd1 De7 17. Db5 Dc5 18. Td5 +–, Smejkal-Lombardy, Siegen 1970) **15. S×d5 Dd8** (15. – D×b2?? 16. Sc7 Tb8 17. Dd5+) **16. Tc1 Sc6** (Der polnische Meister hatte sich dieser Variante als Anziehender auf der Olympiade in Skopje bedient und daraufhin diesen und die folgenden beiden Züge im „Schach-Informator" für Schwarz empfohlen.) **17. Db3 Tf7 18. Tfd1 Le6 19. Da4 Td7**
Durch dieses Manöver hoffte Schwarz, Ausgleich zu erzielen.
**20. h4!** (Droht, den gegnerischen Königsflügel aufzulockern und leitet einen tiefdurchdachten Plan ein.) **20. – Lf8?**
Auf die Dauer ist der gewaltige Springer auf d5 unerträglich. Da er sich später nur unter ungünstigen Umständen beseitigen läßt, mußte der Versuch gewagt werden, ihm unverzüglich auf den Leib zu rükken. Sofort 20. – L×d5? war allerdings schlecht wegen 21. e×d5 Se7 22. Lh3!, aber nach 20. – Se7!

ist kein klarer Vorteil für Weiß zu sehen, denn die Abwicklung 21. S×e7+ D×e7 22. T×d7?! D×d7 23. D×d7?! L×d7 24. Tc7 Lc6 wäre nicht erstrebenswert. Sonst ist auch 20. – Kh8 nebst Lg8 und f5 in Betracht zu ziehen.
**21. Kh2!!**
Ein außerordentlich versteckter Zug! Portisch möchte die weißfeldrigen Läufer abtauschen, wonach es Schwarz sehr schwerfällt, sich anstandslos des Vorpostenspringers d5 zu entledigen.
**21. – Kg7 22. Lh3 L×h3 23. K×h3 De8** (23. – Se7?? 24. S×e7 T×d1 25. T×d1 D×e7 26. Td7) **24. Kg2 Tad8 25. h5 Df7** (25. – g×h5 26. Sh4!) **26. h×g6 h×g6 27. Th1! Kg8 28. Dc4! Lg7** (Es drohte 29. S×f6+, und 28. – Kg7 taugte nichts wegen 29. Th3! nebst 30. Tch1.) **29. b4!** (Portisch bedrängt seinen Gegner an beiden Flügeln. Dieser entschließt sich nun, den lästigen Springer zu beseitigen, aber die erhoffte Entlastung bleibt aus.) **29. – Se7 30. S×e7+ T×e7 31. De2!** (Die Dame wird noch beim Angriff gebraucht.) **31. – Ted7 32. Tc2 a6 33. Sh4!** (Enthüllt die Verwundbarkeit der gegnerischen Königsstellung. Schwarz wird bald vor die unangenehme Wahl gestellt, entweder die starke Springerstellung auf f5 zu gestatten oder in ein schlechtes Endspiel einzulenken.) **33. – Td4 34. Dg4 f5** (Erzwungen, denn nach 34. – g5 35. Sf5 Td2 36. T×d2 T×d2 37. S×g7 K×g7 38. Dc8 gewänne Weiß sofort.)

35. D×g6 D×g6 36. S×g6 f×e4
37. Se7+ Kf7 38. Sf5 T4d7 39.
Te1! Kf6 (Verlorene Liebesmühe.
Angesichts der unvermeidlichen
Materialeinbuße und der Schwäche
des e-Bauern ist das Turmendspiel
hoffnungslos für den Nachziehenden,
der nach Lf6 allerdings noch zusätz-
lich den Springer f5 zu erdulden
gehabt hätte.) 40. S×g7 K×g7
41. T×e4 Kf6 42. Th4 Td4 43. Th6+
Kf5 44. Tb6 Td2 (Ratsamer war es,
mit 44. – T8d7 beide Turmpaare
auf dem Brett zu behalten, ob-
wohl nach 45. Tc8 am Sieg von
Weiß nicht zu rütteln ist.) 45. T×d2
T×d2 46. a4 Td7 47. a5! (Präzise
Technik! Portisch bereitet den Tausch
der störenden Bauern vor und legt
gleichzeitig die Schwäche b7
fest.) 47. – e4 48. b5
Schwarz gab auf, weil 48. – a×b5
49. T×b5+ Kg4 50. Tc5 Td4 51.
T×e4+! aussichtslos ist, er aber
das Manöver Kg2–f1–e2–e3×e4 in-
folge des anfälligen Bauern b7 an-
ders nicht verhindern kann.

SIZILIANISCHE
VERTEIDIGUNG

**65.**

**Portisch–Reshevsky**
**Interzonenturnier**
**Petropolis 1973**

1. c4 c5 2. Sf3 g6 3. e4 Sc6 4. d4
c×d4 5. S×d4 Sf6 6. Sc3 S×d4

(Mit Zugumstellung hat sich aus
der Englischen Eröffnung und der
Sizilianischen Verteidigung die Gur-
genidse-Variante ergeben.)
7. D×d4 d6 8. Lg5! (Die Theorie
hat noch nicht endgültig entschie-
den, welche Aufstellung hier am
wirksamsten ist. Der Textzug hin-
terläßt aber – auch im Hinblick auf
Portischs Neuerung im 10. Zug –
einen vertrauenerweckenden Ein-
druck.) 8. – Lg7 9. Dd2 0–0 (9.–
Le6 10. Tc1 Tc8 11. b3 Da5 12. f3
h6 13. Le3 0–0 +=, Polugajewski–
Beljawski, Sowjetunion 1975) 10.
Ld3! (Dient dem Angriff am Kö-
nigsflügel mittels f4–f5.) 10. – a5?!
Schwarz beabsichtigt a5–a4–a3, um
seinem Königsläufer die große Di-
agonale freizukämpfen. Zudem
beugt er – für den Fall der Springer-
wanderung nach c5 – dem Auf-
marsch b2–b4 vor. Diese Manöver
sind jedoch viel zu langsam und
nicht durchschlagkräftig genug. In
Stellungen dieser Art pflegt man im
allgemeinen mit b7–b5 Gegenspiel
anzustreben, weshalb als Vorberei-
tung die Züge Le6, Da5, a6 nebst
Tc8 in Betracht kommen.
**11. 0–0 a4** (11. – Le6!?) **12. Tac1 Le6**
**13. Dc2 Sd7 14. f4!** (Von nun an
liegt ständig der Offensivzug f4–f5
in der Luft. 14. S×a4? wäre wegen
des Doppelangriffs durch 14. – Da5
ein grober Fehler gewesen.) **14. –**
**Tc8 15. b3 a×b3 16. a×b3 Sf6**
(Schwarz erkennt die Gefahr und
zieht deshalb den Springer zur Ver-
teidigung zurück.) **17. Kh1 Da5 18.**
**f5 Ld7 19. Sd5 Dd8** (Reshevskys

137

Spielführung wirkt unentschlossen, aber er hatte keine Wahl, denn nach 19. – S×d5 20. e×d5 müßte er sich früher oder später zu f7–f6 bequemen, wonach er an den Schwächen der Punkte e7 und e6 sowie an dem eingesperrten Läufer zugrunde ginge.) **20. Df2!** (Überführt die Dame zum Königsflügel.) **20. – Lc6** (Schwarz möchte sich des Springers d5 entledigen und ihn gegen den Läufer abtauschen, der für den Schutz des Königs weniger leistet als der Springer f6.) **21. Dh4 L×d5 22. e×d5** (Nach diesem beinahe erzwungenen Abtausch entpuppt sich der Bauer e7 als Sorgenkind.) **22. – Te8** (Es drohte Tf3–h3 nebst L×f6 und D×h7+, wogegen sich Schwarz mittels Sf6– –d7–f8 verteidigen möchte.) **23. Tf3! Sd7 24. Tcf1 Lf6** (Auf die konsequente Fortsetzung 24. – Sf8 geschieht 25. f×g6 S×g6 26. L×g6 f×g6 27. Th3 h5 28. De4 Tf8 29. T×f8+ D×f8 30. Tf3 bzw. 25. – f×g6 26. Th3! – auch 26. Tf7! ist gut –, und es droht 27. T×f8+ K×f8 28. D×h7 nebst 29. Tf1+ Lf6 30. Lh6 matt.) **25. Th3 Sf8 26. f×g6 f×g6**

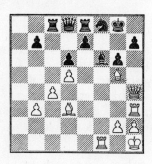

**27. L×g6!** Dieses Zerstörungsopfer beraubt den feindlichen König seines Bauernschutzes. **27. – h×g6** (27. – S×g6 28. D×h7+ Kf8 29. Lh6+) **28. T×f6!** Nach diesem mustergültigen Einschlag ist jeder weitere Widerstand zwecklos, und Schwarz gab angesichst der Zugfolge 28. – e×f6 29. Dh8+ Kf7 30. Th7+! S×h7 31. D×h7+ Kf8 32. Lh6 matt die Partie auf.

## ENGLISCHE ERÖFFNUNG

### 66.

**Portisch–Keres**
**Interzonenturnier zur**
**Weltmeisterschaft**
**Petropolis 1973**

**1. c4 Sf6 2. Sc3 e6 3. Sf3 c5 4. g3 d5 5. c×d5 S×d5 6. Lg2 Le7 7. 0–0 0–0 8. d4 Sc6 9. S×d5 e×d5 10. Le3** Wegen einer näheren Untersuchung der Eröffnung vergleiche man die Anmerkungen zur 16. Partie. Beide Großmeister hatten dieselbe Variante erst einige Monate zuvor in San Antonio gespielt. Jetzt weicht Portisch indessen von der bewährten Fortsetzung 10. d×c5 ab, weil er eine Neuerung befürchtete. **10. – Lf6** (Spielbar ist auch 10. – c4 11. Se5 f6 12. S×c6 b×c6 13. b3 La6.) **11. d×c5** (Weiß öffnet dem Gegner die große Diagonale, dafür übt aber der Bauer c5 einen Druck auf den schwarzen Damenflügel aus, und die Schwäche d5 tritt zutage. In Betracht kam außerdem 11. Da4 oder 11. Dd2.) **11. – L×b2 12. Tb1 Lf6 13. Se1** (Der Springer strebt nach d3, wo er in der Tat gut postiert wäre, aber dabei wird das Feld e2 schwach. Nach Csom, dem Sekundanten von Portisch, sicherte 13. Sd4 Weiß einen kleinen Vorteil.) **13. – d4 14. Lf4 Dd5?!** Scheinbar eine aktive Fortsetzung, in Wirklichkeit kann sich Weiß jedoch den Ausflug der schwarzen Dame zunutze machen und die Initiative ergreifen. 14. – Te8! hätte dank der Drohung Lg4 ausgeglichen. Von jetzt an spielt Portisch außerordentlich energisch.

**15. Sd3! D×a2 16. Ld6! Te8?**
(In Kenntnis der Folgen wäre 16. – Td8! 17. Sf4 Le5 ∞ besser gewesen.)

Hat Schwarz nun nicht sogar einen Mehrbauern und dazu noch gutes Spiel?
**17. Sf4!**
Die Pointe des Bauernopfers! Es droht 18. Ld5! mit gefährlichem Angriff auf den Punkt f7, und bei einigen Entgegnungen kann auch 18. Sd5 recht unangenehm sein. Der Krebsschaden der schwarzen Stellung liegt in der zurückgebliebenen Entwicklung des Damenflügels, den der gut wirkende Läufer g2 unter Druck setzt. Deshalb versucht Keres, sich durch die Rückgabe des Bauern zu entlasten.
**17. – Lf5 18. T×b7 Le4 19. L×e4! T×e4 20. Db1!** (Wickelt zu einem vorteilhaften Endspiel ab.) **20. – D×b1 21. Tf×b1 Tee8** (Schwarz bemüht sich, der unangenehmen Drohung 22. Tc7 zu begegnen.) **22. Tc7 Tec8** Vielleicht hätte 22. – Se5 bessere praktische Chancen geboten, obwohl der Sieg des Anziehenden bei genauem Spiel über jeden Zweifel erhaben ist. Hier der Beleg 23. Sd5!
a) 23. – Ld8 24. L×e5! T×e5 (24. – L×c7 25. S×c7) 25. Td7 nebst c5–c6–c7 usw.;
b) 23. – a5 24. T1b7 a4 25. Sb6! nebst Ta7;
c) 23. – Sc4 24. T1b7 (Noch einfacher ist vielleicht 24. S×f6+ g×f6 25. Le7! mit der Absicht L×f6 und T1b7 oder sogar 25. T×f7 S×d6 26. S×f6+ g×f6 27. c×d6, und der Angriff auf der 7. Reihe (nach h2–h4–h5–h6 droht Matt), kombiniert mit dem Vorrücken des d-Bauern, dringt schneller durch als das schwarze Gegenspiel.
**23. Tbb7 T×c7 24. T×c7 Sa5** (Da es wegen Sf4–d5–b6 keinen Sinn hat, den Vormarsch des a-Bauern ins Auge zu fassen, verwirft Keres die Antwort 24. – Se5). **25. Sd5**

Ld8 26. Se7+! (Erzwingt den Abtausch des wichtigen Verteidigungsläufers, denn nach 26. – Kh8 27. Td7 wäre die Lage von Schwarz angesichts seines weit entfernten Königs noch aussichtsloser.) 26. – L×e7 27. L×e7 h6 28. c6 Tb8 29. Ld6 Kh7 (Der Nachziehende möchte für den Bauern f7 den Bauern c6 einhandeln, aber das hilft nichts wegen der Schwäche des Punktes g7. Unzureichend wäre auch 29. – Tb1+ 30. Kg2 Tc1 wegen 31. Tc8+ Kh7 32. c7.) 30. T×f7 Tb1+ 31. Kg2 S×c6 32. Tc7! Sd8 (Falls 32. – Tc1 geschieht, so folgt 33. Le5 usw. Der Textzug richtet ebenfalls nichts aus, da der Springer das Feld g7 doch nicht zu schützen vermag.) 33. T×a7 Tb5 34. f4 (Sichert dem Läufer die starke Postierung auf e5. Der Versuch des Nachziehenden, die 7. Reihe zu versperren, scheitert an der Verwundbarkeit des Bauern d4.) 34. – Sb7 35. Le5 Tb4 36. L×d4! g5 37. Kf3 Kg6 38. Ta6+ Kf7 39. e3
Schwarz gab auf.

## DAMENGAMBIT

### 67.

**Portisch–Polugajewski
Dreikampf um den Einzug
ins Kandidatenturnier
Portorož 1973**

1. c4 Sf6 2. Sc3 e6 3. Sf3 d5 4. d4 c6 5. e3 Sbd7 6. Ld3 d×c4 (Die Aufgabe des Zentrums ist im allgemeinen bedenklich, aber hier handelt es sich um die einzige Möglichkeit, den Läufer c8 ins Spiel zu bringen.) 7. L×c4 b5 8. Ld3 Lb7 (Nun soll noch a6 oder b4 geschehen und anschließend mit c5 die große Diagonale geöffnet werden. Die analoge Fortsetzung 8. – a6 9. e4 c5 ist heute wegen 10. d5! nicht mehr so beliebt.) 9. 0–0 (9. e4 ist aussichtsreicher, aber Portisch hat eine Neuerung vorbereitet.) 9. – b4 10. Se4 S×e4 (Fördert nur die bessere Postierung der feindlichen Figuren. Stärker ist 10. – Le7 11. S×f6+ S×f6 12. e4 +=.) 11. L×e4 Le7 (Eine Empfehlung verschiedener Theoriewerke, doch ist 11. – Sf6 vorzuziehen, da der weiße Königsläufer von der großen Diagonale vertrieben wird.) 12. Sd2! (Der 9. schwarze Zug hat das Feld c4 geschwächt, darum begibt sich der weiße Springer unverzüglich dorthin, wobei er gleichzeitig für den Läufer das Rückzugsfeld f3 räumt.) 12. – 0–0 13. b3 Tc8 14. Sc4 Sf6 15. Lf3 Sd5 16. a3! (Öffnet dem Turm eine Linie, wodurch die Schwächen des schwarzen Damenflügels bloßgelegt werden. Weiß ist aus der Eröffnung mit Vorteil hervorgegangen.) 16. – a5
Antoschin hat diesen Zug als verfehlt getadelt und statt dessen 16. – c5 vorgeschlagen, aber nach Csom ist auch das unbefriedigend, z. B. 17. d×c5! Lf6?! 18. Ta2 La6 19. L×d5 +–.
17. Ld2! c5?

Daraufhin kann Weiß dank einer weitberechneten Kombination in ein Endspiel mit einem Mehrbauern einlenken. Deshalb hätte sich der Nachziehende in der stillen Hoffnung auf eine plötzliche Wende mit 17. – Dc7 nebst Tfd8 lieber passiv verhalten sollen.

**18. d×c5 L×c5 19. S×a5 La6** (19. – D×a5 20. c×b4 ist wenig verlockend, aber der Textzug scheint die weiße Kombination sogar zu widerlegen.) **20. a×b4! L×b4** (Schwarz sieht ein, daß der Qualitätsgewinn durch 20. – L×f1 wegen 21. b×c5 Lb5 22. e4! Sf6 23. Lf4! rasch verlieren würde, denn er vermag – u. a. auch wegen der Drohung Ld6 – die feindlichen Damenflügelbauern nicht aufzuhalten.) **21. L×b4 S×b4 22. D×d8** (Auf diese Weise bringt Weiß seinen Königsturm ohne Zeitverlust in Sicherheit.) **22. – Tf×d8 23. Tfd1 T×d1+ 24. T×d1 Kf8 25. h3 Tc5** (Schwarz möchte die Randstellung des Springers a5 ausnutzen, erreicht aber nur, daß die Position weiter vereinfacht wird. Ihm blieb jedoch kaum eine andere Wahl, denn auf den naheliegenden Zug 25. – Ke7 wäre 26. Td4! sehr

stark gewesen, da sich 25. – Tb8? wegen 26. T×b4! verbot.) **26. Td8+! Ke7 27. Tb8 Tb5** (Es wäre um keinen Deut besser gewesen, den Turmtausch zu vermeiden.) **28. T×b5 L×b5** (Bis zum Sieg hat Weiß noch einen weiten Weg zurückzulegen, zumal sein Freibauer blockiert ist.) **29. g3 Kd6 30. Sb7+ Kc7 31. Sc5 h6 32. Lg2!** (Um sich die Gewinnführung zu erleichtern, möchte Portisch noch eine Leichtfigur abtauschen.) **32. – Sa2 33. Lf1! Kc6 34. L×b5+ K×c5** Auf 34. – K×b5 würde sowohl 35. Sb7 als auch 35. Sd3 gewinnen. Der technische Schlußteil der Partie ist typisch für derartige Endspiele und deswegen sehr lehrreich: Der Nachziehende muß ständig den gegnerischen Freibauern bewachen, der sich sonst in eine Dame umzuwandeln droht. Dadurch werden seine Streitkräfte gebunden, und Weiß kann am anderen Flügel eindringen.

**35. Le8 f6 36. Ld7 e5 37. Kg2 e4** (Damit nimmt Polugajewski eine ernste Schwäche in Kauf, denn dieser Bauer bleibt immer schutzbedürftig. Es gab jedoch kein anderes Mittel, den weißen König davon abzuhalten, ungehindert ins schwarze Lager einzubrechen.) **38. h4 Sc1 39. Le6 Sd3 40. h5!** (Legt die schwarzen Bauern fest und ebnet dadurch dem weißen König den Weg.) **40. – Se1+ 41. Kh3 Kd6 42. Lf5 Ke5 43. g4!** (Nach 43. Lh7? hätte 43. – f5! den weißen Sieg erschwert.) **43. – Sc2** (43. – Sd3 44.

f4+!) **44. Kg2 Kd5 45. Lh7 Sb4 46. Kf1 Sc6 47. Ke2 Sb4 48. Kd2 Sa2** und Schwarz gab gleichzeitig auf, denn Weiß überführt seinen Läufer nach b7 und gewinnt mühelos.

## DAMENGAMBIT

### 68.

### Portisch–Petrosjan
### Wettkampf
### im Kandidatenturnier
### Palma de Mallorca 1974

**1. d4 d5 2. c4 e6 3. Sc3 Le7 4. Sf3 Sf6 5. Lg5 0–0 6. e3 Sbd7 7. Tc1 a6 8. c5** (Hier kommt auch 8. a3 und noch mehr 8. a4! in Betracht.) **8. – c6 9. Ld3 b6** (9. – e5!? dürfte richtiger sein, z. B. 10. d×e5 Se8 11. Lf4 Sc5 12. Lb1 Lg4 13. h3 Lh5 14. g4 Lg6 15. Lf3 Sc7 16. h4 h5 ∼, Waganjan–Speelman, London 1984.) **10. c×b6**
Die Erfahrungen der letzten Jahre lehren, daß sich Weiß auf diesen Abtausch einlassen darf, weil der darauf folgende Befreiungszug c6–c5 dem Nachziehenden keinen Ausgleich verspricht. In den eröffnungstheoretischen Büchern wird außerdem noch 10. b4 betrachtet.
**10. – c5!**
Der Exweltmeister versäumt nicht, sofort den befreienden Gegenstoß auszuführen. In der Partie Hort–Portisch, Madrid 1973, setzte Schwarz mit 10. – D×b6 fort, aber Weiß ließ sich überraschend den Bauern b2 schlagen und kam nach 11. 0–0 D×b2 12. Sa4 Db7 13. Se5! in klaren Vorteil.
**11. 0–0 c4**
Auf 11. – D×b6 wäre 12. Sa4 unangenehm. Vermutlich ist aber 11. – c×d4 12. e×d4 S×b6 oder 11. – Lb7 vorzuziehen.
**12. Lc2 S×b6** (12. – D×b6 13. e4!) **13. Se5!** (Der Beginn des Angriffs!) **13. – Lb7** (Der Läufer wirkt hier nur wenig aktiv, aber die Drohung 14. Sc6 ließ sich nicht besser parieren.)
**14. f4 Tb8?**
Petrosjan ist dafür bekannt, daß er heraufziehenden Gefahren rechtzeitig entgegentritt, doch hier ließ ihn sein Spürsinn offenbar im Stich. Laut Großmeister Csom war 14. – Sfd7 nötig, um nach 15. L×e7 D×e7 16. Dh5 über die Erwiderung 16. – f5 zu gebieten. Der weiße Vorteil ist aber auch dann unbestreitbar, und zwar sowohl bei 17. Sf3 als auch bei 17. Tf3 S×e5 18. f×e5 g6 19. Tg3 nebst Se2–f4.
Nach dem Textzug kommt Weiß zu einem heftigen Angriff auf den feindlichen König, wobei sich in einigen Varianten das Feld b8 als ungünstig für den Turm erweist.
**15. f5! Sbd7** (Schwarz hatte keinen besseren Zug, z. B. 15. – e×f5 16. L×f5 g6 17. Lh6 oder 16. – Se4? 17. L×h7+ K×h7 18. Dh5+ Kg8 19. S×f7 usw.) **16. Lf4! Tc8** (Hier zeigt sich, daß der 14. schwarze Zug ein Fehler war. In schwieriger Lage muß der Nachziehende nun noch ein Tempo verlieren, denn 16. –

S×e5 17. d×e5 und 18. f6! wäre für ihn unerträglich.) **17. Df3** e×f5 (Es drohte 18. Dh3.) **18. L×f5** S×e5 **19. d×e5 Se4** (In bedrängter Lage willigt Schwarz ein, die Qualität zu opfern, denn nach 20. L×c8 D×c8! 21. S×e4 d×e4 22. De2 Ld5 besäße er noch gewisse Gegenchancen. Portisch zieht es aber vor, den Angriff fortzusetzen.) **20. S×e4! d×e4 21. Dh3 g6 22. Tcd1 Db6 23. Td7! Tce8**

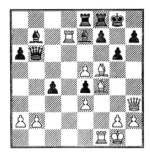

**24. e6!!**
Mit einer Reihe von Opfern lockert Weiß die gegnerische Königsstellung auf. Im Augenblick droht 25. e×f7+ T×f7 26. Le6.
**24. – g×f5** (Auf 24. – Lc6 gibt Csom die Fortsetzung 25. e×f7+ T×f7 26. Le6 L×d7 27. L×f7+ K×f7 28. D×h7+ Ke6 29. D×g6+ mit entscheidendem Vorteil für Weiß an.)
**25. T×e7!**
Dieses neuerliche Opfer beseitigt eine wichtige Schutzfigur. Portischs Spielführung gewährt einen hohen ästhetischen Genuß.
**25. – T×e7 26. Dg3+ Kh8 27. Lh6 f×e6** (Nach 27. – Tg8 28. De5+

f6 29. D×f6+ Teg7 30. Td1 vermag Schwarz die Drohung 31. L×g7+ T×g7 32. Td8+ nicht angemessen zu parieren.) **28. L×f8 Td7 29. Lh6!** (Weiß befindet sich materiell nur geringfügig im Nachteil, er hat aber noch immer starken Angriff. Es droht 30. De5+ Kg8 31. T×f5.) **29. – Da5?!** Die Fortsetzung 29. – Dc5! hätte Weiß vor größere praktische Schwierigkeiten gestellt, am Partieergebnis allerdings nichts geändert, z. B. 30. Lf4! Td5 (30. – h6 31. Dg6) 31. Lg5 Df8 32. Dc7! (32. Dh4 Kg8 33. Lf6 h6) 32. – La8 (32. – Tb5 33. a4! oder 32. – Lc8?? 33. Le7!) 33. Le7! Df7 34. Db8+ Kg7 35. Lb4! usw. mit entscheidenden Drohungen.
**30. Db8+ Dd8 31. De5+ Kg8 32. D×e6+ Tf7 33. T×f5** Schwarz gab auf.

## ANGENOMMENES DAMENGAMBIT

### 69.

**Portisch–Radulow**
**Schacholympiade**
**Nizza 1974**

**1. d4 d5 2. c4 d×c4 3. Sf3 Sf6 4. e3 c5 5. L×c4 e6 6. 0–0 Sc6 7. De2 a6 8. a4**
Rubinsteins Zug. Weiß nimmt eine Schwäche auf b4 in Kauf, behindert dafür aber die Entfaltung des schwarzen Gegenspiels am Damen-

flügel. Seit dem Zweikampf Botwinnik–Petrosjan 1963 ist diese Variante wieder in Mode gekommen. Damals schlug Petrosjan in mehreren Partien auf d4, womit er den weißen Damenbauern vereinzelte, gleichzeitig aber auch den Läufer c1 befreite.

**8. – Dc7 9. Sc3 Ld6** (Gebräuchlicher ist 9. – Le7.) **10. Td1** (10. b3 0–0 11. Lb2 c×d4 12. e×d4 e5 13. Se4 S×e4 14. D×e4 e×d4 15. Tad1 De7! = Gligorić–Radulow, Portorož 1973, oder 10. d×c5 L×c5 11. e4 Sg4 12. g3 0–0 13. Lf4 e5 14. Sd5 Dd6 15. Ld2 +=, Dizdar–P. Nikolić, Sarajevo 1987).

**10. – 0–0 11. h3 b6?**

Eine unglückliche Neuerung. Einige Theoriebücher geben die Fortsetzung 11. – e5 12. d×e5 S×e5 mit Ausgleich an, aber 12. d5! bietet Weiß offenbar bessere Chancen. Meister Marić empfiehlt im jugoslawischen „Schachinformator" 11. – Ld7 nebst Tad8. **12. d5! e×d5** (Die Schwäche des Feldes d5 verursacht Schwarz im folgenden viele Sorgen, doch auch die Varianten 12. – Se7 13. d×e6 L×e6 14. L×e6 f×e6 15. Dc4 bzw. 12. –Sd8 13. e4 sind unerfreulich.) **13. L×d5!** (Danach kann sich Schwarz nicht durch weiteren Abtausch entlasten, denn auf 13. – S×d5 würde 14. S×d5 nebst 15. S×b6 rasch entscheiden.) **13. – Lb7 14. e4 Tae8** (Es drohte 15. e5!) **15. Lg5! Sd4!?** (Dieser Zug dürfte schon aus allgemeinen Erwägungen heraus ein Fehler sein, aber man kann Schwarz nicht tadeln, daß er

– statt sich allmählich einschnüren zu lassen – lieber einen heldenhaften Ausfall wagt. 15. – Le7 16. e5 Ld8 oder 15. – Sd7 16. Dd2) **16. S×d4 S×d5 17. S×d5 L×d5 18. Sf5!** (Plötzlich wird klar, daß Weiß sowohl am Königsflügel als auch auf der d-Linie über ernste Drohungen verfügt.) **18. – T×e4 19. Dh5!** (Zieht die weiße Dame auf die d-Linie, dann rettet sich Schwarz durch 19. – Lh2+ 20. Kh1 La8!) **19. – Tfe8!**

Wehrt indirekt den Figurenverlust ab, denn 20. T×d5 verbietet sich jetzt wegen 20. – Te1+. Außerdem hätten andere Fortsetzungen ebenfalls keinen hartnäckigeren Widerstand geleistet, z. B. 19. – g6 20. Lf6! oder 19. – Te5 20. Lf6! Relativ zäh war auch noch 19. – f6 20. T×d5 Lh2+ 21. Kh1 f×g5 22. g3 g6 23. D×g5 usw.

**20. S×g7!**
Ein elegantes Zerstörungsopfer, das nicht nur dem König gilt, sondern auch die 5. Reihe für die Dame freilegt. Seine sofortige Annahme würde

zu einem schnellen Matt führen.
**20. – T8e5 21. f4!** (Lockt den Turm auf das verfängliche Feld f4.) **21. – T×f4** (21. – Te2 22. f×e5) **22. Se8!** (Die Pointe des letzten weißen Zuges, denn auf 22. – T×e8 gewinnt 23. L×f4 L×f4 24. D×d5.) **22. – Dc6 23. S×d6?!** (23. Dh6 und 24. L×f4 hätte einfacher entschieden.) **23. – f6?**

23. – h6! hätte Portischs Aufgabe bedeutend erschwert. Der Sinn dieses Zuges besteht darin, die weiße Dame von der Kontrolle des Feldes e2 abzulenken, z. B. 24. D×h6 Te2?!, und Weiß kann die Drohung 25. – T×g2+ 26. Kf1 Lc4+! nicht gut parieren.

Zum Glück vermag der weiße Springer aber auch in diesem Fall die Lage zu retten: 24. Sc8! und nun:
a) 24. – T×g5 25. D×g5+ h×g5 26. Se7+;
b) 24. – h×g5 25. Se7+! T×e7 26. D×g5+;
c) 24. – D×c8 25. D×h6, und neben dem Turmverlust droht auch 26. Lf6;
d) 24. – Kh7 25. Se7 T×g5 26. D×g5;
e) 24. – Kg7 25. L×h6+ usw.

**24. Te1!!**
Portisch spielt großartig bis zum Schluß! Der Nachziehende hat keine Verteidigung mehr. z. B.
a) 24. – T×g5 25. Te8+ Kg7 26. Te7+ Kf8 27. Tf7+!;
b) 24. – D×d6 25. L×f4;
c) 24. – Td4 25. T×e5 f×e5 26. Sf5! usw.
Deshalb gab Schwarz auf.

# SIZILIANISCHE VERTEIDIGUNG

## 70.

### Portisch–Pfleger
### Manila 1974

**1. Sf3 Sf6 2. c4 c5 3. Sc3 Sc6 4. d4 c×d4 5. S×d4 g6 6. e4 Lg7 7. Le3 Sg4 8. D×g4 S×d4 9. Dd1 Se6 10. Tc1 d6 11. b4**
Oder 11. Ld3 Ld7 12. 0–0 0–0 13. Lb1 a5 14. De2 Lc6 15. Tfd1!? b6 16. Sd5 ∞, Beljawski–Velimirović, Reggio Emilia 1986/87. Wegen 12. – a5 siehe dazu die 36. Partie.
**11. – 0–0 12. Le2 a5?!**
Zweifellos ist diese Erwiderung der Prüfstein für den 11. weißen Zug. Bedenkt man indes die Folgen, so scheint es ratsamer zu sein, hier mit 12. – b6 nebst Lb7 zur passiven Verteidigung überzugehen. In neuerer Zeit wurde 10. – 0–0 populär, z. B. 11. Le2 d6 12. b4 b6 13. 0–0 (13. Dd2!?) 13. – Lb7 14. Sd5 Dd7 15. Lg4! f5 16. Lh3 +–, Adorján–Larsen, Hastings 1986/87.
**13. a3 a×b4 14. a×b4 Ld7 15. 0–0 Lc6 16. Dd2! Ta3** (16. – L×c3 verliert rasch wegen 17. D×c3 L×e4 18. Lh6 Te8 19. Tfe1!, denn nach dem Wegzug des Läufers e2 hat Schwarz keine Parade gegen die Drohung T×e6.) **17. Sd5 Kh8** (Traurig, aber wahr! Der Nachziehende hat kaum etwas anderes zu tun, als untätig abzuwarten.) **18. Lb6!** (Der Sinn dieses Zuges besteht darin, den Läufer e2 zu aktivie-

ren. Schlecht war sofort 18. f4?
wegen 18. – L×d5! 19. c×d5 T×e3!
20. d×e6 T×e4.) **18. – Dd7 19. f4!**
**f5** (Angesichts des drohenden Vor-
stoßes 20. f5 ist Schwarz gezwungen,
sich auf die Öffnung des Zentrums
einzulassen.) **20. e×f5 g×f5 21. Lf3**
**Tfa8 22. Tce1 Ta1** (In Anbetracht
des weißen Druckes auf der e-Linie
gibt es nichts Besseres, als die Türme
zu tauschen.)
**23. b5! L×d5 24. D×d5 Sd8**
**25. T×a1 T×a1 26. T×a1 L×a1**

**27. c5!**
Auf diese Weise bildet Weiß einen
mächtigen Freibauern. Schwächer
war 27. L×d8 D×d8 28. D×b7
Ld4+, weil es sehr fraglich ist, ob
der Anziehende seinen Material-
vorteil in der geschlossenen Stellung
zu realisieren vermag, zumal die
schwarze Dame recht beweglich ist.
**27. – e6 28. c6!** 28. D×d6??
wäre wegen 28. – Ld4+ 29. Kh1
D×d6 30. c×d6 L×b6 ein grober
Fehler gewesen.) **28. – b×c6 29. b×c6**
**e×d5** (oder 29. – De7 30. c7!)
**30. c×d7 Lf6 31. L×d5 Kg7 32.**
**Lc4 Le7** (Es drohte 33. Ld3 Kg6 34.
g4.) **33. Kf2 Kf6**

Nachdem Schwarz diesen Zug aus-
geführt hatte, erkannte er die Hoff-
nungslosigkeit seiner Stellung und
gab auf.

## GRÜNFELD-INDISCHE VERTEIDIGUNG

### 71.

**Quinteros–Portisch**
**Manila 1974**

**1. Sf3 Sf6 2. g3 g6 3. Lg2 Lg7 4.**
**0–0 0–0 5. c4 d5 6. Sc6!?** (Die
Variante 6. – d×c4 7. Sa3 Sc6 ist
nicht nach Portischs Geschmack.)
**7. Se5?!** (Ein origineller Zug, dem
eine nicht minder originelle Erwide-
rung zuteil wird. 7. c×d5 hätte zu
den Hauptvarianten geführt.) **7.**
**–d×c4!?**
Dieser pikante Schlagfall wurde
möglich, weil sich der Anziehende
bereits vor vollendeter Entwicklung
auf den Nahkampf eingelassen hat.
Der Sinn des Zuges besteht darin,
daß Weiß – falls er zweimal auf
c6 schlägt – in der Entwicklung
zurückbleibt und dabei außerdem
die b-Linie zugunsten seines Geg-
ners öffnet. So ist jetzt 8. L×c6
b×c6 9. S×c6 Dd6 10. Se5 Lh3
11. Te5 c5! günstig für Schwarz,
während 8. S×c6 b×c6 9. Sa3 Le6
10. L×c6 Tb8 beiden Seiten Chan-
cen einräumt.

**8. S×c6 b×c6 9. L×c6 Tb8 10.**
**Sc3 Lh3 11. Te1?!** (Wegen der
Schwächung des Feldes f2 ist dieser

Zug bedenklich. 11. Lg2 L×g2 12. K×g2 Sd5 oder 12. – Dd7 hätte noch ungefähr gleiches Spiel ergeben.) 11. – Sg4! 12. e3 e5! 13. Lf3 (Weiß hat nichts Besseres. Nach 13. d×e5 S×e5 geht er an der Schwäche des Punktes d3 zugrunde, und 13. d5 taugt wegen 13. – f5! nebst e5–e4 und Se5 ebenfalls nichts. 13. – e×d4! 14. e×d4

**14. – S×f2!**
Ein kühnes Opfer, das allerdings bei stärkstem Gegenspiel von Weiß nur gleiche Aussichten verspricht. Es hat aber den großen psychologischen Vorteil, daß der gefährliche Angriffsspieler Quinteros vor viele, seinem Stil fremde Aufgaben gestellt wird.
Dennoch scheinen der ruhige Rückzug 13. – Sf6 und die scharfe Spielweise 14. – h5 15. Sd5 (15. d5? Se5) positionsgerechter zu sein.
**15. K×f2 L×d4+ 16. Te3** (16. Le3 T×b2+) **16. – Te8** (Nach 16. – L×e3+ 17. L×e3! T×b2+ 18. Kg1 ist Schwarz zwar materiell im Vorteil, aber Weiß übernimmt die Initiative.) **17. Sd5! Lc5** (17. – c5? 18. D×d4! c×d4 19. T×e8+

D×e8 20. Sf6+ Kg7 21. S×e8+ T×e8 22. Ld5+) **18. b4! c×b3 e. p. 19. La3?**
Bisher hat sich Weiß umsichtig verteidigt, doch jetzt unterläuft ihm ein verhängnisvoller Irrtum. Die Hoffnung, daß Schwarz in die Falle 19. – L×a3?? 20. T×e8+ D×e8 21. Sf6+ geht, erweist sich natürlich als trügerisch. Nach 19. a×b3 c6 20. b4! L×e3+ 21. S×e3 Df6 (21. – Db6 22. Dc2 Te6 23. Dc5!) 22. T×a7 T×b4 scheint Schwarz wegen der unsicheren Stellung des weißen Königs zwar die etwas günstigeren Chancen zu besitzen, aber ein Remisschluß ist wahrscheinlich.
**19. – L×e3+ 20. S×e3 b2!**
Der schwarze Bauer ist nun zum Hauptdarsteller aufgerückt. Auf 21. D×d8 wäre 21. – b×alD 22. Dd2 Tb1 mit der Drohung 23. – Tf1+ bereits entscheidend.
**21. Tb1 Dg5 22. De2**
Auch nach 22. Sc4 Tbd8 23. Dc2 verliert Weiß wegen 23. – Td4 oder 23. – Lf5 24. D×b2 L×b1 25. D×b1 Td4, während 23. Db3 an 23. – Df5 24. D×b2 Lg4 25. Sd2 T×d2+ 26. D×d2 D×f3+ 27. Kg1 D×a3 scheitert.) **22. – Da5!** (Zwingt den Gegner in eine tödliche Fesselung.) **23. L×b2 D×a2 24. Dc2 T×e3!** (Eine elegante Abwicklung! In dem entstehenden Endspiel geht Weiß an der Fesselung auf der b-Linie zugrunde.) **25. K×e3 Lf5 26. Le4 Db3+!** (Portisch läßt sich von seinem ursprünglichen Vorhaben nicht abbringen und vermeidet die Falle 26. – Te8? 27. Dc3!) **27. D×b3**

T×b3+ 28. Kf4 L×e4 29. K×e4 a5!
(Die Pointe des 24. Zuges. Gegen
die Drohung a5–a4–a3 hat Weiß
keine Verteidigung mehr.) 30. h4
h5 31. Kf4 a4 32. Tc1 T×b2 33.
T×c7 a3 34. Ta7 a2 35. g4 Tb4+
36. Kg5 T×g4+ 37. Kh6 Kf8
38. T×a2 T×h4
Weiß gab auf.

Sportlich gesehen, erzielte Portisch
kein befriedigendes Ergebnis in Ma-
nila, doch darf behauptet werden,
daß er mit schöpferischem Schwung
spielte.

## GRÜNFELD-INDISCHE
## VERTEIDIGUNG

### 72.

**Portisch–Gheorghiu**
**Manila 1974**

1. d4 Sf6 2. c4 g6 3. Sc3 d5 4. Sf3 Lg7
5. Db3 (Wie Botwinnik hat auch
Portisch eine Vorliebe dafür, die
Grünfeld-Indische Verteidigung mit
dem Db3-System zu bekämpfen.)
5. – d×c4 (Diese Spielweise, bei der
Schwarz das Zentrum aufgibt, wurde
schon in den vierziger Jahren von
Smyslow ausgearbeitet.) 6. D×c4
0–0 7. e4 Lg4 (Der rumänische
Großmeister folgt weiterhin Smys-
lows Spuren. Seither wurden aber
auch verschiedene andere Pläne
erfolgreich erprobt, und der von
ungarischen Schachspielern angereg-
te, durch 7. – a6 gekennzeichnete

Aufbau hat Portisch schon wieder-
holt Schwierigkeiten bereitet. Es
wäre interessant gewesen zu erfah-
ren, was er diesmal dagegen zu spie-
len beabsichtigte.) 8. Le3 Sfd7
(Diese sehenswerte Umgruppierung
hat Smyslow der Schachwelt bereits
in seiner berühmten Partie gegen
Euwe im Jahr 1948 vorgeführt.)
9. Db3 Sb6 10. Td1 Sc6 11. d5 Se5
12. Le2 S×f3+ 13. g×f3 Lh5

Beide Spieler konnten mehrfach von
der als Hauptvariante angesehenen
Partiefortsetzung abweichen. Diese
Fragen werden jedoch in den Theo-
riewerken ausführlich behandelt.
Die Diagrammstellung ist seit na-
hezu 20 Jahren wohlbekannt, trotz-
dem findet Portisch einen neuen Zug,
der die Bewertung der ganzen Vari-
ante beeinflußt.

**14. Tg1!**
Diese Neuerung dient einem dop-
pelten Zweck: Einerseits soll später
der Läufer h5 angegriffen werden,
andererseits wird rechtzeitig dem
Störmanöver Dd8–d7–h3 vorge-
beugt.

**14. – Dd7** (Jetzt und im folgenden

Zug kam Kh8 nebst f7–f5 in Betracht. 14. – Kh8!?) **15. Tg3 c6** (15. – f5 16. d6+ Kh8 17. d×c7 D×c7 18. Sb5 Db8 19. e×f5 T×f5 20. Sd4 Td5 21. Se6 T×d1+ ∞, Barbero–Pribyl, Balatonberény 1986) **16. d×c6 D×c6 17. Sb5!?** (Durch die Drohung 18. S×a7 gewinnt Weiß Zeit, das Zentrum zu besetzen und einen Angriff am Königsflügel zu organisieren.) **17. – Sc8?** (17. – Tfc8! 18. S×a7 T×a7 19. L×b6 Taa8 20. Ld4 Dc2 21. L×g7 K×g7 =, Károlyi–Pribyl, Helsinki 1984) **18. Td5! Kh8** (Es drohte 19. Tg5 und 20. Ld4.) **19. Tc5 Df6 20. Ld4** (Treibt die Dame zum Königsflügel hinüber, um sie dort in eine Falle zu locken.) **20. – Dh4 21. L×g7+ K×g7 22. Dc3+ Kg8** (22. – f6 23. Sc7 Tb8 24. Se6+) **23. Sc7 Tb8 24. Tcg5!** (Mit der entscheidenden Drohung 25. De5!, z. B. 24. – D×h2 25. De5 f6 26. T×h5.) **24. – f6 25. Se6 Te8 26. f4!** Die Krönung der weißen Spielführung. Plötzlich zeigt sich, daß nicht der Läufer h5, sondern auch die schwarze Dame in Nöten ist. **26. – L×e2 27. Th3! D×g5 28. S×g5** (28. f×g5? Lg4) **28. – f×g5 29. K×e2 g×f4 30. Dc4+** (Das Ziel dieses Schachgebots besteht darin, 30. – e6 zu provozieren, um danach Dc7 mit noch größerer Kraft spielen zu können. Das folgende Versehen erlöst Schwarz jedoch sofort von seinen Leiden.) **30. – Kg7 31. T×h7+ K×h7 32. Df7+ Kh6 33. D×e8.** Schwarz gab auf.

## DAMENINDISCHE VERTEIDIGUNG

### 73.

### Hort–Portisch
### Wijk aan Zee 1975

**1. d4 Sf6 2. c4 e6 3. Sf3 c5 4. e3 b6 5. Le2**
Diese Begegnung war die Entscheidungspartie des Turniers. Für den ersten Preis genügte Hort ein Unentschieden, während Portisch unbedingt gewinnen mußte. Es ist also verständlich, daß Weiß die Eröffnung anspruchslos behandelt. Der Textzug dient dazu, später auf der großen Diagonale den Läufer zum Tausch anzubieten. Natürlich war 5. Ld3 besser.
**5. – Lb7 6. 0–0 Le7 7. Sc3 c×d4 8. S×d4**
Hort spielt weiter auf Vereinfachung. Nach 8. e×d4 d5! 9. c×d5 S×d5 hätte er allerdings keinen ausreichenden Gegenwert für den isolierten Zentrumsbauern gehabt, und 10. Lb5+ ist – wie die 24. Partie lehrt – vorteilhaft für Schwarz.
**8. – 0–0 9. b3 Sa6 10. Lf3 Db8 11. L×b7** (Weiß tauscht voreilig. Statt dessen hätte ihm 11. Lb2 und 12. Tc1 eine bequeme Stellung gesichert.) **11. – D×b7 12. Df3?! D×f3 13. g×f3?!** (Zwar kein entscheidender Fehler, aber doch eine Quelle späterer Sorgen, weil die weiße Bauernstellung nun an Elastizität einbüßt.) **13. – Tfc8!** (Auf lange Sicht plant Schwarz, mit b6–b5

oder d6–d5 die c-Linie zu erobern.
Weiß könnte dieser Drohung mit
sorgfältigem Spiel zwar noch begeg-
nen, aber Hort war wohl seiner
ständigen Passivität überdrüssig ge-
worden.) **14. Lb2 Sc7!** (Feiner als
die naheliegende Fortsetzung 14. –
Sc5.) **15. Tac1 a6 16. Tfd1 Kf8
17. Td2 Sce8 18. Kf1 Tc7 19. Tcd1
Tac8 20. Sde2 d6 21. f4 Tb7 22.
Sd4 g6 23. Ke2 Sg7!** (Portisch ist be-
strebt, den untätigen Springer gegen
die bestplazierte weiße Figur abzu-
tauschen, womit er zugleich sein
Vorhaben am Damenflügel fördert.)
**24. Tc1 Sf5 25. S×f5** (Danach
bereitet dem Anziehenden auch noch
die geöffnete g-Linie Sorgen.) **25. –
g×f5 26. Sb1** (26. La3 b5! = +)
**26. – Tc6 27. Tdc2 Tbc7 28. Kd3**
(28. Sd2 hätte 28. – b5 29. Kd3 b4
nebst Sf6–d7–c5 und a5–a4 zur Fol-
ge gehabt.) **28. – Se4 29. f3 Sc5+
30. Ke2?!** (Rosenblatt hält diesen
Königszug für einen Fehler. Ange-
zeigt war seiner Meinung nach
30. Kd2 Sd7 31. Sc3 Lf6 32. Se2
L×b2 33. T×b2 und 34. Sd4.)
**30. – Sd7 31. Kd3 Tc8 32. Sd2?!**
(32. e4! hätte Weiß noch immer ein
vollwertiges Spiel eingeräumt.) **32. –
Lf6 33. L×f6 S×f6 34. Tg1?!**
(Auf der g-Linie hat Weiß vorläufig
nichts zu suchen.) **34. – Ke7 35. a3
T6c7** (Hier befand sich Hort in
Zeitnot. In einem solchen Fall be-
steht die beste Taktik laut Kortschnoi
vor allem darin, die Stellung zu hal-
ten. Unter Zeitdruck ist es nämlich
schwerer, einen Plan zu entwerfen,
als konkrete Drohungen zu parieren.)

**36. Kc3? d5! 37. Kb2 Td8! 38. c×d5
T×c2+ 39. K×c2 S×d5 40. Te1
Tc8+?!**
Mit dem letzten Zug vor der Zeit-
kontrolle erschwerte sich Portisch
seine Aufgabe. 40. – Tg8! 41. Te2
Tg1 hätte Weiß in eine schwierige
Lage gebracht.
**41. Kd3 Td8 42. Sc4!**

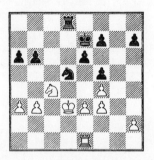

Dieser Springerausfall ist offen-
sichtlich das Ergebnis einer häusli-
chen Analyse. Mittels eines Bauern-
opfers wendet Weiß das Ärgste ab.
**42. – S×f4++ 43. Kc2 b5 44. Se5**
(44. e×f4 b×c4 45. b×c4 Td4–+)
**44. – Tc8+ 45. Kd2 Sd5 46. e4**
(46. Tg1 f4! 47. e4 Se3 48. Tg7??
Kf6) **46. – f×e4 47. f×e4 Sb6**
(47. – Sf6!?) **48. Sd3 Sd7 49. Te3!**
(Der Angriff auf den schwarzen
h-Bauern erschwert die Verwertung
des materiellen Vorteils.) **49. – Sf6
50. Sf2 Tg8 51. Th3 Tg7** (In Be-
tracht kam 51. – Tg1, denn 52. e5?!
Sd7 53. Sd3 Tg5 ist günstig für
Schwarz.) **52. Th4 a5 53. Sd3 Tg2+
54. Kc3 Te2 55. Kd4 Ta2 56. Kc3!**
(Es ist Weiß gelungen, der unmittel-
baren Katastrophe zu entrinnen.
Zugleich ist 56. – T×a3 wegen

57. Kc2 b4 58. Sc5 nicht angängig, weil der Turm nicht mehr befreit werden kann.)
**56. – Kf8 57. Sc5 Ke7?!**
Laut „Schach-Echo" kommt Schwarz mit 57. – Kg7 58. Th3! h5 59. Tg3+ Kf8 60. h3 nicht weiter, aber Timmans Vorschlag 57. – h5! 58. a4 b×a4 59. S×a4 Kg7 60. Sc5 Kg6 61. Th3 Sg4 verdient es, beachtet zu werden.
**58. a4! b×a4 59. S×a4 Tg2!** (Da der schwache h-Bauer die schwarzen Kräfte bindet, versucht der Nachziehende sein Heil in einem Springerendspiel.) **60. Kd4 Tg4 61. T×g4 S×g4 62. h3 Sf2 63. h4 Kd6** (Der schwarze König begibt sich auf den Weg, um über b5 zum Bauern b3 zu gelangen, dessen passive Deckung hoffnungslos wäre. Der Gegenangriff auf den Bauern h7 läßt das Endspiel aber noch äußerst interessant werden.) **64. Sb2! Kc6 65. Ke3 Sg4+ 66. Kf4 Sf6 67. Sc4 Kb5 68. Se5! Se8!**

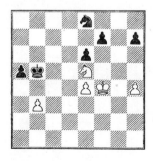

**69. Kg5**
Die Analytiker haben diesen Zug einstimmig als den entscheidenden Fehler bezeichnet, der Hort den

ersten Preis kostete. In Wahrheit ist aber die weiße Stellung aller Wahrscheinlichkeit nach sowieso bereits verloren. Bei anderen Fortsetzungen hätte Weiß jedoch vielleicht größere praktische Chancen gehabt, z. B. 69. S×f7 Kb4 70. Sd8 K×b3 71. Sb7!
Dieser Zug wird allgemein gelobt, aber auch bei 71. S×e6! hat Schwarz Mühe, zu gewinnen: 71. – Kc4! 72. Ke3! a4 73. Kd2 (73. Sd4 a3 74. Sc2 a2 75. Kd2 h5! 76. e5 Sg7! 77. Ke2 Kc3 78. Kd1 Sf5! – droht 79. – Se3+ – 79. Kc1 S×h4 usw.) 73. – Sf6 74. Sg5 (74. e5 Sg4 75. Sf8 S×e5 76. S×h7 a3 77. Kc2 Sd3, und es droht Sb4+ nebst Kb3.) 74. – Kb3 75. Kc1 a3 76. Kb1 Sg4 mit der Absicht 77. – a2+ nebst Se3–c2 usw. 71. – a4 (Timman gibt die Variante 71. – Kb4 72. S×a5 an aber auch sie ändert nichts.) 72. Sc5+ Kb4 73. S×a4 K×a4 74. Ke5 Sc7

Die kritische Stellung. Die Kommentatoren waren sich darin einig, daß 75. Kd6 einen gefälligen Gewinn gestattet: 75. – Kb5! 76. K×c7 Kc5 77. Kd7 e5 78. Ke6 Kd4

151

79. h5 (79. Kf5 h5 80. Kg6 K×e4 81. K×h5 Kf5! 82. Kh6 e4 83. h5 Kf6 usw.) 79. − K×e4 80. h6 Kf4 81. Kf6 e4 82. Kg7 e3 83. K×h7 e2 84. Kg7 e1D 85. h7 De7+ 86. Kg8 Kg5 87. h8D Kg6! usw.

Größere Schwierigkeiten bereitet dem Nachziehenden 75. Kf6. Es könnte folgen: 75. − Kb5 76. h5 (76. Kg7 h5 führt zur Hauptvariante.) 76. − Kc5 77. Kg7 (Nach 77. h6 Kd4 78. Kg7 K×e4 79. K×h7 Kf5 hat Weiß keine Verteidigung gegen das Manöver Se8–f6.) 77. − Kd4 78. K×h7 K×e4 79. Kg6 (79. Kg8 Kf5 nebst Sd5) 79. − e5! 80. h6 (80. Kf6 Sd5+ 81. Kg5 Sf4 82. h6 Se6+ 83. Kf6 Sf8 ergibt die Hauptvariante.) 80. − Se6 81. Kf6 Sf8 82. Kf7 Kf5!! (Diesen Zug haben die Analytiker übersehen!) 83. K×f8 Kg6, und Weiß ist verloren. Schließlich noch eine beachtenswerte Variante: 69. Sd3 f6 70. h5! (70. e5 f×e5+ 71. K×e5 Sg7 72. Kf6 Sf5 73. K×e6 S×h4 oder 72. Sf4 Kb4 73. S×e6 S×e6 usw.) 70. − Sd6 71. e5 f×e5 72. K×e5 Sf5 73. Sf4 (73. K×e6 Sg7+) 73. − Kb4 74. S×e6 (74. K×e6 Sd4+ und 75. − S×b3) 74. − Sg3 75. h6 K×b3 −+.

**69. − Sd6!**

Ein Reinfall wäre 69. − f6+? gewesen: 70. Kh6 f×e5 71. K×h7 Kb4 72. Kg6 K×b3 73. h5 a4 74. h6 a3 75. h7 a2 76. h8D a1D 77. D×e8 mit Remis.

**70. Kh6 f5!**

Die Pointe des vorhergehenden Zuges liegt darin, daß jetzt nach 71. e×f5 S×f5+ der Bauer h4 hängt. Schlecht war 70. − S×e4 wegen 71. K×h7, denn plötzlich hat Schwarz angesichts des freien h-Bauern Sorgen.

**71. K×h7 f×e4 72. Kg6 Kb4 73. Kf6 Sf5 74. h5** (74. K×e6 S×h4 75. Kd5 K×b3 76. K×e4 a4 ähnelt der Partiefortsetzung.) **74. − e3** (Nach Timman gewinnt auch 74. − K×b3.) **75. K×e6 Sg7+!** (Eine weitere Falle war 75. − Sh6? 76. Kd5 e2 77. Sd3+ K×b3 78. Ke4 Kc2 79. Ke3 Kd1 80. Sf2+ Ke1 81. Se4!!) **76. Kd5 S×h5 77. Kd4 K×b3 78. K×e3 Kc3!** (Ein für solche Endspiele typisches Absperrmanöver.) **79. Sc6 a4 80. Sa7** (80. Sd4 Sf4! 81. Sb5+ Kb4 82. Sd4 Kc4 83. Sc2 Kc3) **80. − Sf6 81. Sb5+ Kb4 82. Sd4 Kc4 83. Sc2 Kc3 84. Sd4 Sd5+ 85. Ke4 Sc7!** (Nimmt dem feindlichen Springer das Feld b5.) **86. Se2+ Kd2!**

Weiß gab auf.

## KÖNIGSINDISCHE VERTEIDIGUNG

### 74.

#### Portisch–Donner
#### Wijk aan Zee 1975

**1. c4 Sf6 2. Sc3 g6 3. d4 Lg7 4. e4 0–0 5. Le3 d6 6. f3** (Das Sämisch-System zählt zu den gefährlichsten Aufstellungen gegen die Königsindische Verteidigung.) **6. −**

e5 (Aktiver ist das Bauernopfer 6. – c5!? oder auch 6. – Sbd7 und 7. – c5 bzw. 6. – Sc6.) **7. d5 c6?!** (Üblicher ist hier 7. – c5 oder 7. – Sh5.) **8. Ld3** (In dieser Variante rochiert Weiß meist lang, aber auch die Spielweise mit der kurzen Rochade, die durch den Textzug eingeleitet wird, ist keineswegs harmlos.) **8. – c×d5** (8. – b5!? 9. Sge2 b4 10. Sa4 c5 11. a3 a5 12. – 0–0 Se8 13. Dd2 +–, Christiansen–Zs. Polgár, New York 1987) **9. c×d5 Se8** Einige andere Beispiele für die Eröffnungsbehandlung:
a) 9. – Sbd7 10. Sge2 Sc5 11. Lc2 a5 12. 0–0 Ld7 13. a3 Sh5 14. b4 a×b4 15. a×b4 Sa6 16. Tb1 +=, Hort–Gligorić, Hastings 1970/71;
b) 9. – Sh5 10. Sge2 f5 11. e×f5 g×f5 12. 0–0 Kh8 13. f4 =, Polugajewski–Geller, Portorož 1973. Laut Geller ergibt jetzt 13. – Sd7 14. Tc1 a6 15. Lb1 e×f4!? 16. S×f4 S×f4 17. L×f4 Sc5 gleiches Spiel, was einige Theoretiker allerdings bezweifeln.
**10. Dd2 f5 11. e×f5!** Nur so darf Weiß hoffen, später das schwarze Zentrum zu unterminieren. Im schon erwähnten Turnier zu Portorož glich Schwarz in einer anderen Begegnung zwischen Polugajewski und Geller nach 11. Sge2 mit 11. – f4! 12. Lf2 Sa6 13. 0–0–0 Ld7 14. Kb1 Sac7 das Spiel aus. **11. – g×f5 12. Sge2 Sd7 13. 0–0 Sc5?** Dieser Zug, der bisher von der Theorie empfohlen wurde, wird

durch Portischs Antwort in Frage gestellt. In der dritten Partie Polugajewski–Geller, Petropolis 1973, geschah 13. – Kh7 14. Tac1 Sdf6 15. Kh1 De7 16. Lg5 Df7 17. Sg3 mit kleinem Vorteil für Weiß. Man vergleiche dazu auch die 79. Partie. **14. Lc2 a5 15. f4!** (Die Unterminierung des Zentrums beginnt. 15. – e4 würde dem Anziehenden jetzt das Feld d4 überlassen, ohne daß Schwarz auf Gegenspiel rechnen dürfte.) **15. – e×f4 16. S×f4 Le5!** (Das ist noch die verhältnismäßig chancenreichste Aufstellung für Schwarz.) **17. Tae1! Df6**

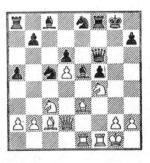

**18. Sh3!** Ein feiner positioneller Zug, der den weißen Figuren den Weg ebnet. Der Rückzug des anscheinend vortrefflich postierten weißen Springers zeugt von großer Unbefangenheit! **18. – b6 19. Lg5 Dg6 20. Lf4!** Lf6 (Verständlicherweise möchte Schwarz nicht seine am besten stehende Figur abtauschen, doch nun gewinnt Portisch Zeit für einen Angriff am Königsflügel. Beachtung verdiente deshalb 20. – Df6!?) **21.**

Tf3! Kh8 22. Tg3 Dh5 (Führt zu einem raschen Ende, aber auch 22. – Df7 23. Sg5 versprach nichts Gutes.) 23. Ld1 Dh4 24. Sg5 (Der siegbringende Zug. Es droht 25. Th3, deshalb stellt Donner in seiner Verzweiflung noch eine „Falle".) 24. – Se4 25. Sg×e4 f×e4 26. S×e4! Weiß läßt sich auf die Absicht des Gegners ein, denn nach 26. – D×f4 27. D×f4 Ld4+ 28. Sf2! ist seine Dame wegen der Schwäche der Grundreihe unverletzlich. Aus diesem Grund gab Schwarz auf.

## ENGLISCHE ERÖFFNUNG

### 75.

### Portisch–Dely
### Mannschaftskampf
### Budapest 1975

1. c4 e5 2. Sc3 Sc6 3. g3 d6 4. Lg2 g6 5. Tb1 Le6?! (Die Züge g7–g6 und Le6 werden in einem solchen frühen Eröffnungsstadium nur höchst selten hintereinander ausgeführt, so daß diese Spielweise in den Theoriewerken überhaupt nicht erwähnt wird.) 6. b4! (Portisch läßt sich von seinem ursprünglichen strategischen Vorhaben nicht abbringen.) 6. – L×c4? Der entscheidende Fehler – und das bereits im 6. Zuge! Schwarz war wohl der Meinung, daß sein Gegner den Bauern nur zurückzugewinnen vermag, wenn er den Läufer g2 abtauscht. Vielleicht beurteilte er indes auch die Folgen des

späteren Qualitätsopfers zu optimistisch. Statt des Textzuges ist auch schon 6. – Dd7 7. b5 Sd8 8. d3 in der Turnierpraxis vorgekommen, aber dabei blieb Weiß ebenfalls im Vorteil.

7. Da4! (Dieser Ausfall ist wesentlich nachhaltiger als 7. b5 Sge7 8. L×b7 Tb8.) 7. – Le6 8. b5 Sd4 (Hier beabsichtigte Schwarz offenbar schon das Qualitätsopfer, und deshalb bemühte er sich, das weiße Bauerngefüge aufzulockern.) 9. e3 Sf5 10. L×b7 Ld7?! (Der Taktiker Dely versucht, seinen Gegner auf unübersichtliches Gelände zu locken. 10. – Tb8 wäre allerdings auf die Dauer ebenfalls hoffnungslos gewesen.) 11. L×a8 D×a8 12. De4! (Mit der Absicht, die Qualität zurückzugeben. Nach 12. f3 oder 12. e4 besäße Schwarz einigen Gegenwert für das geopferte Material.) 12. – c6

Nun droht Schwarz, mit 13. – Sf6 die Initiative zu übernehmen. Deshalb wandelt Portisch seinen Material- in einen Positionsvorteil um. 13. b×c6! L×c6 14. Tb8+ D×b8 15. D×c6+ Kd8 16. Sge2 Sf6 Das hervorstechende Merkmal der

Stellung ist der in der Brettmitte steckengebliebene schwarze König. Außerdem kann sich Weiß schneller entwickeln. Laut Meister Meleghegyi war 16. – Sge7 17. Da4 Db7 18. 0–0 Dd7 (18. – Sc8 19. La3 Sb6 20. Tb1 +–) 19. Sb5 Lg7 20. La3 Sc8 21. Tc1 ebenfalls aussichtslos für Schwarz.
**17. 0–0 Dc8 18. Da4 Dd7 19. Da6** (Nun droht 20. Sb5.) **19. – Se7 20. La3 Sc8 21. Tb1 h5 22. Tb7 Dh3 23. Lb4!**
Schwarz gab auf.

## ENGLISCHE ERÖFFNUNG

### 76.

**Bilek–Portisch**
**Mannschaftskampf**
**Budapest 1975**

**1. c4 e5 2. g3 Sf6 3. d3** (Weiß tut sein möglichstes, um Modevarianten zu vermeiden.) **3. – Lb4+ 4. Sc3 0–0 5. Lg2** (Durch Zugumstellung ist dennoch eine bekannte Position entstanden, die aber als gefahrlos für Schwarz gilt.) **5. – c6!**
Damit nimmt der Nachziehende den Kampf um das Zentrum auf.
Betrachten wir noch zwei Beispiele aus der jüngeren Turnierpraxis:
a) **5. – L×c3+?!** 6. b×c3 d6 7. e4 Sbd7 8. f4 Sc5 9. Sf3 Lg4 10. h3 L×f3 11. D×f3 Sfd7 12. 0–0 usw. mit Vorteil für Weiß (Uhlmann–Schöneberg, DDR 1968);
b) **5. – Te8** 6. e4 c6 7. Sge2 d5 8.

c×d5 c×d5 9. e×d5 S×d5 10. 0–0 Sb6 11. d4 L×c3 12. b×c3 Sc6 =, Kortschnoi–Ree, Beverwijk 1968.
**6. a3?!** (Ähnlich wie in der Partie Kortschnoi–Ree hat Schwarz im Fall von 6. e4 d5 ein bequemes Spiel. In Frage kam außerdem noch 6. Db3 oder 6. Ld2.) **6. – L×c3+ 7. b×c3 Te8 8. Lg5?!** (Bilek läßt sich davon leiten, daß in der entstehenden geschlossenen Stellung ein Springer wertvoller ist als ein Läufer, aber sein Manöver begünstigt nur die Entwicklung des Nachziehenden. Besser scheint 8. e4 d5 9. c×d5 c×d5 10. e×d5 zu sein.) **8. – h6 9. L×f6 D×f6 10. e4 d6 11. Se2** (Wegen des folgenden Läuferausfalls war 11. h3 vorsichtiger.) **11. – Lg4! 12. 0–0** (12. f3? L×f3 13. 0–0 L×e2) **12. – Lf3** (Es ist Schwarz gelungen, den Vorstoß f2–f4 vorläufig zu unterbinden.) **13. Dd2 Sd7 14. Tae1?** (Der Anziehende verkennt völlig die Möglichkeiten seines Gegners am Damenflügel und läßt den Bauern a3 im Stich. Nötig war 14. De3! nebst baldigem f2–f4 mit noch immer annehmbarem Spiel für Weiß.) **14. – a6** (Mit feinem Positionsverständnis legt Portisch die verborgenen Schwächen im feindlichen Lager bloß.) **15. De3 L×g2 16. K×g2**

*(Siehe folgendes Diagramm)*

**16. – b5!**

Weiß ist am Scheideweg: Tauscht er auf b5, ist er wegen des Bauern a3 zur völligen Passivität verurteilt, läßt er aber auf c4 schlagen, muß er sich mit einer weiteren ernsten Schwächung abfinden. In höherem Sinne ist das erstere wohl das kleinere Übel.

**17. f4?! b×c4 18. d4!? De7!** (Nun ist ein Teil der weißen Streitkräfte für den Schutz des Bauern e4 gebunden.) **19. d×e5 d×e5 20. f×e5** (Weiß ist einverstanden, den Bauern a3 zu opfern, um mit Sd4–f5 Angriffschancen zu bekommen. Der nach e5 gelangende schwarze Springer deckt aber alles.) **20. – S×e5 21. Sd4 Tad8!** (Ob 21. – D×a3 ein Fehler ist, kann man allein mit Hilfe von Varianten wohl kaum nachweisen, auf jeden Fall ist es ratsamer, sich die Initiative nicht aus der Hand nehmen zu lassen.) **22. Te2 Dg5 23. Df2 Dh5 24. h3 c5 25. Sf5 Td3 26. Tb2 Ted8 27. Df4 Sg6!** (Am einfachsten; jetzt ergibt weder das Eindringen auf c7 noch 28. S×h6+ ausreichendes Gegenspiel.) **28. Dc7 Dg5!** (Nun darf Weiß nicht auf c5 schlagen wegen

29. – Sh4+. Diese Wendung bindet ihm vorübergehend die Hände. Übrigens befanden sich hier beide Spieler in großer Zeitnot.) **29. Tbf2 T8d7 30. Db8+ Dd8 31. Db1 Se5 32. De1 Kh7!** (Mit der Absicht, den starken weißen Springer zu vertreiben.) **33. Te2 g6 34. Se3 h5 35. Df2** (Weiß darf weder hier noch im nächsten Zug Sd5 ziehen, weil durch das Qualitätsopfer T7×d5 seine Stellung zerstört würde.) **35. – T×c3 36. Df4 Sd3 37. Df3 Dg5 38. h4 De5 39. Kh2 Sc1 40. Tee1 Sb3** Weiß gab auf.

## SPANISCHE PARTIE

### 77.

#### Pintér–Portisch
#### Budapest 1975

**1. e4 e5 2. Sf3 Sc6 3. Lb5 a6 4. L×c6 d×c6 5. 0–0 Dd6!?** 6. **Sa3?!** (Diese Eröffnung wurde schon in der 57. Partie behandelt, in der allerdings 6. d4 geschah.) **6. – b5 7. c4?** (Besser ist 7. d3! nebst Sb1 und a4.) **7. – Lg4!** (In der Partie Pintér–Jankovec, Třinec 1974, folgte 7. – Lb7 8. b3 f6 9. Sc2 Se7 10. De2 Sg6 11. d4! mit Vorteil für Weiß.) **8. h3 L×f3 9. D×f3 Sf6 10. b3?!** (Die Schwäche des Punktes d3 und des Bauern d2 wird nach dem Textzug besonders spürbar. 10. d3 hätte beiderseitige Chancen ergeben.) **10. – 0–0–0! 11. Te1 Dd3** (Ein nützlicher Tempoverlust, da nach der weißen Antwort Lf8–c5 mit Zeitgewinn folgen kann.) **12. Te3 Dd7 13. Sc2 Lc5 14. Te2 Dd3** (Durch den Damentausch werden die Schwächen im weißen Lager noch betont.) **15. D×d3 T×d3 16. Lb2?** (16. Kf1 nebst Ke1 bot eine aussichtsreichere Verteidigung, zumal Sh5 dann stets mit g2–g3 beantwortet werden könnte.) **16. – Thd8 17. Lc3**

Dieser Defensivstellung hat der Anziehende zu Unrecht sein Vertrauen geschenkt, denn die Auffassung, daß der Gegner nach einigen Entwicklungszügen infolge der Schwäche des Bauern e5 ebenfalls Sorgen haben wird, erweist sich als zu optimistisch.

Schlecht wäre 17. Td1 wegen 17. – S×e4! 18. T×e4 T×d2 19. Tc1 T×f2 20. Kh1 Tdd2.

**17. – Sh5!**

Unbefangen ist Schwarz bereit, den Bauern e5 gegen den Schwächling auf d2 abzutauschen, da die Öffnung der Stellung für ihn günstig ist. **18. L×e5 T×d2 19. Tae1 b×c4 20. b×c4 f6 21. Lc3?** Der letzte Fehler! Zäher war 21. Lh2 T×e2 (21. – g6!?) 22. T×e2 Td1+ 23. Se1 (23. Te1 Td2!) 23. – Lb4 (23. – g6 24. e5!) 24. Kf1 g6 (Es drohte 25. g4.) 25. e5!? f5 26. e6 (Sonst folgt Sh5–g7–e6–d4.) 26. – Sg7 27. e7 Kd7 usw. mit schwarzem Vorteil. **21. – T2d3 22. Lb4 La7 23. c5** (Wegen der Drohungen 24. – Sf4 und 24. – Sg3 hat Weiß keinen besseren Zug, denn auf 23. e5 entscheidet 23. – Sf4 24. Te4 f×e5 25. T×e5 Tg3!) **23. – Sf4 24. Te3 T×e3 25. T×e3 Sd3 26. La3 S×c5 27. L×c5 L×c5 28. Te2 Td1+ 29. Kh2 Tb1!** (Schwarz mobilisiert alle Kräfte. Sein freier c-Bauer muß nun früher oder später den Ausschlag geben.) **30. Se3 Tb4 31. Sf5 g6 32. Sh6 Ld6+ 33. g3 Kd7 34. f4 Ke6 35. Kg2 c5 36. Kf3 c4 37. Sg4 Lc5 38. Tc2 Ta4 39. Sh2 Ld4 40. Sf1 Ta3+ 41. Kg2 c5 42. Sd2 Te3! 43. f5+ g×f5 44. e×f5+ Kd5!** (Bereitet den Turmtausch vor, wonach der vom Läufer unterstützte Freibauer leicht gewinnt. Der Rest der Partie ist nicht mehr kompliziert, trotzdem aber lehrreich!) **45. S×c4 Tc3! 46. T×c3 L×c3 47. Sb6+ Ke4 48. g4 Ld4 49. h4 h6 50. Kg3 Kd3 51. g5 f×g5 52. h×g5 h×g5 53. Sd5 Ke4**

Weiß gab auf.

# WIENER PARTIE

## 78.

**Barle–Portisch**
**Portorož–Ljubljana 1975**

**1. e4 e5 2. Sc3 Sc6 3. f4?!** (Ein alter, aber riskanter Zug. Es ist sicher kein Zufall, daß er in der heutigen Turnierpraxis nur selten angewandt wird. Empfehlenswerter ist. 3. Lc4 oder die moderne Fortsetzung 3. g3.) **3. – e×f4 4. d4?!** (4. Sf3 g5) **4. – Dh4+ 5. Ke2** (Im Grunde genommen vertraut Weiß einer positionellen Idee, denn er hofft, später dank seinem starken Zentrum in Vorteil zu kommen.) **5. – d6** (Einige Lehrbücher halten diese Spielweise für zu passiv und schlagen statt dessen 5. – d5 vor. Man darf aber annehmen, daß der junge jugoslawische Meister ebenfalls mit 5. – d5 rechnete und in dieser Variante etwas Neues vorbereitet hatte.) **6. Sf3 Lg4 7. L×f4 0–0–0 8. Ke3 Dh5 9. Le2 g5!**
Eine Neuerung! Zweck und Ziel dieses Bauernopfers ist die Initative. Auch der Vorstoß 9. – f5!? wird empfohlen, wahrscheinlich war Weiß aber auch dagegen gewappnet und bereit, mit irgendeiner Überraschung aufzuwarten.
In der Partie Steinitz–Paulsen, Baden-Baden 1870 (!), wurde der strategische Plan von Weiß wie folgt verwirklicht: 9. – Da5 10. a3 L×f3 11. K×f3 Dh5+ 12. Ke3 +=.

**10. S×g5** (10. L×g5?? L×f3) **10. – Sf6! 11. h3 L×e2 12. D×e2 Dg6** (12. – Lh6 13. D×h5 S×h5 14. g3 +=) **13. d5** (Angesichts der Drohungen 13. – Sh5 und 13. – Te8 ist Weiß bestrebt, den Gegner von seinem Vorhaben abzubringen.) **13. – Se5 14. Sf3 Lh6! 15. L×h6 D×h6+ 16. Kf2 Thg8 17. Thg1** (Das Feld g2 muß überwacht werden, sollen Überrumpelungen wie z. B. 17. S×e5 d×e5 18. De3?? T×g2+ oder 17. Dd2 Dg6! usw. vermieden werden.) **17. – Kb8!** (Im folgenden ist es wichtig, daß der Bauer a7 gedeckt ist. Nach Portisch ergibt die Variante 17. – Tg6 18. S×e5 d×e5 19. De3 Dh4+ 20. Ke2 gleiches Spiel.) **18. Dd2 Dg6 19. Df4 Sh5!** (Dieses weitere Opfer ebnet den schwarzen Figuren den Weg zum feindlichen König.) **20. S×e5** (20. Df5 hätte 20. – Dg3+ nebst Sf4 zur Folge gehabt.) **20. – d×e5 21. D×e5 Tde8 22. Dd4 Sg3 23. Tae1** (23. Tge1 S×e4+!) **23. – Sf5!** (Räumt das Feld g3 und ermöglicht dank der Ablenkung der weißen Dame das Schachgebot Db6+. 24. e×f5 D×f5+ führt zu einem sehenswerten Mattbild.) **24. Dd3?**
Verliert rasch, aber Portisch weist in seinen Analysen nach, daß er in jeder Variante großen Vorteil behält, z. B. 24. Dc5 b6 25. Dc4 Dg3+ 26. Ke2 De3+ 27. Kd1 D×g1! oder 24. Dd2! Db6+ 25. Ke2 Tg3 26. b3! Sd4+ 27. Kd1 Sf3 28. g×f3 T×g1 usw.
**24. – Db6+ 25. Ke2 Tg3 26. Dc4**

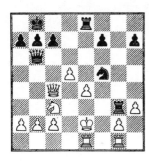

26. – De3+! 27. Kd1 (27. Kf1 Tf3+) 27. – D×g1! Weiß gab auf. Da Barle in dieser Partie kaum einen Fehler beging, dürfte die ganze Variante nicht viel taugen.

## KÖNIGSINDISCHE VERTEIDIGUNG

### 79.

**Portisch–Gligorić**
**Mailand 1975**

1. d4 Sf6 2. c4 g6 3. Sc3 Lg7 4. e4 d6 5. f3 0–0 6. Le3 e5?! 7. d5 c6?! 8. Ld3! c×d5 9. c×d5 Sbd7 10. Sge2 Sh5 11. 0–0 f5 12. e×f5! g×f5 13. Dd2 Sdf6
Ein Verbesserungsvorschlag im Vergleich zur Partie Portisch–Donner (siehe Nr. 74), der jedoch die in ihn gesetzten Hoffnungen nicht rechtfertigt. Da es Schwarz auch diesmal nicht gelingt, vollwertiges Spiel zu erlangen, muß der mit 7. – c6 eingeleitete Plan wohl oder übel als fragwürdig eingeschätzt werden.
14. Kh1 (Ein Sicherungszug. Er verhindert u. a., daß die schwarze Dame nach Lg5 mit Schach beiseite ziehen kann.) 14. – Kh8?!
Schwarz hat Mühe, einen gesunden Plan zu finden, zumal f5–f4 dem Anziehenden wichtige Punkte überließe. Das grundlegende Übel besteht darin, daß der Springer h5, der eigentlich die Rolle des Angreifers übernehmen sollte, völlig vom Spiel abgeschnitten ist. Verhältnismäßig besser war es deshalb, mit 14. – Ld7 15. Lg5 (15. f4!?) 15. – De8 eine abwartende Taktik zu befolgen.
15. Lg5! (Bindet die schwarzen Kräfte.) 15. – Ld7 16. Dc2! (Der Druck auf den Punkt f5 ist die logische Konsequenz des 8. und 12. Zuges. Jetzt wäre auf 16. – f4 einfach 17. L×h7, auf 16. Tc8 dagegen 17. L×f5 18. D×f5 S×d5? 19. L×d8 T×f5 20. S×d5 T×d8 21. g4 gefolgt. Die schwarze Partieanlage hat also ein klägliches Fiasko erlitten.) 16. – Dc8 17. Tac1 e4!? Es drohte 18. Db1 nebst Sb5. Falls aber 17. – f4 geschieht, so folgt 18. Db3 und Lb5. Der erfahrene Turnierkämpfer Gligorić ist sich bewußt, daß seine Lage bei passivem Spiel gegen einen so hervorragenden Könner wie Portisch hoffnungslos ist. Deshalb opfert er einen Bauern, um seine Figuren zu aktivieren. Obwohl dieses Verzweiflungsopfer am Endergebnis nichts zu ändern vermag, mußte es – wie immer in solchen Fällen – mit größter Sorgfalt behandelt werden. 18. f×e4 f×e4 19. L×e4 (19. S×e4? D×c2 20. L×c2 S×d5 21.

S×d6 L×b2) **19. – S×e4 20. D×e4 Le5 21. Dh4** (Dank dem Opfer hat das schwarze Läuferpaar zwar erheblich an Durchschlagskraft gewonnen, aber der Springer h5 hat nach wie vor keinen festen Boden unter den Füßen, und obendrein gerät der schwarze König jetzt immer mehr in Bedrängnis.) **21. – T×f1+22. T×f1 De8 23. Sf4 Sg7** (Eine passive Fortsetzung, doch jeder Abtausch läge hier allein im Interesse der materiell stärkeren Partei, zumal dadurch auch der schwarze König entblößt würde.) **24. Tf3** (24. h3 Sf5) **24. – Lf5 25. h3 b5 26. Lf6 b4 27. Sce2 Df7 28. Sh5! L×f6 29. S×f6 De7 30. Sd4 Lg6 31. Sc6 Db7** (31. – De2 konnte mit 32. D×b4 beantwortet werden.)

**32. S×h7!!**
Am schönsten und zugleich am energischsten!
Nach 32. D×b4 D×b4 33. S×b4 Tb8 34. a3 a5 35. Sc6 T×b2 36. S×a5 Sf5 wäre der Gewinn langwieriger, der Nachziehende hätte wegen der verstreuten weißen Bauern sogar noch praktische Remischancen.

**32. – Sf5**
Auf diesen Zwischenzug hatte Gligorić wohl seine letzten Hoffnungen gesetzt. Bei 32. – L×h7 entscheidet nämlich die Liniensperrung durch 33. Sd8!, denn 33. – T×d8 hilft nichts wegen 34. D×d8+ Lg8 35. Dh4+ Lh7 36. Tf8 matt.
**33. T×f5! L×f5 34. Se7!!**
Ein brillanter Schluß! Auf 34. – L×h7 folgt 35. Df6 matt! Nach 34. – Lb1 führt 35. Df6+ K×h7 36. Df7+ Kh6 37. Sg8+ oder 36. – Kh8 37. Sg6 zum Damengewinn. Auch 34. – Lc8 ist unzureichend, weil Weiß darauf mit 35. Df6+ K×h7 36. Dg6+ Kh8 37. Dg8 das Matt erzwingt. Schließlich wird 34. – Dd7 oder 34. – Tg8 durch die Erwiderung 35. Sf6+ widerlegt.
Schwarz gab deshalb auf.

## KÖNIGSINDISCHE VERTEIDIGUNG

### 80.

**Portisch–Pintér**
**Ungarische Meisterschaft**
**Budapest 1975**

**1. d4 Sf6 2. c4 g6 3. Sc3 Lg7 4. e4 d6 5. f3 0–0 6. Le3 Sc6**
Taimanows System, das als ein wirksames Gegenmittel gegen den vom Anziehenden gewählten Aufbau gilt. Schwarz plant, das weiße Zentrum mit e7–e5 oder b7–b5 anzugreifen.
**7. Sge2 Tb8** (In jener Zeit wurde

dieser Zug für den besten gehalten. Im Jahre 1975 erlangte der junge ungarische Meister ein annehmbares Spiel mit 7. – a6 nebst Tb8 in einer Partie gegen Polugajewski.) **8. Dd2 Te8 9. h4!?** (Der Einleitungszug eines Königsflügelangriffs, der den scharfen Stil von Portisch unterstreicht. Pintér nimmt den Fehdehandschuh auf und leitet eine Gegenaktion am anderen Flügel ein. Im Falle der Entgegnung 9. – h5 würde die Partie einen langsameren Verlauf nehmen.) **9. – a6!? 10. h5 b5** (Nach 10. – S×h5 11. g4 Sf6 erhält Weiß mit 12. Sg3 oder 12. Lh6 zwar einen gefährlichen Angriff, aber der Ausgang dieser Variante ist doch nicht eindeutig.) **11. h×g6 f×g6 12. Lh6 Lh8 13. Lg5!** Das Opfer des c-Bauern ist für diese Variante charakteristisch. Andererseits droht Df4 und Dh4.

**13. – Tf8?**
Der Verlustzug. 13. – Sa5 war ebenfalls unzureichend im Hinblick auf das erwähnte Damenmanöver. Die einzige Verteidigung bestand in 13. – e5, z. B. 14. Sd5!? S×d4 15. S×d4 e×d4 16. L×f6?! (16. Df4 S×d5! oder 16. D×d4 S×d5 17. D×d5 Le6 usw.) 16. – L×f6 17. Dh6 Lg7! 18. D×h7+ Kf7, und Schwarz steht gut.
Im Falle von 13. – e5 hat Weiß auch eine bessere Möglichkeit zur Verfügung, nämlich 14. 0-0-0 b×c4 15. d5 Sb4 16. Sg3 Sd3+ 17. L×d3 mit mikroskopischem Vorteil für Weiß.
**14. 0-0-0 Sa5** (Jetzt wäre 14. – e5

nicht mehr nützlich, weil nach 15. Sd5 S×d4 16. S×d4 e×d4 17. D×d4 die Antwort 17. – S×d5 nicht angängig ist.) **15. Sf4!** (Der eigentliche Gewinnzug. Es droht 16. Scd5 mit Angriff auf den schwarzen Damenspringer sowie auch g4 nebst darauffolgendem Dh2 und S×g6.) **15. – c6 16. g4!** (Weiß muß die folgenden kombinatorischen Möglichkeiten bis ans Ende der Partie genau berechnen.) **16. – b4 17. Sb1 L×g4** (Die bisherige Pointe des schwarzen Spiels. Auch nach 17. – b3 18. a3 wäre diese Kombination nicht erfolgreicher.)

**18. f×g4 S×e4 19. Dh2 S×g5 20. Se6!!**
Bei seinem 16. Zug hatte Weiß den möglichen Zug 20. – Tf2! vorauszusehen, worauf jetzt folgen könnte: 21. D×f2 S×e6 22. T×h7! (nur das) 22. – K×h7 (Die logischste Fortsetzung, obwohl 22. – Df8 etwas zäher wäre.) 23. Df7+ Kh6 (23. – Lg7 24. Ld3!) 24. Ld3 Dg8 25. g5+ usw. gewinnt.
**20. – b3?! 21. S×g5**
Schwarz gab auf.

# ENGLISCHE ERÖFFNUNG

## 81.

**Flesch–Portisch**
**Ungarische Meisterschaft**
**Budapest 1975**

**1. Sf3 Sf6 2. c4 c5 3. Sc3 d5 4. c×d5 S×d5 5. g3** (Im selben Turnier wandte Portisch mit Weiß in einer Partie die Fortsetzung 5. e4 an.) **5. – Sc6 6. Lg2 Sc7**
Das sogenannte Rubinstein-System, das in den 1930er Jahren auch von Botwinnik mehrmals erfolgreich gespielt wurde. Schwarz bereitet sich darauf vor, mit e7–e5 das Zentrum zu besetzen, was jetzt wegen 7. S×e5! noch nicht möglich wäre.
**7. 0–0** (Manche meinen, daß die frühe Rochade nur ein Zeitverlust sei und es zweckmäßiger wäre, die schwarzen Pläne mit 7. Da4 oder 7. d3 zu durchkreuzen. In der Partie Smejkal–Portisch, Biel 1976, hatte Schwarz nach 7. d3 e5 8. Sd2! Ld7 9. 0–0 Le7 10. Sf4 0–0!? 11. L×c6 L×c6 12. S×e5 Le8 zwar gute praktische Chancen, welche aber das geopferte Material nicht ganz aufwogen.) **7. – e5 8. Se1?!**
Kein schlechter Zug, falls Weiß folgerichtig verfährt. Gebräuchlicher ist 8. b3, z. B. 8. – Le7 9. Se1 Ld7 (9. – Lg4!) 10. Sd3 f6 11. f4 e×f4 12. S×f4 0–0 13. Lb2 Tc8 14. e3 b6 15. Scd5 Ld6 16. d4 Le7 17. d×c5 L×c5 18. b4! Waganjan–Lengyel, Moskau 1975.

**8. – Lg4!** (Bezüglich der in der vorigen Bemerkung vorgeführten Partie erwies sich 8. – Ld7 als sehr passiv. Es ist aber eine andere Frage, ob Schwarz 9. L×c6+ zulassen darf bzw. ob das schwarze Läuferpaar für die zerrüttete schwarze Bauernstellung ausreichenden Ersatz bietet. **9. Sc2?! Dd7 10. Se3 Lh3 11. L×h3?!** (Jetzt oder im nächsten Zug wäre f4 am Platze. Flesch versucht, die Stellung möglicherweise zu vereinfachen, vergißt darüber aber die Entwicklung seines Damenflügels.) **11. – D×h3 12. Db3? Dd7 13. Sed5** (es drohte 13. – Sd4) **13. – S×d5 14. D×d5 D×d5 15. S×d5 0–0–0** (Schwarz steigert mit einfachen Mitteln seinen Vorteil. Jetzt ginge 16. e4 nicht an, da Weiß nach 16. – Sb4! an den Schwächen des Damenflügels zugrunde geht.) **16. Sc3 c4! 17. b3?!** (Durch 17. Tb1 hätte Weiß die Schwächung seines Damenflügels vermeiden können, aber in diesem Fall wäre sein Entwicklungsnachteil noch größer gewesen, z. B. 17. – Lb4 und Turmverdoppelung auf der d-Linie.) **17. – c×b3 18. a×b3 Lb4! 19. f4** (Anders kann Weiß seine Entwicklung nicht vollenden.)

**19. – e4!** (Ein vorübergehendes Bauernopfer, das Weiß nicht ablehnen kann, ohne daß er erstickt wird.) **20. S×e4 The8 21. Sc3 L×c3 22. d×c3 T×e2** (Schwarz hat den Bauern mit entscheidendem Positionsvorteil zurückerobert. Der eine schwarze Turm ist in die weiße Stellung schon eingedrungen, und auch der andere schwarze Turm ist dazu bereit. Die weißen Damenflügelbauern sind schwach, und der weiße Läufer steht passiv. Trotz allem muß Schwarz aber genau spielen, um die Partie gewinnen zu können.) **23. b4 b6 24. f5!** (Die einzige Chance! Laut Haág wäre sowohl 24. b5 Sa5 25. c4 Kb7 als auch 24. c4 Td3 25. c5 b5 26. Tb1 Te4 für Schwarz vorteilhaft.) **24. – Td5!** (Portisch entgeht den mit einem weißen Bauernopfer verbundenen Komplikationen, die nach 24. – Td3 25. Lf4! T×c3 26. Tfc1! entstehen könnten, z. B. 26. – Tec2 27. T×c2 T×c2 28. b5 Sd4 29. T×a7 Sf3+ 30. Kf1 S×h2+ 31. Ke1 usw.) **25. c4 Td3 26. Lf4 Sd4!**

„Diese Antwort wäre nicht möglich gewesen, wenn der Bauer c3 nicht gezogen hätte. Weiß konnte die Drohung Sf3 mit einem Qualitätsopfer nicht parieren, denn der weiße König würde dann auf der Grundreihe gefährdet sein", meinte der ungarische internationale Meister Haág.

**27. Tf2 Kb7 28. c5 Tc3! 29. c×b6 a×b6 30. Td1 Tcc2! 31. T×e2 S×e2+ 32. Kh1 S×f4 33. g×f4 Kc6! 34. Tg1 g6 35. f×g6 f×g6 36. f5 g×f5**

**37. Tf1?!**

37. Tg7 hätte mehr praktische Aussichten geboten, z. B. 37. – f4 38. T×h7 f3 39. Kg1 oder 37. – Tc4 38. T×h7 T×b4 39. Tf7! f4 (39. – Tf4 40. Kg2 b5 41. Kg3! mit ständigem Angriff auf den Turm.)

40. Kg2, und Weiß kann in beiden Fällen eventuell das Remis halten. Doch steht Schwarz auch eine stärkere Fortsetzung zu Gebot, und zwar 37. – Kb5! 38. T×h7 K×b4 39. Tf7 b5! 40. T×f5 Ka4, und Schwarz kann gewinnen, da der Bauer b5 stärker ist als der Bauer h2 und der weiße König die Grundreihe nicht zu verlassen vermag.

**37. – Kb5 38. T×f5+ K×b4 39. Th5 Tc7 40. Kg2 Tf7 41. h4 b5 42. Tg5 Kc4 43. Tg8 Tf5 44. Tg7 h5** Weiß gab auf.

# NACH DEM KRÄFTESAMMELN WIEDER AN DER SPITZE VON WELTTURNIEREN 1976–1982

Portisch gehört nunmehr zu den Weltbesten. Er ist ständiges Mitglied der „Schachelite". Diese eigenartige Form des Turnierspiels ist im Ergebnis der ELO-Rangliste entstanden. Die Großmeister mit über 2600 ELO-Punkten begegnen denen selten, die weniger als 2600 ELO-Punkte besitzen. Sie starten von Jahr zu Jahr in Tilburg, Bugojno, Wijk aan Zee und manchmal auch anderswo gegen ein hohes Startgeld. Nur die Interzonenturniere bilden eine Ausnahme. Dies war der Fall auch 1976 in Biel: 1. Larsen 12 1/2, 2–4. Portisch, Petrosjan und Tal je 12, 5–7. Byrne, Smyslow und Hübner je 11 1/2 Punkte usw. (20 Teilnehmer). Da sich nur drei Teilnehmer qualifizieren konnten, folgte auch hier ein Stichkampf zwischen drei Spielern um zwei Plätze. Dessen Ergebnis lautete: 1. Petrosjan 4 1/2, 2. Portisch 4, 3. Tal 3 1/2 Punkte. So wurde Portisch zum fünften Mal Weltmeisterkandidat. Er bekam wieder Larsen als Gegner. Jetzt stand schon fest, daß Portisch besser war. Er mußte siegen! 1977 blieb er deshalb allen anderen Turnieren fern. Er widmete seine ganze Energie dem Weltmeisterschaftszyklus.

Die aufgewandte Arbeit war nicht vergebens: Im Februar 1977 in Rotterdam trug Portisch gegen Larsen einen sicheren (6 1/2 : 3 1/2) Sieg davon. Im Vierteilfinale trifft er aufgrund der Auslosung auf Exweltmeister Spasski, der in jener Zeit noch in haushohem Ansehen steht und mit Rücksicht auf seinen hohen ELO-Punktwert zu den führenden Großmeistern der Welt zählt. Im Zweikampf, der im Juli 1977 in Genf beginnt, übernimmt Portisch sogar zweimal die Führung, doch Spasski kann immer wieder ausgleichen. Den Wendepunkt bedeutet wahrscheinlich die 12. Partie, in der der ungarische Champion eine Gewinnstellung zum Remis verdirbt. Vermutlich infolge dieses Fiaskos bricht er im Endspurt fast zusammen. Das Endresultat lautet: 8 1/2 : 6 1/2 Punkte für Spasski. Die tragische Beendigung eines Zweikampfes, in dem Portisch größtenteils die Führung in der Hand gehabt hat.

Wie auch nach anderen Mißerfolgen, kommt Portisch diesmal ebenfalls wieder auf die Beine. Das belegt der Endstand des Turniers zu Wijk aan Zee 1978: 1. Portisch 8, 2. Kortschnoi 7 1/2, 3. Andersson 6 1/2, 4–5. Timman und Ree je 6, 6. Panno 5 1/2, 7–9. Mecking, Miles und Najdorf je 5, 10. Sosonko 4 1/2, 11. Kavalek 4, 12. van der Sterren 3 Punkte.

Das Jahr 1978 würde bereits mit Recht zu Portischs Glanzzeit zählen, wenn nicht ein schwächeres Resultat, in Bugojno 11–12. Platz!, dazwischen wäre. Er beendet dieses Jahr allerdings mit einem erneuten Triumph in Tilburg: 1. Portisch 7, 2. Timman 6 1/2, 3–5. Hübner, Miles und Dschindschichaschwili je 6, 6–8. Browne, Hort und Spasski(!) je 5, 10–11. Ljubojević und Sosonko je 4 1/2, 12. Ribli 4 Punkte. Dazu kommt noch der Sieg der ungarischen Mannschaft auf der Schacholympiade in Buenos Aires, der den ungarischen Schachspielern ewig in Erinnerung bleiben wird. Es kam nämlich in der Geschichte der Schacholympiaden zum ersten Mal vor, daß sich die Sowjetunion mit dem zweiten Rang abfinden mußte. Das Endresultat lautete: 1. Ungarn 37, 2. Sowjetunion 36, 3. USA 35, 4. BRD 33 Punkte usw. Zu diesem Triumph trug Portisch in großem Maße bei: Er holte aus 14 Partien 10 Punkte (71,4%) heraus.

Anfang 1979 besitzt Portisch 2640 ELO-Punkte, d. h. den 3–4. Rang, geteilt mit Spasski hinter Karpow und Kortschnoi. In diesem Jahr beteiligt er sich an drei äußerst stark besetzten Turnieren und erkämpft eine geteilte erste und zwei dritte Plazierungen. Davon war das „Turnier der Schachsterne" in Montreal das stärkste seit der Einführung des ELO-Systems. (Die durchschnittliche Ratingzahl der Teilnehmer beträgt dort 2615.) Das Schlußergebnis lautet: 1–2. Karpow und Tal je 12, 3. Portisch 10 1/2, 4. Ljubojević 9, 5–6. Timman und Spasski je 8 1/2, 7–9. Hort, Kavalek und Hübner je 8 10. Larsen 5 1/2 Punkte.

Im Herbst 1979 im Interzonenturnier in Rio de Janeiro qualifiziert sich Portisch zum fünften Mal. Das Endergebnis lautet: 1–3. Portisch, Petrosjan und Hübner je 11 1/2, 4. Timman 11, 5–6. Sunye-Neto und Ivkov je 9 1/2, 7–9. Balaschow, Torre und Sax je 9 Punkte usw. (18 Teilnehmer). Dazu Einzelheiten aus einem Interview mit Portisch: „Ich könnte sagen, daß ich mich daran gewöhnt habe – wenn man sich daran überhaupt gewöhnen kann – aber ich möchte es eher so ausdrücken, daß ich zur Kenntnis nehme, ein Favorit zu sein. In Ausscheidungsturnieren ist das keine geringe Belastung! [...] Die Auswirkungen der Niederlagen sind verschieden. Das hat Aljechin am klarsten bestimmt: Der Schachspieler hat sich nicht gegen die Niederlage, sondern gegen deren Depressionswirkung zu wehren."

Das Jahr 1979 wird mit Tilburg beschlossen: 1. Karpow 7 1/2, 2. Romanischin 7, 3. Portisch 6 1/2, 4. Sax 6, 5–8. Larsen, Spasski, Timman und Sosonko je 5 1/2, 9–10. Hübner und Hort je 5, 11. Kavalek 4 1/2, 12. Smyslow 2 1/2 Punkte.

(Man könnte sagen: Nehmen an einem Turnier ausschließlich solche Spieler wie Lasker teil, so muß ein „Lasker" den letzten Platz einnehmen.)

In der Weltrangliste vom Januar 1980 nimmt er den 3. Platz ein, seine Wertzahl (2655) ist die höchste, die in seinem Leben bisher überhaupt aufzuweisen vermochte. In diesem Jahr beteiligt er sich – wegen der Weltmeisterschaftsvorkämpfe – nur an dem Turnier in Tilburg: 1. Karpow 7 1/2, 2. Portisch 7, 3. Timman 6 1/2, 4–5. Sosonko und Spasski je 6, 6. Tal 5 1/2 Punkte (12 Teilnehmer).

Im Weltmeisterschaftszyklus trifft er in Mexiko City 1980 wiederum auf Spasski. Portisch hat sich auf diesen Revanchekampf sehr gründlich vorbereitet. Es gelingt ihm, das Match schließlich noch gerade so zu gewinnen, aber nur infolge der Punktwertung. Das Endergebnis lautet nämlich 7 : 7. Dadurch qualifiziert er sich zum zweiten Mal für das Viertelfinale. Er bekommt hier Hübner als Gegner, der seit Lasker als der größte deutsche Schachspieler gilt. Die ungarische öffentliche Meinung ist optimistisch, denn Portisch scheint mit seiner größeren ELO-Wertzahl, seiner Routine und seinen besseren Turniererfolgen eindeutig chancenreicher zu sein. Vielleicht aber zu seinem Unglück! Nach acht Unentschieden verdirbt Portisch in der 9. Partie mit Schwarz seine Gewinnchancen und muß sich schließlich als geschlagen bekennen. Und wie es in ähnlichen Fällen des öfteren geschieht, greift er in der folgenden Partie zu gewaltsamen Mitteln und unterliegt ebenfalls. Als Vollendung seines Mißerfolges läßt er in der 11. Partie seinen Gegner aus einer für diesen hoffnungslosen Hängepartiestellung mit heiler Haut (Unentschieden) davonkommen. An diesem Fiasko sind zwar auch Portischs Sekundanten Schuld, die die Hängepartiestellung oberflächlich und fehlerhaft analysiert hatten. Das Endresultat des Matches lautet 6 1/2 : 4 1/2 Punkte für Hübner.

Das Jahr wird doch nicht so schlecht für Ungarn beschlossen. Auf der Schacholympiade in Malta vermögen sie ihre Glanzleistung zwar nicht zu wiederholen, ernten aber einen nicht weniger wertvollen Erfolg. Der Schlußstand gestaltet sich folgendermaßen: 1–2. Sowjetunion und Ungarn je 39 (durch Punktwertung wurde die Sowjetunion Erster), 3. Jugoslawien 35, 4. USA 34, 5. Tschechoslowakei 33 Punkte usw. Portisch konnte aus 13 Partien 9 1/2 Punkte (73,1%) herausholen, was als ein ausgezeichnetes Ergebnis angesehen werden kann.

Anfang 1981 besitzt Portisch 2650 ELO-Punkte nach der Weltrangliste und nimmt geteilt mit Kortschnoi den 2–3. Platz hinter Karpow ein.

In diesem Jahr sind keine Weltmeisterschaftsvorkämpfe ausgetragen worden, und so kann sich Portisch an mehreren Turnieren beteiligen, obwohl mit etwas bescheidenerem Erfolg als in den vorhergehenden zwei bis drei Jahren. Sein bestes Resultat erzielt er wieder in Holland, in Amsterdam: 1. Timman 7 1/2, 2–3. Portisch und Karpow je 7, 4–5. Hort und Kavalek je 6 1/2, 6–7. Smyslow und Ree je 6, 8–9. Miles und Ljubojević je 5, 10. Polugajewski 4 1/2, 11. Donner 2 1/2, 12. Langeweg 2 Punkte. In Tilburg muß sich Portisch mit dem 3–4. Platz abfinden, aber vor Kasparow!

1982 verringert sich seine ELO-Punktzahl auf 2630, aber Portisch beginnt das Jahr mit vortrefflichen Erfolgen. In Mar del Plata lautet das Endergebnis: 1. Timman 9 1/2, 2. Portisch 8, 3–5. Karpow (!), Seirawan und Polugajewski je 7 1/2, 6. Andersson 7 Punkte (14 Teilnehmer). In London 1982: 1–2. Andersson und Karpow je 8 1/2, 3. Seirawan 8, 4–7. Portisch, Speelman, Ljubojević und Timman je 7, 8–9. Miles und Spasski je 6 1/2, 10. Geller 6, 11. Nunn 5 1/2, 12–13. Mestel und Christiansen je 5, 14. Short 3 1/2 Punkte. In Turin: 1–2. Karpow und Andersson je 7, 3–4. Portisch und Ljubojević je 6 1/2, 5. Spasski 6, 6. Kavalek 5 1/2, 7. Hübner 3 1/2 Punkte (zweirundiges Turnier).

In den tatsächlich wichtigen Turnieren erweist sich Portisch stets als sehr stark, so in Toluca beim Interzonenturnier: 1–2. Portisch und Torre je 8 1/2, 3. Spasski 8, 4–7. Iwanow, Jussupow, Polugajewski und Seirawan je 7 1/2, 8. Nunn 7, 9–10. Balaschow und Adorján je 6 1/2 Punkte usw. (14 Teilnehmer).

So wurde Portisch zum siebenten Mal Weltmeisterkandidat! Er erhielt jetzt durch das Los Kortschnoi zum Gegner.

# NIMZOWITSCH-INDISCHE/ LARSEN-ERÖFFNUNG

### 82.

### Csom–Portisch
### Interzonenturnier, Biel 1976

**1. Sf3 d5 2. b3 Lg4** (Dadurch kann Schwarz ein bequemes Spiel mit Ausgleich erlangen.) **3. Lb2** (3. Se5 Lh5 4. g4?! f6) **3. – Sd7 4. e3 Sgf6** (Jetzt und in den nächsten Zügen könnte Schwarz e7–e5 ziehen. In diesem Fall müßte Schwarz aber auf das Läuferpaar verzichten und mit der Unterminierung des Zentrums durch c4 rechnen.) **5. h3 Lh5 6, Le2 e6 7. c4 c6 8. d3** Ein überflüssiges Risiko. Möglicherweise wollte Csom seine Karten nicht aufdecken. Richtiger war 8. 0–0 oder 8. Sc3.
**8. – Lb4+! 9. Sbd2?** (Dieser natürlich aussehende Zug bringt Weiß in eine schwierige Lage. 9. Sc3 oder sogar 9. Lc3 wäre besser gewesen.)
**9. – L×f3** (Der Abtausch geschieht im geeigneten Moment, weil Weiß nun genötigt ist, seine Bauernstruktur zu schwächen.
**10. g×f3**
10. L×f3 Sc5! 11. Le2 d×c4 12. d×c4 Sfe4 13. Lc1 Df6 führte zu raschem Verlust des Anziehenden. Nach dem Textzug büßt das weiße Bauerngefüge an Elastizität ein, und jeder weiße Bauernzug im Zentrum ruft neue Schwächen hervor. Deswegen kann Weiß schwerlich einen aktiven Plan finden. Csom will offenbar die Möglichkeiten auf

der g-Linie ausnutzen und den Druck auf der großen schwarzen Diagonale steigern, aber Portisch vereitelt diese Pläne mit einfachen Mitteln.
**10. – e5 11. a3 Ld6 12. c×d5?!** (Wie man sehen wird, strebt Weiß d3–d4 an, aber die frühzeitige Öffnung der c-Linie schlägt zum Vorteil des Nachziehenden aus. Anderseits muß Weiß früher oder später etwas unternehmen, weil auch Schwarz gegen den weißen König bald eine Aktion einleitet.) **12. – c×d5 13. d4 0–0 14. Ta2?!** (Ein aus der Réti-Eröffnung bekanntes Manöver, das aber die Hoffnungen nicht erfüllt, denn die große Diagonale bleibt geschlossen. 14. d×e5 L×e5 15. L×e5 S×e5 16. f4 hätte die letzte Chance gegeben.) **14. – Te8 15. Da1** (Nach 15. d×e5 L×e5 16. L×e5 S×e5 drohte d4.) **15. – Tc8 16. 0–0 e×d4 17. L×d4 Sh5!** (Die Einleitung zum entscheidenden Königsflügelangriff.) **18. Lb5** (Der Abtausch des weißen Königsläufers schwächt weiter die eigene Königsstellung, aber Csom will Zeit gewinnen.) **18. – a6 19. L×d7 D×d7 20. Kg2 Te6 21. Th1** (Ein trauriger Zwang,

aber Weiß vermag den Punkt h3 anders nicht zu schützen.) **21. – Tg6+ 22. Kf1 Db5+ 23. Ke1 Tg2** (Jetzt droht 24. – Sg3.) **24. Sf1 D×b3 25. Tb2 Dd3 26. T×b7 26. – T×f2!** Weiß gab auf, denn auf 27. K×f2 würde 27. – Tc2+ 28. Kg1 De2 sofort Schluß machen.

## ENGLISCHE ERÖFFNUNG

### 83.

**Rogoff–Portisch**
**Interzonenturnier, Biel 1976**

**1. c4 e5 2. Sc3 Sf6 3. Sf3 Sc6 4. g3** (4. d4 würde der Eröffnung ein anderes Gepräge geben.) **4. – Lb4** (Dieser Zug wird heute für das wirksamste System gehalten.) **5. Lg2 0–0 6. 0–0 Te8** (Auch 6. – e4 und 6. – L×c3 sind gebräuchliche Fortsetzungen.) **7. Sd5 S×d5** (7. – Lf8 8. S×f6+ D×f6 9. d3 und dann Sd2–e4–c3–d5 ergäbe einen leichten Vorteil für Weiß.) **8. c×d5 Sd4 9. d3** Ein farbloser Zug, der dem Anziehenden keinen Eröffnungsvorteil einräumt.
Nach den Lehren aus der Turnierpraxis kann Weiß auf andere Weise doch einen minimalen Vorteil erlangen, wie die folgenden Partien belegen:
a) 9. S×d4 e×d4 10. b3 b6 11. Lb2 Lc5 12. e3 La6 13. Te1 Df6 14. Dc2 d×e3 15. d×e3 Dg6 16. e4, Uhlmann–Portisch, Skopje 1973;

b) 9. Se1 c6 10. e3 Sb5 11. d3 Sc7 12. Sc2 Lf8 13. d×c6 d×c6 14. De2 Le6 15. Td1 usw., Petrosjan–Kusmin, Sowjetunion 1974.
**9. – S×f3+ 10. L×f3 Lc5** (Dieser Läufer will auf der Diagonale a7–g1 noch eine wichtige Rolle spielen.) **11. Ld2** (Nach 11. Le3 L×e3 12. f×e3 c5! hätte Schwarz bequemes Spiel.) **11. – d6 12. Dc2**
Die einzige Hoffnung des Anziehenden liegt in der Möglichkeit, nach dem Abtausch der schwarzfeldrigen Läufer auf den Punkt c7 einen Druck ausüben zu können. Zu diesem Zweck wäre aber die Empfehlung von Großmeister Flohr 12. Dc1 nebst Le3 logischer, obwohl Schwarz diese einzige Schwäche auch dann leicht decken könnte.
**12. – Ld7 13. b4 Ld4 14. Lc3 Lb6** (Der Abtausch würde den weißen Plan gewiß fördern.) **15. a4 a6 16. a5!? La7** (Weiß ist es gelungen, den schwarzen Läufer von der Verteidigung des Bauern c7 abzulenken, aber die weiße Bauernstruktur hat an Elastizität verloren.) 17. Tac1 Tc8 18. e3 (Erleichtert nur die Aufgabe von Schwarz am Königsflügel. Weiß wollte den Gefahren auf der Diagonale a7–g1 um jeden Preis entgehen, aber diesem Zweck hätte Ld2–e3 besser gedient.) **18. – f5!** (Im weiteren Verlauf der Partie wird f5–f4 eine dauerhafte und schwer parierbare Drohung.) **19. d4?! e×d4 20. L×d4 L×d4 21. e×d4 Df6 22. Dd2 f4!** (Die Schwäche des Zuges 18. e3 tritt zutage. 23. Lg2 ist wegen 23. – f3 nicht

möglich, und 23. D×f4 D×f4 24. g×f4 Tf8 wäre gleichfalls für Schwarz günstig.) **23. Tc3** (Bei seinem 18. Zug dachte Weiß offensichtlich daran, daß der Druck auf der c-Linie den schwarzen Angriff am Königsflügel bremsen könne. Im folgenden liefert aber die Partie ein anschauliches Beispiel dafür, daß ein Angriff auf den König – bei sonst gleichen Streitkräften – in der Regel mehr verspricht als die Initiative am Damenflügel.) **23. – Lh3 24. Tfc1 Tf8 25. Lh1**

Im Moment scheint es, als ob Weiß recht hätte.
**25. – Dg5!!**
Der schwerste Zug der Partie! Durch die Drohung 26. – f×g3! verhindert er den Bauernraub 26. T×c7. Portisch ließ sich zwar auf eine Fesselung ein, aber berechnete genau, daß Weiß diesen Umstand nicht auszunutzen vermag. Obendrein wird der schwarze Angriff immer heftiger.
**26. Tf3 Tf7! 27. Te1** (Auf 27. T×f4? würde 27. – Tcf8 natürlich sofort entscheiden.) **27. – Tcf8 28. Te4 Dg6** (Schwarz ist die Fesselung

losgeworden, denn 29. Tf×f4 verbietet sich wegen 29. – T×f4 30. T×f4 Db1+. Eine weitere Drohung ist jetzt h5–h4.) **29. De1 Tf6** (29. – h5!?) **30. Tc3 h5! 31. Te7** Der Turm c3 schützt die weiße Königsstellung nur scheinbar, während die übrigen weißen Schwerfiguren in die schwarze Stellung eindringen. Für Weiß schlecht wäre 31. T×c7 h4! 32. Tee7 f×g3 33. T×g7+ D×g7 34. T×g7+ K×g7 35. h×g3 h×g3 36. f3 g2! 37. Dg3+ (37. L×g2 Tg6) 37. – Tg6 38. D×h3 g×h1D+ 39. K×h1 Th6! und gewinnt.
**31. – f×g3!! 32. T×g3 h4** (Weiß plante einen Angriff auf der g-Linie und verblutet eben daran.) **33. T×g7+** Weiß hat keine Rettung mehr. 33. T×g6 T×g6+ 34. Lg2 T×g2+ 35. Kh1 Tf×f2 führt zum Matt.
**33. – K×g7**
Weiß gab auf.

SIZILIANISCHE
VERTEIDIGUNG

**84.**

**Larsen–Portisch
Wettkampf, Rotterdam 1977**

**1. e4 c5 2. Sc3 Sc6** (Spasski wandte gegen unseren Champion des öfteren die geschlossene Variante an.) **3. g3 g6 4. Lg2 Lg7 5. d3 d6 6. f4** (Gegenwärtig ist 6. Le3 populärer.) **6. – e5!** (Der sicherste Aufbau.) **7. Sf3 Sge7 8. 0–0 0–0 9. Le3** (9. Sd5!?,

9. Ld2!?, 9. Tb1!?) **9. – Sd4 10. Dd2 e×f4! 11. L×f4** (11. g×f4 f5!) **11. – S×f3+ 12. T×f3** (In diesem Augenblick setzte der Gesang des Chors der Rotterdamer Heilsarmee ein. Deshalb mußte die Partie abgebrochen und zwei Stunden später an einer entfernten Stelle der Stadt fortgesetzt werden.) **12. – Db6! 13. Tb1 Le6 14. Lg5?** (Gegen d6–d5 gerichtet, doch 14. T3f1 war besser mit gleichem Spiel.) **14. – Sc6 15. Le3 Se5 16. T3f1 Sg4** (Das Manöver führt schließlich zum Abtausch eines Läufers des weißen Läuferpaars.) **17. Lf4 c4+ 18. Kh1 c×d3 19. c×d3 Ld4! 20. h3 Se3 21. Tfe1 S×g2 22. K×g2 Dc6 23. Le3 Lh8!** (Diesem Läufer steht eine bedeutende Rolle bevor!) **24. Tbc1 Dd7** (Im Falle der Beseitigung des fianchettierten Läufers entstehen oft Probleme in Verbindung mit der Königsstellung.) **25. Kh2!** (Eine geistreiche, jedoch nicht endgültige Lösung. Auf 25. – L×h3 würde 26. Sd5! dem Anziehenden jedenfalls Gegenspiel einräumen.) **25. – a6 26. Dg2 Tac8 27. d4 Dd8 28. d5** (Dem Anschein nach rückt Weiß vor, während sich Schwarz zurückzieht. Letztlich tritt aber Larsen das Feld e5 ab, sein Zentrum wird geschwächt, aber es ist nicht leicht, ihm einen besseren Zug zu empfehlen, z. B. 28. b3 Da5 29. Dd2 Dh5 ∓.) **28. – Ld7 29. Lf4 De7 30. Dd2 Le5** (Die schwache Königsstellung schränkt bereits die Möglichkeiten von Weiß ein, z. B. 31. Lh6? Dh4!) **31. Tf1 Tce8 32. Tce1 f6 33. a3 h5 34. Se2 g5!** (Der Vorteil von Schwarz ist schon eindeutig. Die weiße Königsstellung und der weiße Bauer e4 sind schwach, und auch die Beherrschung des Feldes e5 ist von Bedeutung.) **35. L×e5 D×e5 36. Sd4 h4 37. Tg1**

**37. – Kf7!**
Öffnet den Türmen den Weg zur weißen Königsstellung!
**38. Sf3 h×g3+ 39. T×g3 Df4 40. Tf1! D×d2+ 41. S×d2 Tc8! 42. T×g5?!** (Der Abgabezug. Larsen zieht eher den taktischen Nahkampf vor, als das passive – obwohl sachlich bessere – 42. Sf3! Ke7 43. Sd4 Tc4.) **42. – Th8!** (Viel mehr Chancen bot dem Anziehenden 42. – Tc2?! 43. Tg2 L×h3 44. K×h3 Th8+ 45. Kg3 Tg8+ 46. Kh2 T×g2+ 47. K×g2 T×d2+ 48. Kg3 T×b2 49. Kf4 Tb3 50. Th1 usw.) **43. e5!?** (Ein verspäteter Versuch, den Springer zu aktivieren, 43. Tg3 Tc2 44. Tf2 T×b2 45. Tgf3 Th5 –+) **43: – d×e5 44. Se4 Tc2+ 45. Kg1 Th6 46. Tg3** (46. T×e5 L×h3 47. Sg5+ Kg6 –+) **46. – f5 47. b4 b6 48. Sg5+ Ke7 49. Sf3 Kf6 50. Tg8 T×h3 51. Tb8 f4 52. T×b6+ Kf5 53. Tf2** (Es drohte Lb5 nebst Tg3+.)

171

53. – Tg3+ 54. Kf1 Lb5+ 55. Ke1
T×f2 56. K×f2 Ke4 57. Sd2+
K×d5 58. a4 Ld3 59. Tf6 Te3 60.
Sb3 Te2+ 61. Kg1 (61. Kf3 Tb2
62. Sc5 Le2+ 63. Kf2 Lc4+, –+)
61. – Tb2 62. Sc5 Le2 63. Tb6 Kd4
64. Sd7 Lf3 65. Te6 Ke3! 66.
T×e5+ Le4
Weiß gab auf.
(Unter Benutzung der Analysen von
Győző Forintos.)

## PIRC-VERTEIDIGUNG

### 85.

### Portisch–Bilek
### Mannschaftskampf, Budapest 1978

1. d4 g6 2. e4 Lg7 3. c3 d6 4. f4 (Ein
ungewöhnlicher Aufbau von Por-
tisch, der der klassischen Schule an-
gehört). 4. – Sf6 5. Ld3 e5! 6. Sf3
e×d4? (Ermöglicht dem Gegner,
bei einem starken Zentrum auch den
Damenspringer aktiv zu entwickeln.
Leider ist nicht bekannt, was Por-
tisch für den Fall der stärkeren
Fortsetzung 6. – e×f4 7. L×f4 0–0
8. 0–0 c5!? oder 6. – Sc6 plante.)
7. c×d4 0–0 8. Sc3 Sc6 9. 0–0
Sh5?! (Gekünstelt. 9. – Lg4 10. Le3
Te8 dürfte besser gewesen sein.)
10. Le3 Te8 11. Dd2 Lg4 12. d5!
Sb4 13. Lb1 L×f3 14. T×f3 c6
(Schwarz will nicht untätig abwarten,
bis sich Weiß entwickelt. Ein Nach-
teil des Textzuges besteht dennoch
darin, daß die schwarzen Mittel-
bauern schwach werden und auch

der schwarze König in eine heikle
Lage gerät.) 15. a3 Sa6 16. d×c6
b×c6 17. La2! Sf6 18. f5! (Damit
beginnt der Angriff auf das Feld f7.)
18. – Tb8 19. f×g6 h×g6 20. Taf1
d5 21. e×d5 c×d5 22. Ld4 Te6
23. S×d5! Se4

24. T×f7! Lh8 (24. – S×d2 25.
T×g7+ Kh8 26. T×a7+ Kg8 27.
Se7+) 25. Se7+
Schwarz gab auf.

## NIMZOWITSCH-INDISCHE
## VERTEIDIGUNG

### 86.

### Portisch–Hort
### Nikšić 1978

1. d4 Sf6 2. c4 e6 3. Sc3 Lb4 4. e3
0–0 5. Ld3 d5 6. Sf3 c5 7. 0–0 Sc6
8. a3 L×c3 9. b×c3 Dc7 (Ein po-
pulärer Zug der fünfziger Jahre.
Schwarz kontrolliert das Feld e5
und befreit nach Möglichkeit seinen
Damenläufer mit e6–e5.) 10. c×d5
e×d5 11. Sh4 Te8?! (Sympathi-
scher ist 11. Se7 mit der Idee eines

späteren Sg6. Ein Beispiel: 12. Ta2
Sg6 13. S×g6 h×g6 14. f3, Jussupow–Sokolow, Wettkampf 1986,
14. – c×d4! 15. c×d4 Lf5 =, Sokolow.) **12. f3** (Hinsichtlich des
Charakters der Bauernstruktur muß
Schwarz die Drohung e3–e4 stets
erwägen.) **12. – b6** (12. – Ld7 13.
Ta2! Da5 14. Ld2 Db6 15. Db1
Sa5 16. Tb2 Dd6 17. Lc1 Tac8 18.
Sf5 ±, Donner–Kortschnoi, Amsterdam 1972) **13. Ta2!** (Nach den
Erfahrungen ausgewerteter Musterpartien hat der Turm am Königsflügel seinen Platz.) **13. – a5?** (Laut
Hort ist das Zeitverlust. Angezeigt
war 13. – Lb7!) **14. Te2 Lb7** (14. –
La6 15. L×a6 T×a6 16. e4 ±.)
**15. Lb2 Tad8 16. De1! g6 17. g4!**
(Dient gleichzeitig dem mittelbaren
Angriff und einem einfachen Raumgewinn. e3–e4 ist aufschiebbar.)
**17. – Dc8 18. Df2** (Weiß befestigt
abermals den Bauern d4, bevor er im
Zentrum den Vormarsch beginnt.)
**18. – Te7** (Auf 18. – Td7 wäre 19.
e4! schon möglich, weil 19. – d×e4
20. f×e4 S×g4? wegen 21. Dg3!
nicht gut ist.) **19. h3!** (Damit der
Bauer g4 nach dem Zentrumsdurchbruch nicht hängt.) **19. – La6 20.
L×a6 D×a6 21. e4** (Endlich!) **21.
– d×e4?!** (Öffnet die f-Linie für die
weißen Figuren und ist gegen den
schwarzen König gerichtet. Besser
war – nach Hort – 21. – b5! 22.
e×d5 S×d5 23. d×c5 +=; 22. e5!
b4) **22. f×e4 Dc4?**
(Schwarz befindet sich bereits in
einer schwierigen Lage. Wegen des
Druckes auf der f-Linie darf er den

Bauern e4 nicht schlagen und muß
mit einer eventuellen Öffnung der
großen Diagonale rechnen. Hort
war der Meinung, er hätte mit seinem letzten Zug den Punkt f7 gedeckt und übe auf den Bauern d4
einen Druck aus. Aber Portisch
macht auf kombinatorische Weise
einen Strich durch die Rechnung
seines Gegners.) **23. D×f6! D×e2
24. Lc1!** (Es stellt sich heraus, daß
Schwarz gegen die Drohung Lh6
keine Parade mehr hat.) **24. –
D×f1+ 25. D×f1 T×e4 26. Lh6**
Schwarz gab auf.

## KATALANISCHE ERÖFFNUNG

### 87.

**Portisch–Radulow**
**Schacholympiade, Buenos Aires 1978**

**1. Sf3 d5 2. g3 c5 3. Lg2 Sc6 4.
d4 Sf6 5. 0–0 e6 6. c4 d×c4**
Mit Zugumstellung ist eine Variante
des Katalanischen Damengambits
(1. d4 Sf6 2. c4 e6 3. g3 d5 4. Lg2
d×c4 5. Sf3 c5 6. 0–0 Sc6) entstanden, die in Ungarn auch Barcza-

Eröffnung genannt wird. Sie ist eigentlich eine Grünfeld-Verteidigung mit vertauschten Farben. **7. Da4** (7. Se5!? und 7. d×c5 sind die beiden wichtigsten Abweichungen.) **7. – Ld7** (Über die kühne Fortsetzung 7. – c×d4!? 8. S×d4 D×d4 9. L×c6 Ld7 10. Td1 D×d1+ 11. D×d1 L×c6 hat die Theorie das letzte Wort noch nicht gesprochen.) **8. D×c4** (Der größte Kenner dieser Variante war Großmeister Barcza. In seiner Analyse sagte er, daß man in den fünfziger Jahren die Erwiderung 8. – b5 befürchtete und deshalb eher 8. d×c5 üblich war.) **8. – c×d4?!** Möglicherweise räumt 8. – b5!? dem Nachziehenden doch die meisten Chancen ein, z. B. 9. Dd3 Tc8 10. d×c5 L×c5 11. Sc3 b4 12. Sb5 0–0 13. Le3 L×e3 14. D×e3 Se7! 15. Tfd1 Sed5 16. Dd3 Db6 17. Sbd4 h6 ∞, Jussupow–Sokolow, Wettkampf 1986. **9. S×d4 Tc8 10. Sc3 S×d4 11. D×d4 Lc5 12. Dh4!** (Bis zu dieser Partie wurde hier mit 12. Df4 fort-

gesetzt, um das Feld f2 zu decken.) **12. – Lc6 13. Td1! Db6?** (Konsequent, aber schlecht. 13. – Da5! 14. Ld2 +=) **14. L×c6+ T×c6 15. Lh6!!**
Die Pointe des 12. Zuges. Jetzt verbietet sich 15. – L×f2+? offenbar wegen 16. Kg2 0–0 17. L×g7 K×g7 18. Dg5+. Deshalb muß sich Schwarz mit dem Aufreißen seiner Königsstellung abfinden:
**15. – g×h6 16. D×f6 0–0 17. Se4 Db4** (Gegen 18. D×h6) **18. De5! Le7 19. a3 Db6 20. Td7 Lg5** (20. – Ld8 21. Tad1 f6 22. Dh5 +–) **21. b3!** (Eine neue Überraschung! Portisch erachtete den Bauerngewinn 21. S×g5 Tc5 22. De4 offensichtlich als gering, deswegen macht er seiner Dame auf b2 Platz, falls 22. – f6 geschieht. Weniger wirksam ist 21. b4 f6! 22. Db2 Tc4!.)
**21. – D×b3 22. S×g5** (Die Lage hat sich bereits verändert!) **22. – h×g5 23. D×g5+ Kh8 24. Tad1 Dc2** (24. – Db2 wäre von 25. T×f7! Tg8 26. Dh6 gefolgt. Falls 25. – Tcc8 geschieht, so folgt 26. T×h7+! K×h7 27. Td7+ mit undeckbarem Matt. Nach 24. – D×a3 25. Df6+ Kg8 26. T1d4 kann Schwarz die Mattdrohung ebenfalls nicht parieren.) **25. Df6+ Kg8 26. T1d4 Dg6** (26. – D×e2 27. T×f7!) **27. Df3 h5 28. T×b7 e5 29. Th4 Td8 30. D×h5 D×h5 31. T×h5 f6 32. T×a7 Td2 33. e3 Tc1+ 34. Kg2 Tdd1 35. Tf5** Schwarz gab auf.

# SIZILIANISCHE VERTEIDIGUNG

## 88.

### Sigurjonsson–Portisch
### Schacholympiade, Buenos Aires 1978

**1. e4 c5 2. Sf3 d6 3. d4 c×d4 4. S×d4 Sf6 5. Sc3 a6 6. Le2 e5 7. Sb3 Le7 8. 0–0 Le6**
Gegen die populäre Najdorf-Variante wendet Weiß meistens die Fortsetzung 6. Lg5 an. Diesen ruhigen Partieaufbau spielte hauptsächlich Karpow mit Folgerichtigkeit und Erfolg. Weiß bemüht sich, mit a4–a5 seinen Gegner am Damenflügel einzuengen und möglichst auch das Feld d5 zu erobern. **9. f4 Dc7 10. a4 Sbd7 11. Le3** Wahrscheinlich war 11. a5 genauer, denn nach dem Textzug bietet auch 11. – e×f4 dem Nachziehenden gute Ausgleichschancen. **11. – 0–0 12. f5 Lc4 13. a5 Tfc8!?** (In jener Zeit war das ein neuer Zug, aber jetzt ist 13. – b5 gebräuchlicher.) **14. Kh1?** (Es ist phantastisch, daß dieser „typische Zug" den Anziehenden in eine kritische Lage bringt. Weiß hat die verborgene Feinheit des vorigen Zuges von Schwarz nicht wahrgenommen. 14. L×c4 war notwendig.) **14. – L×e2 15. D×e2 d5!** Insofern Schwarz in der Siziliani-

schen Verteidigung zu diesem Zug kommt, gleicht er aus, steht sogar meistens schon besser. Zum Wesen der Sache gehört, daß 16. S×d5 jetzt nicht angeht, da der Bauer c2 hängt. **16. e×d5 Lb4 17. Ld2 L×c3 18. L×c3 S×d5 19. Tf3 Te8!** (Den unbequem stehenden Läufer c3 deckt der Turm, der aber vom vorrückenden e-Bauern bald gestört wird.) **20. Ta4 S7f6 21. Sd2** (21. Tc4 Dd7 22. L×e5? De7 –+, 22. Sc5 Db5! ∓, 22. Sd2 e4! 23. S×e4?? S×e4 24. T×e4 T×e4 25. D×e4 S×c3 –+) **21. – Dd7! 22. Th4?!** (Danach verschlechtert sich die weiße Bauernstellung, denn der Turm f3 hat den Bauern f5 zu schützen. Freilich ist auch 22. Tc4 e4! 23. Tf1 e3 24. Sb3 Se4 25. Te1 Db5 nicht angenehm.) **22. – S×c3 23. b×c3 e4 24. Tf1 Dc6 25. h3 e3** (Der vorgerückte Bauer legt das weiße Heer lahm.) **26. Sc4 Te7 27. Tf3 Tae8 28. Td4 Sd5 29. f6 Te4 30. Tg3 g6 31. Tg4 T×g4 32. h×g4 S×c3**
Weiß gab auf.

# ANGENOMMENES DAMENGAMBIT

## 89.

### Miles–Portisch
### Schacholympiade, Buenos Aires 1978

**1. d4 d5 2. c4 d×c4 3. e4** (Ein alter Zug, der aber seit Jahren in voller Blüte steht.) **3. – Sf6 4. e5 Sd5 5. L×c4 Sb6** (Möglich ist auch 5. – Sc6.) **6. Lb3 Sc6 7. Se2?!** (Passiv. Richtiger war 7. Sf3!, da 7. – Lg4 8. L×f7+ K×f7 9. Sg5+ Ke8 10. D×g4 D×g4 11. De2 einigen weißen Vorteil ergibt.) **7. – Lf5 8. Sbc3 e6 9. Lf4 Sb4!** (Schwarz hat ziemlich viel erreicht. Er besitzt das Feld d5, sein Damenläufer hat sich bequem entwickelt. Nun muß er zu c7–c5 kommen.) **10. 0–0 Le7 11. Dd2 S4d5 12. Le3 0–0 13. Sg3! Lg6 14. f4?!** (Ein etwas ungeduldiger Zug. Statt dessen war 14. Tad1! besser.) **14. – c5!** (Eine genau berechnete Zentrumssprengung, die dem Nachziehenden mindestens Ausgleich sichert.) **15. L×d5?** (Miles übersieht den feinen 17. Zug von Schwarz. 17. d×c5! S×e3 18. D×e3 Sd7 19. Sge4 L×e4 20. S×e4 S×c5! 21. S×c5 Db6 22. Tac1 Tac8 23. Kh1 führte zu einem ungefähren Gleichgewicht.) **15. – S×d5 16. d×c5 S×e3 17. D×e3**

**17. – Dd3!**

Die Pointe der im 14. Zug begonnenen Zugserie. Zieht Weiß jetzt 18. Df2, so folgt 18. – Dc4. Das in der Partie entstehende Endspiel ist aber wegen des aktiven schwarzen Läuferpaars sehr schwer für Weiß. **18. D×d3?!** (18. Df2 Dc4 19. Kh1 L×c5 20. Df3 bot doch mehr praktische Chancen.) **18. – L×c5+ 19. Kh1 L×d3 20. Tfd1 Tad8! 21. Sge4 Le3 22. g3 f6!** (Linienöffnung den Läufern! Deshalb ist der Turm f8 in seiner Stellung geblieben.) **23. Sd6 Lg6 24. Sc4** (Auf 24. S×b7 folgt 24. – Tb8, und jetzt verbietet sich 25. Td7? wegen 25. – Le8! 26. Tc7 T×b7!) **24. – Ld4 25. Kg2 Le8! 26. e×f6 g×f6 27. Tac1 Lc6+** (Das Läuferpaar arbeitet großartig!) **28. Kf1 Lc5 29. Ke2 a6 30. Sd2 Kf7!** (Der König gehört in die Brettmitte!) **31. Sce4 Ld4 32. Sc3 Ke7 33. Sf3 La7 34. Se1 T×d1 35. T×d1 Le8!** (Die beweglichen Läufer lassen sich bald hier, bald dort sehen!) **36 Kf3 Tg8 37. Tc1 Lh5+ 38. Kg2** (38. Ke4 Td8!) **38. – Le3 39. Tc2 L×f4 40. Sce4 Lb8 41. Sc5 Tc8!**

Weiß gab auf.

ENGLISCHE ERÖFFNUNG

## 90.

**Portisch–Hübner**
**Montreal 1979**

**1. c4 Sf6 2. Sc3 c5 3. Sf3 d5** (Eine populäre Fortsetzung, die aber den allgemeingültigen Prinzipien widerspricht. Die unentwickelte Seite öffnet ja die Stellung!) **4. c×d5 S× d5 5. d4** (Es ist dagegen logisch, daß der besser entwickelte Anziehende bestrebt ist, die Stellung zu öffnen. Die Logik des Schachspiels ist aber eigenartig. Die Praxis rechtfertigt das Verfahren von Weiß nicht eindeutig. Jedenfalls ist 5. g3 beliebter.) **5. – c×d4?!** (Bis zu dieser Partie wurde dies als eine vollwertige Fortsetzung angesehen. Heute bevorzugt man aber das Grünfeld-artige 5. – S×c3 6. b×c3 g6. Ein Beispiel dazu aus der Praxis unseres Champions: 7. e3 Lg7 8. Lb5+ Sd7 9. 0–0 0–0 10. De2 a6 11. Ld3 e5?! 12. Tb1 Da5 13. Dc2 b5 14. a4 Tb8 ∞, Portisch–Miles, Bugojno 1986.
**6. D×d4 S×c3 7. D×c3 Sc6 8. e4 Lg4** (Die einzige aktive Idee; Schwarz möchte das Feld d4 schwächen.) **9. Lb5 Tc8 10. Le3!** (Eine Neuerung von entscheidender Kraft! In einer symmetrischen Stellung gewinnt Weiß zwei Tempi; im Verhältnis dazu ist der f-Doppelbauer nur ein unbedeutender Nachteil. Die älteren Lehrbücher betrachten nur 10. 0–0 mit annäherndem Ausgleich.) **10. – L×f3 11. g×f3 a6 12. Td1! Dc7 13. L×c6+ D×c6 14. Dd4!** (Danach vermag Schwarz höchstens um den Preis ernster Opfer zur Rochade zu kommen.) **14. – f6** (Im Fall von 14. – e6 könnte sich der Läufer f8 nicht entwickeln.) **15. 0–0 e5** (15. – De6!?) **16. Da7! Le7 17. Tc1 Dd7 18. T×c8+ D×c8 19. Tc1 Dd7**

**20. Da8+!**
Nur so! Schwarz kann in der Partie so nicht mehr zu Atem kommen. Ein Reinfall wäre 20. Db8+? Ld8 21. Tc8 Ke7 22. Lc5+ Ke6 23. Lb6? Lc7! –+. **20. – Ld8 21. Tc8 Kf7 22. Lb6!** (22. Tb8 Kg6!) **22. – L×b6 23. T×h8 Kg6** (23. – L×f2+ 24. Kg2! +–) **24. De8+ D×e8 25. T×e8 Ld4 26. b4 Lc3 27. a3 Lb2 28. a4 La3 29. Tb8 L×b4 30. T×b7 Lc3 31. Kf1 h5 32. Ke2 a5 33. f4!** (33. Ke3 Le1) **33. – e×f4 34. Kf3 f5 35. Tb6+ Kg5 36. Tb5 g6 37. e5 Ld2 38. h4+ Kh6 39. Tb7**
Schwarz gab auf.
(Unter Benutzung der Analysen von Gligorić.)

177

# NIMZOWITSCH-INDISCHE VERTEIDIGUNG

## 91.

**Portisch–Balaschow**
**Interzonenturnier**
**Rio de Janeiro 1979**

**1. d4 Sf6 2. c4 e6 3. Sc3 Lb4 4. e3 0–0 5. Ld3 c5 6. Sf3 d5 7. 0–0 d✕c4 8. L✕c4 Sbd7** (Für diese einst populäre Variante findet man auch mehrere Beispiele in diesem Buch.) **9. De2 a6** (Die andere beachtenswerte Möglichkeit ist 9. – b6.) **10. a4 Dc7?!!** (Der vormalige Zug von Keres, der in jener Zeit hoch im Kurs stand. Heute scheint nur 10. – c✕d4 spielbar zu sein.) **11. Sa2 b5** (Schwarz bereitet sich vor, einen Bauern zu opfern, was infolge der Verstellung der a-Linie gerechtfertigt sein sollte.) **12. Ld3** (12. a✕b5 a✕b5 13. L✕b5 Lb7 ~) **12. – La5 13. a✕b5** (13. e4 c4 14. Lb1 e5 15. a✕b5 e✕d4 16. S✕d4 Lb6 17. Le3 ~, Antoschin–Keres, Moskau 1963) **13. – a✕b5 14. L✕b5** (Die Fesselung auf der a-Linie ist nicht mehr so gefährlich, da auch der schwarze Läufer auf a5 ein Hindernis darstellt.) **14. – Lb7 15. Td1!** (Eine Neuerung statt des bisher üblichen 15. Sc3. Es stellt sich bald heraus, daß der Springer gerade auf a2 gut plaziert ist!) **15. – Tab8?!** (Wenn es überhaupt eine Verbesserung für Schwarz gibt, ist sie irgendwo hier zu suchen.) **16. d✕c5! L✕f3 17.**

g✕f3 S✕c5 **18. b4 Sb3 19. Tb1 De5** (Fast jeder Zug von Schwarz war erzwungen.) **20. b✕a5 T✕b5** (20. D✕b5 21. D✕b5 T✕b5 22. Sc3 Tbb8 23. a6 +–) **21. Kh1!** (Ein vielseitiger Zug, der auch noch bezweckt, daß nach S✕c1 die weiße Dame nicht mit Schach hängt.) **21. – Db8** (Scheinbar hatte Schwarz es geschafft: Er deckte abermals seinen Springer, und auch den a-Bauern behält er im Auge. Um so interessanter ist es, wie rasch die schwarze Verteidigung zusammenbricht.) **22. La3 Tc8 23. Ld6 Db7**

Die schwarzen Figuren decken einander krampfhaft. In einer solchen Lage kann sich leicht eine Kombination ergeben:
**24. a6! Db6 25. Lc7!!** (Sehr nett! Es ist leicht einzusehen, daß Schwarz keinen der weißen Steine schlagen darf. So gelangt der sich vorgewagt habende Bauer langsam zum Umwandlungsfeld.) **25. – Dc6 26. a7! h6 27. Lb8! Sd7 28. Td6 Db7 29. T✕d7 D✕d7 30. a8D Tb✕b8 31. De4**
Schwarz gab auf.

ENGLISCHE ERÖFFNUNG

## 92.

**Waganjan–Portisch**
**Interzonenturnier**
**Rio de Janeiro 1979**

**1. c4 c5 2. Sc3 Sf6 3. g3 e6 4. Sf3 d5 5. c×d5 S×d5 6. Lg2 Sc6 7. 0–0 Le7 8. d4 0–0 9. e4** (Eine schärfere Fortsetzung als das positionelle 9. S×d5 e×d5.) **9. – Sdb4** (Üblich ist noch 9. – S×c3 bzw. 9. – Sb6, aber Schwarz hat in jedem Fall – einschließlich des Textzuges – um den Ausgleich hart zu kämpfen.) **10. d×c5!** (Nach dem heutigen Stand der Theorie ist dies besser und unbedingt einfacher als 10. d5 e×d5 11. e×d5 Sd4 12. a3 S×d5 usw.) **10. – L×c5 11. a3?**
Der Textzug belegt das Paradoxon von Nimzowitsch, wonach die natürlichen Züge verlieren. Es führt zwar vielleicht zu weit, hier schon über einen Verlust zu reden, aber wegen der Schwächung des Feldes b3 kann Schwarz die Initiative übernehmen. Der richtige Zug war 11. e5! mit Einsperrung des schwarzen Damenläufers, z. B. 11. – Le7 12. a3 Sd3 13. De2 S×c1 14. Ta×c1 Da5 15. Tfd1 Td8 16. Sb5 Da6 17. Lf1 Ld7 18. De3 +=, Kortschnoi–Hübner, Johannesburg 1981.
**11. – Sd3 12. De2 S×c1** (12. – e5? 13. Le3 L×e3 14. D×e3 S×b2 15. De2 +–, Tal–Christiansen, Tallinn 1979) **13. Ta×c1 e5!** (Dadurch wird der Damenläufer befreit, und Schwarz besitzt ein sehr bequemes Spiel. Die Schwäche des Feldes d5 hat keine praktische Bedeutung.) **14. Tfd1 Ld4! 15. h3 a6 16. S×d4** (Weiß durfte die feindliche Figur im Zentrum nicht lange dulden.) **16. – S×d4 17. De3 Le6 18. f4?!** (Die Aufreißung der Königsstellung begünstigt eher den Nachziehenden. 18. Se2!) **18. – f6 19. Se2 S×e2+ 20. D×e2 Db6+ 21. Df2** (21. Kh2 Lb3! 22. Td2 Tfd8 =+) **21. – Db3!** (So büßt Weiß für seine Sünde, den Zug 11. a3. Der geschwächte Punkt b3 erschwert das weiße Spiel.) **22. Td6 Tac8 23. T×c8 T×c8 24. f5 Lf7 25. Db6** (Nach 25. Dd2 h6 hätte Schwarz ebenfalls mehr vom Spiel.) **25. – Tc1+! 26. Kh2 D×b6 27. T×b6 Tc7**

Eine interessante Stellung. Anscheinend steht Weiß mit seinem aktiven Turm besser, mindestens aber kann er die Stellung ohne Sorge halten. Tatsächlich kann die Aktivität des Turmes nicht gesteigert werden, dagegen können der schwarze König und der schwarze Läufer zum Damenflügel überführt werden und somit den Turm von seiner Verteidigungsaufgabe entbinden. Mit dem derart aktivierten Turm und besseren Läufer (der weiße Läufer ist von seinen eigenen Bauern eingesperrt) übernimmt Schwarz die Führung der Partie mit ausgezeichneten praktischen Gewinnchancen. **28. g4 Le8 29. Kg3 Lb5 30. Kf2 Td7 31. h4 h6 32. Kg3** (Hier oder im nächsten Zug hätte Weiß g4–g5 versuchen müssen, da die völlige Passivität auf lange Sicht hoffnungslos ist.) **32. – Kf7 33. Lf3 Lc6 34. Kf2 Td2+ 35. Ke3 Th2!** (Erzwingt die Erstarrung des gegnerischen Königsflügels und nimmt somit dem Anziehenden seine Hoffnungen.) **36. h5 Ke7 37. Tb3 Lb5 38. Ld1** (38. a4!?) **38. – Kd8 39. Lf3 Kc7 40. Ld1 Lc6 41. Lf3 a5! 42. Ld1 Tg2 43. Lf3 Tc2 44. Ld1 Th2 45. Lf3 b6!** (Nach einigem Lavieren zeichnet sich der Gewinnplan von Schwarz ab. Es droht Kb7, La4 und dann T×b2.) **46. Le2 L×e4! 47. Tc3+** (47. K×e4 T×e2× 48. Kd5 Tg2 –+) **47. – Kb7 48. Tc1 Th1 49. Lf1 Ld5 50. Td1 Lc6 51. b4 a×b4 52. a×b4 b5 53. Kf2 Th2+ 54. Kg3 Tb2 55. Td8 Tb3+ 56. Kh4 T×b4 57. Tg8 Td4! 58. T×g7+ Kb6 59. L×b5!?** (Weiß ist ganz verzweifelt, da der b-Bauer sich sonst zur Dame umwandelt.) **59. – K×b5 60. Kg3** (60. Tg6 Lf3! oder 60. – Td3!) **60. – Td3+ 61. Kh2 61. – Kc5 62. Tg6 Lf3 63. g5 f×5g 64. T×h6 Lg4 65. f6 Le6 66. Th8 g4 67. h6 g3+ 68. Kg1 Tb3** Weiß gab auf.

DAMENINDISCHE
VERTEIDIGUNG

## 93.

### Portisch–Helmers
### Schacholympiade, Malta 1980

**1. d4 Sf6 2. c4 e6 3. Sf3 b6 4. e3** (In der Damenindischen Verteidigung bevorzugt Portisch diese natürliche positionelle Fortsetzung.) **4. – Lb7 5. Ld3 Le7 6. 0–0 0–0 7. b3 c5 8. Lb2 c×d4 9. e×d4 d5 10. De2** (Weiß verrät vorläufig nicht, wohin er seinen Damenspringer entwickeln will.) **10. – Sc6 11. Sbd2** (Heutzutage wird dies dem Zug Sc3 vorgezogen, worauf 11. – Sb4! 12. Lb1 d×c4 13. b×c4 L×f3 14. g×f3 Sh5 für den Nachziehenden ein vollwertiges Spiel ergibt.) **11. – Tc8 12. Tac1 Te8 13. Tfd1 Lf8** (Schwarz gruppiert seine Figuren zum Königsflügel hin um.) **14. a3** (Mit 14. De3 hat Keres viele schöne Siege errungen. Der Textzug bereitet den Vormarsch am Damenflügel vor. Im folgenden muß Schwarz auf c4 früher oder später tauschen, worauf Weiß im Zentrum zu einem Bauernübergewicht gelangt, obwohl es auch schwach werden kann.) **14. – g6 15. h3** (Ein nützlicher Abwartezug, der nebenbei auch De3 vorbereitet.) **15. – Lg7?** (Der einzige, aber entscheidende Fehler in dieser Partie. 15. – d×c4 durfte Schwarz nicht mehr aufschieben.) **16. c5!!** Ein außerordentlich tiefgründiger Zug! Weiß überläßt das Zentrum

völlig dem Nachziehenden, der zudem nach zwei Zügen auch mit Figurengewinn droht.

**16. – b×c5 17. d×c5 e5 18. Lb5** Das ist das Wesen der Sache! Die Fesselung ist unangenehm; auch das starke schwarze Bauernzentrum hilft nicht. Falls irgendeiner der schwarzen Mittelbauern zieht, wird sein Nachbarfeld geschwächt. Das weiße Übergewicht am Damenflügel ist dagegen erdrückend. **18. – Sd7 19. Sf1 d4** (Irgendein Bauer mußte bereits vorrücken; 19. – e4 20. Sd4 S×d4 21. L×d4 L×d4 22. T×d4 wäre für Schwarz positionell hoffnungslos.) **20. b4 De7 21. Te1 Dd8** (gegen 22. S×d4) **22. S3d2!** (Der Springer trachtet nach d6.) **22. – Sf6 23. Sc4 Te6 24. Sd6 T×d6** (In einer strategisch verlorenen Stellung versucht Schwarz sich mit einem Qualitätsopfer zu erleichtern, doch wegen der unveränderten Schwäche der schwarzen Mittelbauern hilft auch das nichts.) **25. c×d6 Se8** (25. – D×d6 26. Sd2!) **26. La6 S×d6 27. L×b7 S×b7 28. Db5 Dd7 29. Sd2 Sd6 30. Dd5 Se7 31. T×c8+ S7×c8 32. Sc4** Schwarz gab auf.

(Die Analyse wurde unter Benutzung der Notizen von Portisch verfaßt.)

## SIZILIANISCHE VERTEIDIGUNG

### 94.

**Ermenkow–Portisch**
**Europa-Mannschaftsmeisterschaft**
**Skara 1980**

**1. e4 c5 2. Sf3 d6 3. d4 c×d4 4. S×d4 Sf6 5. Sc3 a6 6. Lc4 e6 7. a3?!** (Zu langsam. Gebräuchlicher ist 7. Lb3.) **7. – Le7 8. La2 0–0 9. f4?** (Weiß will mit f4–f5 die Erwiderung e6–e5 erzwingen, wonach das Feld d5 theoretisch geschwächt wird. Diesen Plan kann aber das gut entwickelte schwarze Heer praktisch vereiteln. 9. Le3!? b5 10. g4 Lb7 11. f3, Kortschnoi–Bobozow, Wijk aan Zee 1968, 11. – Sfd7! ~.) **9. – b5 10. f5 e5 11. Sde2 Lb7 12. Sg3 Sbd7 13. Lg5 Tc8 14. 0–0?!** (14. L×f6!) **14. – T×c3!** (Ein für die Sizilianische Verteidigung charakteristisches Qualitätsopfer, das die weiße Bauernstellung zerstört.) **15. b×c3 S×e4 16. S×e4 L×e4 17. L×e7 D×e7 18. c4 Tc8! 19. De2** (19. c×b5? T×c2) **19. – Sf6 20. Tac1** (20. Tad1 nebst Td2 dürfte besser sein.)

*(Siehe folgendes Diagramm.)*

**20. – h5!!**
Der Angriff auf den König beginnt.
**21. c×b5?!** (Zäher war 21. Kh1!)
**21. – a×b5 22. D×b5 Da7+ 23. Kh1 h4!** (Die logische Fortsetzung des in der Diagrammstellung begonnenen Planes, die mit h4–h3 droht. Falls dagegen 24. h3 geschieht, so weist 24. – Sh5! auf eine neue Schwäche der weißen Stellung hin.) **24. Db3 Sg4! 25. h3** (25. Tce1 T×c2 26. T×e4 Sf2+ –+) **25. – Se3 26. Tg1 S×f5 27. Kh2 d5 28. c4 Tb8 29. Dc3 Df2 30. D×e5** (Ebenso schlecht wäre 30. Tcf1 D×a2 31. T×f5 d4 oder 31. D×e5 Tb2.) **30. – Tb2 31. c×d5 D×g2+!** (Eine nette Kombination!) **32. T×g2 T×g2+ 33. Kh1 Sg3+** Weiß gab auf.

## NIMZOWITSCH-INDISCHE VERTEIDIGUNG

### 95.

**Portisch–Pintér**
**Ungarische Supermeisterschaft**
**Budapest 1981**

**1. d4 Sf6 2. c4 e6 3. Sc3 Lb4 4. e3 c5 5. Ld3 0–0 6. Sf3 d5 7. 0–0 d×c4**

**8. L×c4 c×d4 9. e×d4 b6** (Pintér wendet die beliebte Variante von Karpow an, die bereits das Thema mehrerer Partien zwischen Portisch und Karpow bildete. Interessant ist die Variante deshalb, weil sie auch gegen die Panow-Variante der Caro-Kann-Verteidigung spielbar ist.) **10. Lg5 Lb7 11. Te1** (Hier wurden schon zahlreiche Fortsetzungen erprobt wie z. B. 11. De2, 11. Se5, 11. Tc1 usw., aber der Textzug scheint am wirksamsten zu sein.) **11. – Sbd7 12. Ld3 Tc8 13. Tc1 L×c3** (Schwarz ist genötigt, sich von seinem Läufer zu trennen, denn sonst kann er seine Dame nicht entwickeln.) **14. b×c3 Dc7 15. Lh4!** (Portischs Neuerung aus dem Jahre 1978; sie behindert das Befreiungsmanöver 15. – L×f3 16. D×f3 e5, droht sogar gelegentlich mit Lg3.) **15. – Tfd8** (15. – Dc6 16. c4 Sh5 17. d5! Dc5 18. Sg5 Shf6 19. d×e6 f×e6 20. S×e6 Dc6 21. Lf1 ±, Portisch–Browne, Tilburg 1978) **16. Sd2!** (Dieser sehr starke Zug ist der Erfolg eines mehr als halbstündigen Nachdenkens. Schwächer ist 16. Lg3 Dc6 17. h3 Dd5 +=, Pintér–Littlewood, Hastings 1980.) **16. – Te8** (Falls 16. – Dc6 geschieht, so folgt 17. f3 und Se4 ±, entsprechend dem Sinne des 16. Zuges.) **17. Lg3 Dc6 18. f3** (18. Se4?! e5!) **18. – Sf8** (Schwarz hat schon ein schweres Problem zu lösen, da der Springer d2 über c4 oder e4 nach d6 trachtet.) **19. Sc4 Ted8** (19. – Tcd8 20. Se5 Dc8 21. Lb5 Te7 22. Lh4 +–) **20. Se5 De8** (20. – Dd5 21. Da4 ±) **21. Lh4 Sg6**

**22. L×f6!?** (Das ist gut, aber vielleicht noch stärker war 22. L×g6! h×g6?! 23. Sg4 oder 22. – f×g6 23. Sg4 Df8 24. S×f6+ g×f6 25. T×e6 bzw. 23. – De7 24. c4 und dann d5 +–) **22. – g×f6 23. Sg4 De7 24. Dd2 Kh8 25. Dh6 Tg8 26. h4!** (Weiß spielte auf diese Drohung, da Schwarz gegen den vorrückenden Bauern anscheinend kein Gegenmittel hat. Pintér verteidigt sich aber sehr findig und rettet beinahe die Partie.) **26. – f5!?** (Hier war noch 26. – Tg7!? 27. h5?! Sh4 28. S×f6 S×f3+ 29. Kf2 Sh2 aufregend, aber mit 27. L×g6! f×g6 28. Df4 kann Weiß seinen Vorteil behaupten.) **27. L×f5 L×f3! 28. Se5!** (Die beste Antwort, z. B. 28. g×f3 D×h4 29. L×g6? D×h6 30. S×h6 T×g6+ 31. Sg4 h5 =+ oder 28. h5 Sf8 29. g×f3 Dh4 30. Df4 e×f5 31. D×f5 T×c3! =+.) **28. – e×f5 29. S×f3** (29. S×g6+? T×g6 30. D×g6 D×e1+ –+) **29. – Df8 30. Dg5 Dd8 31. h5** (31. D×f5 S×h4 32. S×h4 D×h4 33. D×f7? Tcf8 –+) **31. – D×g5 32. S×g5 Sh4?!** (32. – Se5 33. T×e5 T×g5 scheint nachträglich besser zu sein, obwohl 34. h6 oder 34. Te7 gleichermaßen für Weiß günstig ist.) **33. S×f7+ Kg7 34. Sd6 Kf6** (34. – Tcd8 35. Te6 +–) **35. S×c8 Sf3+**

**36. Kh1!**
Eine genau durchgerechnete Abwicklung, die zu einem gewinnversprechenden Turmendspiel führt. Die an das „französische" Schach erinnernde Schlagserie ist amüsant: **36. – S×e1 37. S×a7 S×g2 38. Tg1! Ta8 39. K×g2!** (Eine wichtige Regel: Im Endspiel muß man vor allem seinen König aktivieren!) **39. – T×a7 40. Tb1 Kg5 41. Kf3!** (41. T×b6?! Kf4! 42. Tb2 Ke3 hätte dem Anziehenden Sorge bereitet.) **41. – Tc7 42. Tb3 Tc6 43. a4 h6 44. Ke3 Te6+ 45. Kd3 f4 46. d5 Te1 47. Kd2 Te5 48. Tb5!** (Die Fesselung auf der 5. Reihe ist verhängnisvoll.) **48. – Kf5 49. d6! T×b5 50. a×b5 Ke6 51. Kd3 K×d6 52. Ke4**
Schwarz gab auf.

## ENGLISCHE ERÖFFNUNG

### 96.

**Seirawan–Portisch**
**Mar del Plata 1981**

**1. c4 c5 2. g3 Sf6 3. Lg2 d5 4. c×d5 S×d5 5. Sc3 Sc7** (Gegen die Englische Eröffnung spielt Portisch mit Vorliebe das System von Rubinstein.) **6. d3** (Einen ganz anderen Aufbau wählte Weiß in der 81. Partie Flesch–Portisch.) **6. – e5 7. Sf3** (Heutzutage wird dies als die Hauptlinie der Variante angesehen. Interessant ist 7. Db3, um auf 7. – Sc6 die Antwort 8. L×c6+!? folgen zu lassen.) **7. – Sc6 8. 0–0 Le7 9. Sd2 Ld7 10. Sc4 f6** (Hier versuchte Portisch mehrere Male auch das Bauernopfer 10. – 0–0!? 11. L×c6 L×c6 12. S×e5.) **11. f4 b5 12. Se3 Tc8** (Eine Verbesserung im Vergleich zum früheren 12. – Tb8.) **13. a4 b4** (Dem Anziehenden ist es gelungen, den Damenflügel zu verstärken und auch das Feld c4 zu erobern, aber er hat keinen Bauern in der Brettmitte.) **14. Scd5?!** Dieses Manöver wäre gut, wenn Weiß das Feld d5 auf die Dauer besetzen könnte. Etwas besser ist 14. Se4, z. B. 14. – f5! (14. – 0–0? 15. f5! ±) 15. Sd2 (15. Sf2 0–0 16. Sc4 e×f4 17. L×f4 Se6 18. Ld6 Le8 19. L×e7 D×e7 20. e3 Sg5 =, Portisch–Sokolow, Bugojno 1986) 15. – 0–0 16. Sec4 e×f4 17. g×f4 Kh8 ~, Kortschnoi–Portisch, Luzern 1985. **14. – 0–0 15. S×e7+?!** (Es ist nicht logisch, einen starken zentralisierten Springer gegen einen passiven Läufer so eilig abzutauschen. 15. Ld2 e×f4 16. g×f4 S×d5 17. S×d5 =) **15. – D×e7 16. Sc4** (16. f5 Sd4! =+) **16. – Tfd8!** (Der Bauer e2 muß früher oder später vorrücken, und dann wird der Punkt d3 schwach. Diesen nimmt Schwarz

schon jetzt aufs Korn.) **17. b3 e×f4 18. g×f4 Le8!** (Die Verwirklichung einer idealen Aufstellung ist im Gange! **19. e3 Sd5 20. Dc2?!** (Laut Kovačević war 20. Dd2 und Lb2 besser.)

**20. – Lg6!** Erzwingt f4–f5 (21. Le4? L×e4 22. d×e4 Sc3 –+), wonach Schwarz das strategisch wichtige Feld e5 ergattert. **21. f5 Lf7 22. Tf3!** (In einer unbequemen Lage findet Weiß die relativ beste Verteidigung. 22. Ld2 wäre von 22. – Sb6! und 23. – S×c4 nebst Se5 gefolgt.) **22. – Sb6 23. Tg3 S×c4 24. d×c4 Se5** (Die weiße Stellung kann als strategisch gewonnen angesehen werden, obwohl der Sieg selbst noch ziemlich weit ist.) **25. e4 Kh8 26. Lf4 Td4 27. Td1 Tcd8 28. T×d4 c×d4** (Die Sorgen von Weiß werden so wegen des gefährlichen Freibauern größer. Weniger energisch war 28. – T×d4?! 29. Le3 Td3 30. Lf2 =+.) **29. Lf1 g5!** (Weiß wird immer mehr eingeengt.) **30. f×g6! e. p.** (Wiederum ist das verhältnismäßig am besten, 30. Ld2?! wird mit a5 und Sd7–c5 beantwortet, und dann wären das Feld e4 und der Bauer b3 schwach. Auf 30. L×e5 D×e5 31. Ld3 folgt unangenehm Le8–c6 und h7–h5.) 30. – L×g6 (Ein typischer Fall für den Kampf zwischen dem „guten" und dem „schlechten" Läufer.) 31. Lg2 a5 32. Dd2 Sc6 33. Lh6 Se5 34. Lf4 Sf7 35. Td3 Dc5 36. Df2 Kg7 37. h3 (Auf 37. h4 folgte Td7 und dann Sd8–e6.) 37. – Sg5 38. Tg3? (Der letzte Fehler. Weiß hätte den unangenehmen Springer unbedingt loswerden müssen: 38. L×g5 f×g5 39. h4 h6 40. h×g5 h×g5 41. Dg3! – sonst De5! – Tf8! wäre für Schwarz vorteilhaft, aber nicht ganz hoffnungslos für Weiß.) 38. – Se6 39. Ld2

**39. – d3!**
Der gewaltige Freibauer bindet im weiteren das Heer des Gegners und entscheidet schließlich den Kampf. **40. Le3 De5** (Schon droht 41. – d2!, deshalb ist Weiß gezwungen, auf die unangenehme Fesselung einzugehen.) **41. Kh2 Kf7 42. Ld2 Td7** (42. – Sc5? 43. Lf4 De7 44. e5!) **43. Db6** (43. Df3 Sc5 44. Lf4 D×e4)

**43. – Sd4 44. Le1 L×e4** (noch sicherer als 44. – Se2) **45. Lf2 Sf5. 46. L×e4 D×e4**
Weiß gab auf.

## ENGLISCHE ERÖFFNUNG

### 97.

### Portisch–Kavalek
### Amsterdam 1981

**1. c4 e5 2. Sc3 Sf6 3. g3 Lb4 4. Sf3** (Einst war dies ein beliebter Zug von Portisch gegenüber dem gebräuchlicheren 4. Lg2. Seine Idee ist nicht ganz klar, da Schwarz nach belieben mit 4. – Sc6 in die Hauptvariante einlenken oder eine Abweichung wählen kann wie in der Partie.) **4. – De7 5. Lg2 c6! 6. 0–0 0–0 7. d3 L×c3** (Hier oder im nächsten Zug hätte Schwarz d7–d5 ziehen müssen. Damit würde er allerdings auf das Läuferpaar verzichten, hätte aber dagegen ein starkes Zentrum.) **8. b×c3 h6?** (Dadurch verpaßt Kavalek auch die letzte Möglichkeit zum Befreiungszug und schwächt obendrein auch seine Königsstellung) **9. e4!** (Danach wäre d7–d5 schon schlecht, denn die Stellung würde sich öffnen und auch der Bauer e5 gefährdet sein.) **9. – d6 10. Sh4!** (Das Signal des Angriffs auf der f-Linie.) **10. – Sa6 11. f4 e×f4** (Es ist schwer zu entscheiden, ob das voreilig war, denn z. B. hätte nach 12. f4 f5 12. – Sh7! einen zähen Widerstand ermöglicht. Tatsache ist jedoch, daß Schwarz auf jeden Fall schlecht stand. **12. T×f4 Sc5** (12. – g5? 13. Sf5) **13. Le3 Sh7** (13. – d5 14. Ld4! d×c4 15. L×f6 g×f6 16. d4 Sd3 17. Sf5 L×f5 18. T×f5 ±) **14. Dd2 Sg5 15. Kh1 Ld7 16. Taf1 Tae8**

Weiß übt auf der f-Linie einen starken Druck aus. Er beherrscht den wichtigen Punkt f5. Aber wie soll es weitergehen? Die Antwort lautet: Dieser Angriff allein kann nicht durchdringen, der Schwerpunkt muß auf die g-Linie verlagert werden.

**17. g4! Dd8** (17. – S×e4?? 18. d×e4 D×h4 19. L×c5 +–) **18. Sf5 L×f5** (Den gewaltigen Springer durfte Schwarz offensichtlich nicht dulden, aber nach dem Textzug öffnet sich die g-Linie.) **19. g×f5 f6 20. Tg4 Kh7 21. Tg1! Tg8 22. h4 Sf7 23. d4** (Die schwarzen Figuren werden auf allen Frontstrecken zurückgedrängt.) **23. – Sd7 24. Lf3** (Es droht eine Tripelierung auf der g-Linie mit Übergewicht, auf den Punkt g7 gerichtet.) **24. – Sh8 25. Dg2 Te7 26. L×h6!** (Die Figuren besitzen eine Seele, sagte Großmeister Nim-

zowitsch, und sie sind uns dankbar dafür, wenn wir mit ihnen gut umgehen!) **26. – Sb6** (26. – K×h6 27. Tg6+ Kh7 28. Dg4 führt zum Matt.) **27. L×g7 Tf7 28. Tg6!** Schwarz gab auf.

UNREGELMÄSSIGE ERÖFFNUNG

98.

**Portisch–Seirawan**
**Mar del Plata 1982**

**1. d4 d6 2. c4 e5** (Eine interessante Zugfolge. Schwarz fürchtet nicht den Damentausch mit 3. d×e5 d×e5, denn das wäre ungefährlich für ihn.) **3. Sf3 e4 4. Sg5 f5 5. Sc3 h6 6. Sh3 g5?!** (Damit der weiße Springer das Feld f4 nicht besetzen kann! Es kommt selten vor, daß ein Großmeister in der Eröffnung so viele und noch dazu so eigenartige Bauernzüge ausführt.) **7. Sg1!** (Eine unbefangene Entscheidung! Weiß nimmt einen Tempoverlust in Kauf, um mit h2–h4 das strategisch derart wichtige Feld f4 zu ergattern.) **7. – Lg7 8. h4 g4** (Es ist fraglich, ob dies so eilig war.) **9. e3 Sd7** (9. – Sf6) **10. Sge2 h5 11. Sf4 Sf8 12. Da4+!** (Einer der schwersten Entschlüsse in der Partie! Weiß sieht voraus, daß Schwarz seinen König am Damenflügel in Sicherheit zu bringen beabsichtigt. Das will er verhindern.) **12. – Dd7** (12. – c6 13. d5, 13. – Ld7 13. Db3) **13. Db3 Se7** (13. – c6!

14. c5! d5? 15. Sc×d5!) **14. c5!**
(Schwarz brauchte nur noch einen
Zug, um sich mit Se6 erleichtern zu
können. Die Diagonale a2–g8 ist
ein wichtiger Operationsraum, und
es liegt im Interesse des Anziehenden,
sie offen zu halten.) **14. – d×c5 15.
d×c5 c6?** (Schwächt das Feld d6,
ohne daß Schwarz die Drohung Sb5
parierte. 15. – Sfg6! 16. S×g6 S×g6
17. Ld2 +=, 17. c6!? ~) **16. Lc4
Seg6 17. Sb5!** (Also doch!) **17. –
S×f4** (Zu erwägen war 17. – Le5,
obwohl 18. Ld2 und dann Sd6+
nebst 0–0–0 für Schwarz gleichfalls
unangenehm ist.) **18. Sd6+ Kd8
19. e×f4 Kc7 20. Le3 De7 21. 0–0–0
Kb8**

Hätte Schwarz durch das „logische"
21. – Tb8 seinen Läufer c8 befreien
wollen, so wäre er mit der netten
Fortsetzung 22. Se8+!! D×e8 23.
Db6+ a×b6 24. c×b6+ matt ge-
setzt worden. Die schwarze Stellung
ist jämmerlich passiv, nur muß Weiß
die Stellung irgendwie öffnen. Dieser
Plan beginnt mit dem Einbruch auf
der d-Linie.
**22. Td2 Lf6 23. g3 Th7 24. S×c8
K×c8 25. Thd1 Kc7 26. Da3** (Weiß

verhindert abermals, daß Schwarz
seinen Damenturm ins Spiel bringt.
Zudem droht Da5 +.)
**26. – De8 27. Td6 Le7 28. Da5+
Kc8 29. Te6!** (So bricht der Turm
ins gegnerische Lager ein, denn
29. – S×e6 verbietet sich wegen
30. L×e6+ Kb8 31. Td7.)
**29. – a6 30. Te5** (Beabsichtigt, den
Bauern f5 zu erobern. Es ist komisch,
daß der weiße Turm in der Spielfeld-
hälfte des Gegners so laviert wie im
Endspiel.) **30. – Th6 31. T×f5 Sd7
32. Tf7! Tf6 33. Tg7 Kb8** (33. –
Tg6? 34. Lf7!) **34. f5 Ka7 35. T×d7!**
(Ein elegantes Finale!) **35. – D×d7
36. Db6+ Kb8 37. Tg8+ Lf8
38. T×f8+**
Schwarz gab auf. (38. – T×f8 39.
Lf4+ Kc8 40. Le6)


## SIZILIANISCHE
## VERTEIDIGUNG

### 99.

### Braga–Portisch
### Mar del Plata 1982

**1. e4 c5 2. c3** (Eine Sensation
der siebziger Jahre, daß die bis
dahin am Rande stehende Ala-
pin-Variante plötzlich populär ge-
worden ist und den Anhängern der
Sizilianischen Verteidigung nicht
wenig Sorgen bereitet.) **2. – d5**
(Es ist schwer zu beurteilen, ob die
Textfortsetzung oder 2. – Sf6 dem
Nachziehenden mehr Chancen ein-
räumt.) **3. e×d5 D×d5 4. d4 e6**

(Auch 4. – Sc6 oder 4. – Sf6 hat seine Anhänger. Ihre Idee besteht darin, den Damenläufer nicht einzuschließen. Die Praxis hat aber den Vorzug dieser Züge – gegenüber dem Textzug – nicht nachgewiesen.) **5. Sf3 Sf6 6. Ld3 Le7 7. 0–0** (Der Bauer c3 erschwert die Entfaltung der weißen Streitkräfte. Deshalb zieht Weiß früher oder später c3–c4 oder zwingt Schwarz zum Tausch c×d4. In diesem Moment wäre aber der Bauernzug noch verführt, z. B. 7. c4 Dd8 8. d×c5 Sa6! 9. 0–0 S×c5 10. Lc2 D×d1 =.) **7. – 0–0 8. De2** (In der Praxis kamen 8. c4 und 8. d×c5 gleicherweise vor, aber die Textfortsetzung ist am populärsten.) **8. – c×d4** (Manche meinen, 8. – Sc6 wäre nicht mehr so gut wegen 9. d×c5, aber der weiße Vorteil ist auch in diesem Fall nicht leicht nachzuweisen.) **9. c×d4 Sc6 10. Td1 Sb4!** (Schwarz bereitet sich vor, seinen Springer nach d5 zu bringen.) **11. Sc3 Dd8** (Ein Grund der gegenwärtigen Popularität der Alapin-Variante besteht darin, daß daraus des öfteren eine dem Damengambit ähnliche Stellung entsteht, die nicht unbedingt nach dem Geschmack des die Sizilianische Verteidigung wählenden Gegners ist.) **12. Lc4** (12. Lb1 b6 13. Se5 Lb7 14. a3 Sbd5 ~, Braga–Karpow ebenda) **12. – b6 13. Se5 Lb7 14. a3 Sbd5 15. Se4?!** (In einer solchen typischen Stellung – mit dem isolierten Bauern d4 – hat Schwarz im allgemeinen ein gutes Endspiel, dagegen

besitzt Weiß im Mittelspiel einen Raumvorteil und die Initiative. Deswegen liegt es nicht im Interesse des Anziehenden, die Stellung zu vereinfachen. Besser war also 15. Td3 mit der Idee von positionellem Druck.) **15. – S×e4 16. D×e4 Tc8 17. Ld3 f5!** (Schwarz beugt einem Angriff auf seinen König vor. Die Schwäche des e-Bauern wird durch die Schwäche des Bauern d4 kompensiert.) **18. De1** (Gefährlich war das naheliegende 18. De2 wegen 18. – T×c1! 19. Ta×c1 Sf4 20. Dc2 L×g2.) **18. – Kh8 19. Ld2 Sf6 20. Lb4** (Wie bereits oben erwähnt ist es bei einem isolierten Bauern nicht ratsam, nach Vereinfachung zu streben, aber hier ist nichts Besseres zu sehen.) **20. – Sd5 21. Ld2 Lg5! 22. L×g5?** (Beschleunigt die Entfaltung des schwarzen Angriffs. 22. Sf3! =) **22. – D×g5 23. Sf3 Dh6** (Hier kann die Dame den Angriff ideal fördern und deckt zugleich auch den Punkt e6.) **24. Tac1** (Ergibt einen schweren Nachteil, aber Weiß hatte hier schon große Sorgen, z. B. 24. Se5 Sf4 25. Lf1 Tc2 ∓, 26. Td2?? T×d2 27. D×d2 Sh3+ oder 24. Dd2 Sf4!? 25. Se1 Tf6 usw.) **24. – T×c1!** (Schwarz überläßt lieber die wichtige offene Linie, aber verliert keine Zeit beim Angriff. 24. – Sf4? 25. T×c8! T×c8 26. Se5!) **25. T×c1 Sf4 26. Lf1** (26. De3?? S×d3!) **26. – L×f3!** (Die Zerstörung der weißen Königsstellung ist besser als 26. – Sh3+ 27. Kg1 S×f2+ 28. Kg1.) **27. g×f3 Dg5+ 28. Kh1 h6** (Es droht Tf8–

-f6–g6 mit Mattangriff. Die einzige Hoffnung von Weiß besteht darin, daß auch er es auf den gegnerischen König abzielt.) **29. Db4 Td8!** (29. – Tf6? 30. Tc8+ Kh7 31. De7!) **30. Dd2 e5!** (Bei weitem nicht so ein einfacher Bauerngewinn, wie es im ersten Augenblick scheint; Portisch mußte dabei den sich entfaltenden weißen Angriff wie auch den darauffolgenden taktischen Gegenschlag durchschauen.) **31. d5 T×d5 32. Tc8+ Kh7 33. Dc2 b5 34. Tf8 Td3! 35. Dc8**

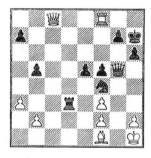

Hat Weiß dennoch recht?
**35. – Dg2+!**
Hier ist die Pointe des 30. Zuges: Damenopfer für ein einziges Tempo! Weiß gab auf.
(Unter Benutzung von Portischs Notizen.)


DAMENGAMBIT

### 100.

### Miles–Portisch
### Schacholympiade, Luzern 1982

**1. Sf3 c5 2. c4 Sf6 3. Sc3 e6 4. e3 Sc6 5. d4 d5 6. d×c5** (Mit Zugumstellung ist die klassische Variante des Tarrasch-Damengambits entstanden. Mit seinem vorigen Zug wählte Weiß eine altertümliche Fortsetzung, an deren Stelle heute 6. a3 oder 6. c×d5 für chancenreicher gehalten wird.) **6.– L×c5 7. a3 0–0** (Schwarz läßt 7. – a6 weg, gegen das Miles in einer früheren Runde des Turniers gegen Browne einen wirksamen Sieg davongetragen hat.) **8. b4 Lb6 9. Lb2 De7 10. c×d5 Td8 11. d6?!** (Eher eigenartig als gut. Nach dem normalen 11. Le2 e×d5 12. Sb5 entsteht die Frage, ob der nach d4 gelangende weiße oder der nach e4 trachtende schwarze Springer eher die Ereignisse beeinflussen kann.) **11. – T×d6 12. Dc2 e5! 13. Le2 Sd4!** (Eine geistreiche kleine Kombination; Schwarz gewinnt mit besserer Stellung die geopferte Figur zurück.) **14. e×d4 e×d4 15. 0–0** (Der angegriffene Springer durfte wegen d4–d3 freilich nicht wegziehen.) **15. – d×c3 16. L×c3 Lg4 17. Tae1?!** (Vielleicht hätte Weiß nach 17. h3 Lh5 18. Tae1 Dc7 19. Db2 Te6 weniger Sorgen.) **17. – Tc8 18. Db2 Te6 19. Ld1?!** (Da wegen der Bedrohung des Bauern g7 der folgende Springerzug nicht verhindert werden kann, kam 19. L×f6 in Betracht.) **19. – Se4! 20. Ld4** (20. L×g7 L×f3 21. L×f3 S×f2! 22. T×e6 f×e6, und jetzt ist 23. Lf6 wegen 23. – D×f6! 24. D×f6 Se4+ nicht möglich. Auf 23. Ld4 entscheidet aber 23. – Sd3 24. Da1 Dd6! 25. L×b6 D×b6+ 26. Kh1 Sf2+.

189

Interessant ist noch 20. T×e4 T×e4 21. L×g7 Te6 ∓ oder 21. Sd2 Te1 22. Lg4 Dh4! −+.) **20. − L×f3 21. L×f3 Sg5**

Es hat sich herausgestellt, daß das Aufreißen der weißen Königsstellung unvermeidbar ist, da der Turm e1 und der Läufer f3 gleichzeitig hängen. Dagegen kann Weiß auch mit Hexerei nichts ausrichten: 22.

Lg4? T×e1 23. L×c8 T×f1+ 24. K×f1 Dd8! −+. Das kleinste Übel war 22. Te3! = +.
**22. T×e6 S×f3+ 23. g×f3 D×e6 24. L×g7?!** (24. L×b6 D×b6 25. Tc1 Td8 dürfte besser gewesen sein.) **24. − Dg6+ 25. Kh1 Tc2 26. De5?**
Bringt einen raschen Verlust mit sich. Nur die Abwicklung in ein Endspiel hätte einen dauerhaften Widerstand ermöglicht. Dann wäre der schwarze Positionsvorteil nur mit einer studienartigen Analyse nachzuweisen.
Jetzt folgte ein kurzer und dramatischer Schluß: **26. − T×f2 27. Db8+** (27. Tg1 T×h2+!) **27. − K×g7 28. Tg1 T×h2+** Weiß gab auf.
(Nach Analysen von Portisch.)

# WENIGER ERSTE PREISE, ABER ERNEUTE KANDIDATUR 1983-1988

Unter dem Gesichtspunkt des Erfolges kann man die Plazierungen des zur Weltspitze gehörenden Portisch nur in ihrer Gesamtheit bewerten. Obwohl er gegen Mitte der achtziger Jahre weniger erste Preise als drei bis sechs Jahre früher errungen hat, belegt er unverändert vordere Plätze in den Superturnieren und qualifiziert sich immer wieder für die Kandidatenturniere. Er schließt das Jahr 1982 zwar nicht gut ab (Tilburg 7.–9.) spielt aber in allen drei Turnieren des Jahres 1983 gut, obwohl er vorher durch Kortschnoi im Kandidatenzweikampf eine schwere Niederlage (6 : 3 Punkte) erlitten hat.

Nikšić 1983: 1. Kasparow 11, 2. Larsen 9, 3–4. Portisch und Spasski je 8, 5–6. Miles und Andersson je 7 1/2, 7–8. Tal und Timman je 7, 9–10. Seirawan und Ljubojević je 6 1/2, 11–12. Gligorić und Petrosjan je 6, 13. P. Nikolić 5 1/2, 14. Sax 5, 15. Ivanović 4 1/2 Punkte.

Tilburg 1983: 1. Karpow 7, 2–3. Portisch und Ljubojević je 6 1/2, 4–5. Waganjan und Sosonko je 6, 6–8. Polugajewski, Spasski und Hübner je 5 1/2, 9–10. Andersson und Timman je 5, 11. Seirawan 4, 12. van der Wiel 3 1/2 Punkte.

Indonesien 1983: 1. Timman 15 1/2, 2. Portisch 14, 3. Jussupow 13 1/2, 4–6. Andersson, Ljubojević und Seirawan je 13, 7. Romanischin 12 1/2 Punkte usw. (22 Teilnehmer).

So ist es verständlich, daß Portisch in der Weltrangliste 1984 wiederum 2640 ELO-Punkte besitzt. In diesem Jahr sind sein geteilter zweiter Platz im großen Open zu New York und sein alleiniger zweiter Rang im Turnier zu Amsterdam, das ebenfalls im Schweizer System ausgetragen wurde, sehr beachtenswert. Sein Tilburger Resultat (7–8.) war schon schwächer, aber das große Weihnachtsturnier erinnert uns an einen Portisch wie in seinen besten Zeiten: Reggio Emilia 1984/85: 1. Portisch 7 1/2, 2–3. Hort und Timman je 6 1/2, 4–6. Adorján, B. Tóth und Kurajica je 6, 7–8. Miles und Rogers je 5 1/2 Punkte (12 Teilnehmer).

1985 gilt Portisch als ein „Nonstop"-Turnierspieler, was mit Rücksicht darauf, daß er in seinem 50. Lebensjahr stand, keine geringe Leistung ist. Nach seinem Erfolg in Italien beteiligt er sich noch an sechs Turnieren, die alle Superturniere sind, und spielt – mit Ausnahme eines einzigen – gut.

Drei davon seien hier hervor gehoben: Linares 1985: 1–2. Ljubojević und Hübner je 7, 3–4. Portisch und Kortschnoi je 6 1/2, 5. Spasski 6, 6–8. Timman, Polugajewski und Miles je 5 1/2 Punkte (12 Teilnehmer). Tunis 1985 (Interzonenturnier): 1. Jussupow 11 1/2, 2. Beljawski 11, 3. Portisch 10, 4–5. Gawrikow und Tschernin je 9 1/2, 6–8. Hort, Sosonko und Dlugy je 9 Punkte (18 Teilnehmer). Unser Champion hat also im Kampf gegen die aufstrebende Jugend ebenfalls bestanden und sich schon zum siebenten Male qualifiziert! Portorož–Ljubljana 1985: 1–3. Portisch, Ribli und Miles je 7, 4. Christiansen 6 1/2, 5. P. Nikolić 6 Punkte usw. (12 Teilnehmer.)

Inzwischen hat die FIDE das System der Weltmeisterschaftskämpfe abermals verändert. So treffen die Kandidaten nicht in Zweikämpfen, sondern in einem Kandidatenturnier aufeinander. Dort (Montpellier 1985) spielt Portisch schwach, unter 16 Teilnehmern landet er auf dem 10–12. Platz. 1986 und 1987 ist Portisch nicht in seiner früheren Form. Er bricht zwar sozusagen nie ein, aber die früheren glänzenden Erfolge bleiben aus. Seine ELO-Punkte betragen 1986 2605. Einige seiner Turnierresultate:

Reggio Emilia 1985/86: 1–3. Andersson, Ljubojević und Romanischin je 7, 4. Portisch 6 1/2, 5–6. Sosonko und Nogueiras je 5 1/2, 7–9. Lobron, Kavalek und Smejkal je 5, 10–11. Ribli und Marjanović je 4 1/2, 12. Cebalo 3 1/2 Punkte.

London 1986: 1. Flear 8 1/2, 2–3. Chandler und Short je 8, 4–5. Ribli und Nunn je 7 1/2, 6–8. Portisch, Polugajewski und Spasski je 7, 9–10. Speelman und Waganjan je 6, 11. Larsen 5 1/2, 12. Plaskett 5, 13–14. Dlugy und Mestel je 4 Punkte.

Bugojno 1986: 1. Karpow 8 1/2, 2–3. Sokolow und Ljubojević je 7 1/2, 4–6. Portisch, Jussupow und Spasski je 7, 7. Miles 6, 8. Timman 5 1/2 Punkte (2rundiges Turnier).

Tilburg 1986: 1. Beljawski 8 1/2, 2. Ljubojević 8, 3. Karpow 7 1/2 4–6. Portisch, Miles und Timman je 7, 7. Hübner 6 1/2. 8. Kortschnoi 4 1/2 Punkte (2rundiges Turnier). Anfang 1987 hat Portisch 2610 ELO-Punkte. Im traditionellen Turnier zu Reggio Emilia landet er auf dem 6–9. Platz, in Reykjavik dagegen spielt er wieder eine gute Rolle, wenn auch nicht auf dem früheren Niveau.

Reykjavik 1987: 1. Short 8, 2–3. Tal und Timman je 7, 4–5. Portisch und Kortschnoi je 6 1/2, 6. Polugajewski 6, 7–8. Agdestein und Arnason je 5 1/2, 9–11. Hjartarson, H. Olafsson und Ljubojević je 4, 12. Petursson 2 Punkte. Im April 1987 vollendet Portisch sein 50. Lebensjahr. In der zweiten Weltrangliste des Jahres 1987 weist er bereits wieder 2615 ELO-Punkte auf.

Beinahe hat Portisch sein früheres Niveau im Interzonenturnier in Szirák wieder erreicht. Selbst Mißgeschick knickt ihn nicht, daß er eine gewonnene

Stellung gegen Ljubojević nach der Vertagung verdirbt und verliert. Der Endstand lautet: 1–2. Salow und Hjartarson je 12 1/2, 3–4. Portisch und Nunn je 12, 5. Beljawski 11, 6. Andersson 10 1/2, 7. Ljubojević 10, 8. Christiansen 9 Punkte (18 Teilnehmer).

Kurz nach dem Turnier in Szirák bringt er in Budapest, im Hotel Hilton, Nunn eine schwere Niederlage (4 : 2) bei und qualifiziert sich dadurch zum achten Mal. Anfang 1988 in St. John (Kanada) trifft er mit Waganjan im Zweikampf aufeinander. Er dringt in die Gesellschaft der acht besten Spieler mit beharrlichem Spiel ein, das mitunter an einen „Schlammringkampf" erinnert (3 1/2 : 2 1/2).

SIZILIANISCHE
VERTEIDIGUNG

**101.**

**Dely–Portisch**
**Budapest 1983**

**1. e4 c5 2. Sf3 d6 3. Lb5+ Sc6 4. d4 c×d4 5. D×d4** (Diese interessante und bei weitem nicht gefahrlose „Nebenvariante" war einst im Kreise ungarischer Meister sehr populär mit der Zugfolge 3. d4 c×d4 4. D×d4 Sc6 5. Lb5.) **5. – Ld7 6. L×c6 L×c6 7. Sc3** (Das logisch dünkende 7. c4 erwies sich in der Turnierpraxis als ungefährlich.) **7. – Sf6 8. Lg5 e6 9. 0–0** (Für die Wertung der Variante besteht die kritische Fortsetzung in dem scharfen 9. 0–0–0 Le7 10. The1 0–0 11. e5, obwohl auch der Textzug nicht schlecht ist.) **9. – Le7 10. e5?** (Verfrühte Verwicklungen. 10. Tad1 0–0 11. Tfe1 verspricht beiderseitige Aussichten.) **10. – L×f3! 11. e×f6** (11. g×f3 d×e5 12. D×e5 0–0 ∓)

**11. – g×f6 12. g×f3 Tg8 13. f4 Da5** (13. – f×g5? 14. f5! ∞) **14. De4** (Da die Öffnung der h-Linie durch das Schlagen des Bauern h7 auch sonst nicht zu empfehlen ist, war jetzt und auch im nächsten Zug Kh1 besser.) **14. – 0–0–0 15. b4?**

Ein ungeduldiger Zug. Mit seiner geistreichen Erwiderung vereinfacht Portisch zu einem gewonnenen Endspiel.

**15. – d5! 16. b×a5 d×e4 17. S×e4 f×g5 18. f×g5 f5 19. Sg3** (Der Springer hat keine wirklich gute Plazierung.) **19. – L×g5** (Es droht 20. – f4!) **20. Kh1 a6** (Praktisch hat Schwarz einen Bauern mehr. Der

Läufer ist hier wesentlich aktiver als der Springer, und auch die beweglichen e- und f-Bauern bilden einen großen Trumpf. Bei einem solch großen Vorteil erfordert der Rest nur noch eine präzise Technik.) **21. Tfe1 Tge8 22. Sh5 Td6 23. Te2 Tg8 24. Tg1 Tg6 25. Tg3 f4!** Als ein neues Motiv erscheint die Einkreisung des Springers, sogar auch die Möglichkeit eines unerwarteten Mattangriffs.) **26. Th3 Lh4! 27. Tc3+ Kb8 28. h3 Td1+ 29. Kh2 e5!** Weiß gab auf. (30. T×e5 L×f2 31. S×f4 Lg1+ usw.)

# DAMENGAMBIT

## 102.

### Portisch–Ljubojević
### Indonesien 1983

**1. d4 d5 2. c4 c6 3. c×d5 c×d5 4. Sc3 Sc6 5. Lf4 Sf6 6. e3 e6 7. Sf3 Ld6 8. Lg3 0–0 9. Ld3 a6?!** (Nicht wirklich gut, da es nicht förderlich ist, um den Damenläufer ins Spiel zu bringen. Etwas besser ist 9. – Te8 10. Se5! Die meisten Ausgleichschancen bietet das solide 9. – b6 10. Tc1 Lb7 11. 0–0 L×g3 12. h×g3 De7.) **10. Tc1** (10. Se5 L×e5 11. d×e5 Sd7 12. f4 Sc5!) **10. – L×g3?! 11. h×g3 g6** (11. h6!?) **12. e4!** (Die Öffnung der Stellung begünstigt die besser entwickelte Seite, wenn auch der Bauer d4 vereinzelt wird.) **12. – d×e4**

**13. L×e4!** (Nur auf diese Weise! Der gefährliche Läufer kann auch sonst nicht geschlagen werden, weil dann der noch gefährlichere Springer an seine Stelle tritt.) **13. – Ld7 14. Dd2 De7!** (Die einzige Verteidigung!) **15. Dh6 Tfd8 16. g4! Df8 17. Dh4 Dg7 18. g5 Se8** (Freilich nicht 18. – S×e4, da Schwarz nach 19. S×e4 wegen der Schwäche des Feldes f6 verblutet.) **19. d5!** (Es ist psychologisch nicht leicht, auf den Angriff gegen den König zu verzichten und sich auf den positionellen Druck umzustellen.) **19. – Se7?** (In der Hoffnung auf ein Gegenspiel opfert Schwarz einen Bauern, aber er muß eine Enttäuschung erfahren. Nach 19. – Sa5! würde Weiß zweifellos besser stehen, aber kein forcierter Gewinn ist zu sehen, denn auf 20. b4? wäre Tac8! unangenehm.) **20. d×e6 L×e6 21. L×b7!** (Portisch läßt sich nicht verblüffen!) **21. – Tb8 22. L×a6 T×b2 23. 0–0 Ta8** (Auch die aktive Aufstellung Tb2, Le6 hilft nichts, denn Schwarz vermag wegen der schlecht stehenden Springer den Bauern nicht zurückzuerobern. 23. – L×a2? 24. Da4! Le6 25. Da3!) **24. Lb5! Sd6** (24. – L×a2? 25. L×e8! T×e8 26. Da4 +–) **25. a4 Sef5 26. Df4 Tc8 27. Se4 S×e4** (27. – T×c1 28. Sf6+! Kf8 29. D×c1 +–) **28. T×c8 L×c8 29. D×e4 Sd6 30. De7 S×b5** (30. – Df8!?) Portisch übernahm kontinuierlich die Initiative und beendet nun mit einigen energischen Zügen den Kampf:

**31. Td1! h5 32. g×h6 e. p. D×h6 33. Td8+ Kh7 34. Sg5+** Schwarz gab auf.

## SIZILIANISCHE VERTEIDIGUNG

### 103.

#### Perényi–Portisch
#### Szolnok 1984

**1. e4 c5 2. Sf3 d6 3. d4 c×d4 4. S×d4 Sf6 5. Sc3 a6 6. Le3** (Dieser Zug steht an Popularität der Fortsetzung 6. Lg5 oder 6. Le2 kaum noch nach.) **6. – e5 7. Sb3** (7. Sf3) **7. – Le6 8. f3** (Im folgenden spielt Weiß mit g2–g4 auf Angriff. In Frage kam 8. Dd2 Sbd7 9. f4.) **8. – Sbd7 9. Dd2 Le7!?** (Eine kleine Feinheit in der Zugfolge! Auf 9. – b5 empfiehlt die Theorie 10. a4.) **10. g4 h6 11. 0–0–0 b5 12. h4** (Weiß hat alle Vorbereitungen zu einem Königsflügelangriff getroffen, aber Portisch beeilt sich nicht mit der kurzen Rochade.) **12. – Sb6 13. Kb1?!** (Solider ist 13. L×b6 D×b6 14. Le2 und dann g4–g5.)

**13. – b4 14. Df2** (Dies hielt der Anziehende in petto, aber es wird ihm eine Enttäuschung beschert.) **14. – b×c3! 15. L×b6 Db8** (a6–a5–a4 droht unangenehm.) **16. La5 c×b2 17. Le2 Ld8!** (Solange Schwarz einen anderen nützlichen Zug ausführen kann, rochiert er nicht. Der Abtausch der wichtigen weißen Schutzfigur ermöglicht wieder den Vormarsch des a-Bauern.) **18. L×d8** (18. Lc3 a5!) **18. – D×d8 19. Td2 Dc7 20. Thd1 0–0** (Jetzt – nachdem die weißen Figuren nach einer anderen Richtung hin umgruppiert worden sind – kann Schwarz endlich rochieren.) **21. g5 Sh5** (Die Öffnung der h-Linie ist natürlich noch immer gefährlich.) **22. T×d6** (22. g×h6 g6!) **22. – Tfc8 23. c4?!** (Zu verpflichtend! Vielleicht gab es eine bessere Deckung des c-Bauern.) **23. – Tab8!** (Auf die folgende Kombination von Weiß bereitet Portisch eine Gegenkombination vor. 23. – L×c4?! 24. L×c4 D×c4 25. D×b2 ∞) **24. Sc5!? Da7** (24. – D×c5? Td8+!) **25. T×a6**

Scheinbar wurde Schwarz überspielt.

**25. – D×c5!** (Was vorher noch schlecht war, ist nun schon ein Gewinnzug!) **26. Td8+ T×d8 27. D×c5 Sf4** (Ein furchtbar starker Zug! Weiß kann den Läufer weder decken – wegen 28. Df2 S×e2 29. D×e2 L×e4 – noch wegziehen – wegen 28. Lf1 Td1+.) **28. Td6!? Tdc8 29. D×e5 h×g5!** (Auch im letzten Moment muß man auf den Führer der weißen Steine aufpassen, der als findiger Taktiker gilt. 29. – S×e2? 30. g×h6 g×h6 31. T×e6! ergäbe für Weiß noch Remischancen.) **30. h×g5** (30. Lf1 L×c4 31. L×c4 – 31. Td1 Ld3+! – 31. – T×c4 32. Td1 Tc1+!) **30. – S×e2 31. T×e6 Td8!** Weiß gab auf.

## ENGLISCHE ERÖFFNUNG

### 104.

### Suba–Portisch
### Schacholympiade, Saloniki 1984

**1. c4 c5 2. Sf3 Sf6 3. Sc3 Sc6 4. d4 c×d4 5. S×d4 e6 6. Sdb5** (Vor der Vollendung seiner Entwicklung läßt sich Weiß in einen Nahkampf ein. Eine beliebte Fortsetzung ist 6. g3.) **6. – d5 7. c×d5** (Die Variante 7. Lf4 e5 8. c×d5 e×f4 9. d×c6 war das Hauptthema des Wettkampfes Kortschnoi–Portisch 1983. Nach Anfangserfolgen wurde auch hier nachgewiesen, daß der Nachziehende vollwertiges Spiel hat.) **7. – S×d5 8. S×d5**

(Wer A sagt, muß auch B sagen. Auf die von Weiß gewählte Variante ist die Theorie auch bisher nicht besonders gut zu sprechen, aber der rumänische Großmeister zweifelt an der Theorie.) **8. – e×d5 9. D×d5?!** (Ein verfrühter Bauernraub zu Lasten der Entwicklung. Kann das richtig sein?) **9. – Lb4+ 10. Ld2 De7!** (Portisch gibt seinem Gegner keine Gelegenheit, mit dem von der Theorie vorgeschlagenen 10. – Le6 zu antworten.) **11. Sc3?** (Der letzte Fehler in der Partie! 11. a3! L×d2+ 12. D×d2 0–0 13. Dd6 Dg5 ~) **11. – 0–0 12. Lg5** Weiß ist genötigt anzugreifen, da 12. e3 Td8 schon kaum erträglich wäre.) **12. – Dc7!** (12. – L×c3+ 13. b×c3 Da3 =) **13. e3 Le6 14. Dd2 Da5 15. Lh4 g5!** (Es ist sehr wichtig, daß die schwarzen Türme baldmöglichst die offenen Linien besetzen. Die Schwächung der schwarzen Königsstellung vermag der Anziehende nicht mehr auszunutzen.) **16. Lg3 Tfd8 17. Dc2** (17. Dc1 L×c3+ 18. b×c3+ Sb4! 19. Le2 Sa2! –+) **17. – L×c3+** (Den freiwilligen Tausch der gut entwickelten Figur begründen konkrete Varianten.) **18. b×c3** (18. D×c3 Sb4!) **18. – Sb4! 19. De4** (19. c×b4 D×b4+ 20. Ke2 Tac8 –+) **19. – S×a2 20. Db4** (Ein verzweifelter Einfall. Sein Wesen besteht darin, daß 20. – S×b4 mit 21. T×a5 beantwortet werden kann. Unnütz sind auch andere Fortsetzungen wie 20. Le5 S×c3! oder 20. De5 Td5 21. Dc7 Da3.)

**20. – Td1+!**
Eine wirksame Beendigung. Es ist leicht einzusehen, daß Weiß in allen Varianten verloren ist.
Weiß gab auf.
(Aufgrund von Portischs Notizen.)

## DAMENINDISCHE VERTEIDIGUNG

### 105.

#### Portisch–Timman
#### Wettkampf, Hilversum 1984

**1. d4 Sf6 2. c4 e6 3. Sf3 b6 4. e3 Lb7 5. Ld3 d5** (Verstellt die Diagonale des Läufers. Deshalb ist dies eine etwas passive, obwohl verläßliche Fortsetzung. 4. – c5 ist jedenfalls gebräuchlicher.) **6. 0–0 Sbd7** (6. – Ld6!?) **7. c×d5 e×d5 8. Sc3 Ld6?!** (Besonders dieser natürliche Zug wird die Quelle späterer Sorgen.) **9. Dc2!** (Eine vortreffliche Reaktion! Gleichzeitig drohen 10. Sb5 und – vor der schwarzen Rochade – auch 10. e4.) **9. – c5?!** (Weniger Sorgen hätte Schwarz nach 9. – 0–0 10. Sb5 =+ bzw. 9. – a6 10. e4

d×e4 11. S×e4 Le7 12. Lg5 h6 13. S×f6+ S×f6 14. L×f6 L×f6 15. Le4 +=.) **10. e4!** (Durch dieses vorübergehende Figurenopfer verhindert Weiß die Rochade des Nachziehenden.) **10. – c4** (10. – c×d4 11. S×d4 d×e4 12. Sf5 ±) **11. e5 c×d3 12. D×d3 Le7** (12. – 0–0 13. e×d6 ±) **13. e×f6 S×f6 14. Db5+ Dd7** (14. – Kf8!?) **15. Te1!** Se4 (15. – Lc6? 16. De2 Se4 17. Se5 De6 18. S×c6 D×c6 19. f3 +–) **16. D×d7+ K×d7 17. Se5+ Ke8** (17. – Ke6? 18. Sb5 +–) **18. Sb5 Kf8** (Von der gefährlichen Turmlinie mußte sich der schwarze König entfernen. Nicht besser war auch 18. – Lb4 19. Te2 Kf8 20. a3 Le7 21. Lf4.) **19. f3 Lb4** (19. – Sd6 20. Sd7+ oder 19. – Sf6 20. Lg5 a6 21. Sd7+ S×d7 22. L×e7+ Kg8 23. Sd6 +–) **20. Td1 Sd6**

**21. Ld2!**
Nützt den Moment aus, wo sich die schwarzen Figuren gegenseitig nur ungeschickt decken!
**21. – S×b5** (21. – L×d2 22. S×d6 Le3+ 23. Kh1 La6 24. Sd×f7) **22. L×b4+ Kg8 23. Tac1** (Die Beherrschung der c-Linie gibt dem

Anziehenden entscheidendes Übergewicht.) **23. – f6** (23. – Tc8 24. T×c8+ L×c8 25. a4! +–) **24. Sg4 a5 25. a4! Sa7** (25. – a×b4 26. a×b5 Tc8 27. T×c8+ L×c8 28. Se3 Le6 29. Tc1 +–) **26. Tc7 h5** (26. – Lc6 27. Te1) **27. T×b7 h×g4 28. Lc3 g×f3 29. Te1** (29. g×f3 Th4! und 30. – Sc6 hätte noch einen hartnäckigen Widerstand ermöglicht.) **29. – Th4! 30. Te6** (Gestattet dem Springer keine Befreiung.) **30. – Tg4 31. g3 Te4 32. Tb×b6 Sc8 33. Ta6 T×a6 34. T×a6 Se7** (34. – Te2 35. Ta8) **35. Kf2 Sf5 36. T×a5 S×d4 37. T×d5!** (Ein Turmendspiel ist immer schwer zu gewinnen. Weiß erschrickt nicht vor dem schwarzen Angriff.) **37. – Te2+ 38. Kf1 Sc2 39. Ld2 Kf7 40. a5 Ke6 41. Td8 T×h2 42. a6 Th1+ 43. Kf2 Ta1 44. Ta8 Kd7 45. a7 Kc7 46. Tg8! Kb7 47. T×g7+ Ka8 48. Tc7 Sd4 49. Le3 Ta4 50. Tc8+**
Schwarz gab auf.

## DAMENINDISCHE VERTEIDIGUNG

### 106.

#### Portisch–Adorján
#### Linares 1985

**1. d4 Sf6 2. c4 e6 3. Sf3 b6 4. Sc3 Lb7 5. a3** (Als Simagin vor einigen Jahrzehnten 3. a3 oder 4. a3 gezogen hatte, belächelte ihn jedermann. Jetzt ist das eine der gefährlichsten Waffen gegen das schwarze System.) **5. – d5!** (Sonst folgt 6. d5! und der schwarze Damenläufer wird kaltgestellt.) **6. c×d5 S×d5** (6. – e×d5 ist spielbar, aber passiv, denn es verstellt die große Diagonale. Nach dem Textzug wird der Zentrumsbauer dem Nachziehenden fehlen, was Weiß im späteren mit e3–e4 ausnutzen kann.) **7. e3 S×c3 8. b×c3 g6** (In jener Zeit machte Schwarz mit der Hauptvariante 8. – Le7 9. Ld3 0–0 10. c5 ziemlich viele schlechte Erfahrungen, und deswegen griffen die Großmeister zu diesem Grünfeld-artigen Aufbau.) **9. a4** (Damals war auch dieser Zug neu. Er hat einen doppelten Zweck: einmal mit La3 die Rochade des Nachziehenden zu erschweren und zum anderen mit a4–a5 am Damenflügel die Initiative zu ergreifen.) **9. – Lg7 10. La3 Sd7 11. a5 c5 12. Lb5 0–0 13. a6!** (Eine verpflichtende, aber wohlerwogene Entscheidung. Sein Wesen besteht darin, den Läufer einzuzuengen und dessen Abtausch zu erzwingen. So kommt Weiß schließlich zum Läuferpaar.) **13. – Ld5 14. c4 L×f3** (14. – Le4 15. Sd2! L×g2 16. Tg1 Lh3 17. Tg3 Lf5 18. e4 L×d4 19. e×f5 und jetzt wären sowohl 19. – d×a1 20. D×a1 e×f5 21. Kf1 als auch 19. – e×f5 20. Tb1 für Weiß günstig.) **15. D×f3 c×d4!** (Das Qualitätsopfer räumt Schwarz die besten Chancen ein. Im Falle eines passiven Spiels wäre das weiße Bauernzentrum erdrückend, und Schwarz hat keine andere Ausbruchsmöglichkeit, z. B. 15. – e5? 16. Dd5! e×d4 17. D×d7

dxe3 – 17. – Dg5 18. h4! Dxg2
19. Lc6! – 18. Dxd8 Taxd8 19.
Ta2 +–.) **16. Lxf8 Se5**

**17. De2! Kxf8?!**
Schlecht war auch 17. – d3? wegen
18. Lxg7! dxe2 19. Lxe5 Dd3
20. Lf6, aber nach 17. – Lxf8!
18. exd4 Dxd4 19. 0–0 Lc5 20.
Tad1 Df4 hätte Schwarz für die
Qualität eine annährend entspre-
chende Kompensation erhalten.
**18. exd4 Dxd4 19. 0–0 h5?!**
(19. – Dd3 wäre von 20. c5! gefolgt,
was die Linie für die Türme öffnet,
aber 19. – Tc8 war zäher.) **20.**
**Tad1 Df4 21. Tfe1 Tc8 22. De4**
**Dxe4 23. Txe4 Sg4?** (Erleichtert
die Aufgabe von Weiß, aber auch
auf 23. – g5! kann 24. h4! g4 und
Kg1–f1–e2 nebst f4, wenn auch
langsamer, den Kampf entscheiden.)
**24. h3 Sh6** (24. – Sf6 25. Ted4 Ke7
26. Td7+! Sxd7 27. Txd7+, +–)
**25. Td7 Ta8 26. Lc6!** (eine ge-
winnende Abwicklung) **26. – Tc8**
**27. Txa7 Txc6 28. Ta8+ Ke7**
**29. a7 Tc7 30. Te8+ Kxe8 31.**
**a8D+ Ke7 32. Da3+ Kd7 33.**
**Da4+ Kc8 34. Te2 Ld4 35. De8+**
**Kb7 36. Ta2**

Schwarz gab auf.
(Aufgrund der Analysen von Por-
tisch)

DAMENINDISCHE
VERTEIDIGUNG

**107.**

**Portisch–Timman**
**Kandidatenturnier**
**Montpellier 1985**

**1. d4 Sf6 2. c4 e6 3. Sf3 b6 4. e3 Lb7**
**5. Ld3 Lb4+ 6. Sbd2** (So weicht
Schwarz der klassischen Variante
der Damenindischen Verteidigung
aus.) **6. – 0–0 7. a3 Lxd2+ 8. Dxd2**
(Weiß ist zwar nicht mit großem
Vorteil aus der Eröffnung herausge-
kommen, kann aber, einer Lehre von
Tarrasch nach zuversichtlich sein,
wonach es nichts ausmacht, daß das
Läuferpaar nicht arbeitet, Haupt-
sache, es ist überhaupt vorhanden.
Es soll später ins Spiel kommen.)
**8. – c5** (8. – Se4!?) **9. b4?!** d6
(Schärfer ist 9. – cxd4!? 10. exd4
Lxf3 11. gxf3 d5 12. c5 bxc5
13. dxc5 Sc6 ∞.) **10. Lb2 Sbd7**
**11. 0–0 Tc8** (11. – De7 paßt sich
besser dem schwarzen Aufbau an.)
**12. dxc5 bxc5** (Dadurch wird
das Gleichgewicht in der Bauern-
kette gestört; Weiß erlangt einen
wichtigen Mehrbauern am Damen-
flügel, während der schwarze Mehr-
bauer in der Brettmitte wegen des
blockierten Bauerngefüges weniger
zur Geltung kommt. 12. – dxc5

199

13. Se5 hätte freilich eindeutigen weißen Vortcil ergeben.) **13. b5 e5?!** (13. – De7!) **14. Lf5! g6 15. Lc2 Sb6 16. De2 Se4 17. a4 De7** (17. – a5 hätte der Einengung am Damenflügel vorgebeugt, aber dann wäre der Bauer a6 stets schutzbedürftig.) **18. a5 Sd7 19. Tad1 Tcd8 20. Sd2 f5 21. Tfe1 Sdf6 22. f3 Sg5 23. Df2** (Nach gegenseitigem Lavieren schickt sich Weiß an, für seine Läufer die Stellung zu öffnen.) **23. – Se6?!** (So kann Weiß mit einem geistreichen Bauernopfer seinen Plan verwirklichen. 23. – h6 oder 23. – Sf7 hätte Aussicht gegeben, die große Diagonale geschlossen zu halten.) **24. f4! Se4** (Auf 24. – e4 war 25. h3 nebst Sb1–c3–d5 bzw. Lb2, Tg1 und g2–g4 möglich.) **25. S×e4 f×e4 26. Dg3 e×f4 27. e×f4 T×f4** (27. – S×f4 28. Dc3!) **28. Lc1** (Auf der großen Diagonale verstopfte Schwarz geradeso die Löcher, aber der Läufer kommt jetzt auf der anderen Diagonale zu entscheidenden Kräften.) **28. – Th4** (28. – Tf7 29. L×e4 L×e4 30. T×e4 Df6 31. Tde1 Tdf8 32. h3 ±)

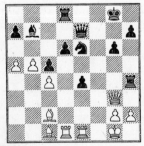

**29. Td5!**

Sperrt die Diagonale h1–a8 und kreist damit den Bauern e4 ein. **29. – L×d5** ist jetzt wegen 30. c×d5 Sd5 31. Lg5! nicht angängig. **29. – e3** (Es gibt nichts Besseres.) **30. L×e3 T×c4** (Ein Erfolg von zweifelhaftem Wert, denn somit öffnet sich die Diagonale a2–g8, was gegen den schwarzen König gerichtet ist.) **31. Lg5! Dd7** (31. – Dg7 32. Td2 S×g5 33. D×g5 +–) **32. Td2 S×g5 33. Lb3 Se4 34. L×c4+ Kh8 35. Dh4 Te8 36. Tf2!** (Es droht 37. Tf7! Es ist wichtig, daß 36. – d5 jetzt nicht möglich ist wegen 37. T×e4! d×e4 38. Df6+ Dg7 39. D×g7 K×g7 40. Tf7+.) **36. – Dg7 37. Tf7!** (Erschrickt nicht vor dem jetzt folgenden scheinbaren Gegenspiel.) **37. – Dd4+ 38. Kh1 h5** (38. – Sf2+ 39. D×f2!) **39. Df4 g5 40. Tf8+ T×f8 41. D×f8+ Kh7 42. Lg8+**

Schwarz gab auf.
(Aufgrund der Analysen von Hort.)


### DAMENGAMBIT

#### 108.

#### Portisch–Sosonko
#### Reggio Emilia 1985/86

**1. d4 Sf6 2. c4 e6 3. Sf3 a6 4. Sc3 c5 5. e3** (Angesichts der neuartigen Eröffnungsbehandlung von Schwarz geht Portisch eventuellen, in häuslichen Analysen erprobten Zügen aus dem Weg. Bezüglich des schärferen 5. d5 siehe die 109. Partie.) **5. – d5**

**6. c×d5 e×d5** (Mit Zugumstellung ist also das Tarrasch-Damengambit entstanden.) **7. Le2 c4?! 8. 0–0 b5?** (Ein konsequenter, jedoch schlechter Plan. Die Entfaltung seiner Bauernmehrheit am Damenflügel vollzieht der Nachziehende auf Kosten der Entwicklung.) **9. Se5!** (Weiß weist schon jetzt darauf hin, daß Schwarz die Kontrolle des wichtigen Punktes e5 vernachlässigt hat.) **9. – Le7**

**10. a4!!**
Einleitung zu einem genialen Figurenopfer.
**10. – b4 11. S×d5 S×d5 12. L×c4 0–0 13. Db3** (Die Initiative gilt hauptsächlich – wie auch in den Gambiteröffnungen – dem Punkt f7. Ein starker Angriff und dazu noch zwei gute Zentrumsbauern bilden für die geopferte Figur einen ausreichenden Gegenwert.) **13. – Le6?** (Da der folgende Bauernsturm den Läufer von diesem Platz vertreibt, war es hartnäckiger, mit 13. – Sf6 sogleich einen Bauern zurückzugeben.) **14. e4 Sc7 15. d5 f6** (Es gibt kaum einen besseren Zug, denn nach 15. – Lc8 16. S×f7 K×f7 17. d6+ hätte Weiß einen gewaltigen Angriff.)

**16. d×e6 f×e5 17. Td1 Dc8 18. Td7!** (Alles läuft wie am Schnürchen!) **18. – Te8 19. Le3 Kh8 20. Tad1 Sc6** (20. – a5 21. Lb6 ±) **21. Lb6 Sd4** (Schwarz ist gezwungen, etwas von seinem Materialvorteil zurückzuerstatten. 21. – Ld8 22. L×c7 L×c7 23. Ld5 +–) **22. T1×d4 e×d4 23. T×c7 Db8 24. a5 Ld8** (24. – Ld6 25. Tf7 L×h2+ 26. Kf1 ±) **25. Tc6 Df4** (Schwarz ist dem unmittelbaren Angriff zwar entgangen – aber zwei Bauern – besonders diese beweglichen Mittelbauern – sind eine zu große Kompensation für die Qualität.) **26. Ld3 Dd2 27. g3 Lf6 28. Kg2 Tf8 29. Dc2! D×c2?** (Auch 29. – De1 ist nicht allzu vielverheißend, doch solange sich noch die Damen auf dem Brett befinden, bleibt für Schwarz noch immer Hoffnung auf taktische Möglichkeiten.) **30. T×c2 b3 31. Te2 Tfc8 32. e5 Le7 33. f4** (Die e- und f-Bauern entscheiden eigentlich den Ausgang des Kampfes.) **33. – Lc5 34. f5 L×b6 35. a×b6 Te8 36. b7 Tad8 37. L×a6 d3 38. Td2 Td5 39. T×d3 T×e5 40. Tc3**
Schwarz gab auf.
(Aufgrund von Portischs Notizen.)

## BENONI-VERTEIDIGUNG

### 109.

#### Portisch–Miles
#### Tilburg 1986

**1. d4 Sf6 2. Sf3 e6 3. c4 a6?!** (Die Dekadenz vom Ende des Jahrhunderts!) **4. Sc3 c5 5. d5 b5** (Dies alles erinnert an das Blumenfeld-Gambit, obwohl der Zug dem Geist dieses Gambits nicht entspricht.) **6. Lg5 b4 7. Se4 d6 8. g3!** (Natürlicher als das früher gespielte 8. Dd3.) **8. – Ta7** (Miles versieht diesen Zug im „Informator" mit einem Ausrufezeichen, dessen Grund ist uns nicht bekannt.) **9. Lg2 e5?** (Im Fall von 9. – Le7 10. L×f6 g×f6 11. a3! hätte Schwarz weniger Sorgen.)

Weiß besitzt Raum- und Entwicklungsvorteil. Diese können aber erst nach der Öffnung der Stellung realisiert werden.
**10. a3! b×a3 11. b4! c×b4 12. L×f6 g×f6 13. Da4+ Sd7** (13. – Ke7 14. c5! +−, 13. – Td7 ±) **14. D×b4 f5** (14. – Dc7 15. Sh4) **15. S×d6+ L×d6 16. D×d6 Da5+ 17. Kf1 Tb7 18. Lh3!** (Greift das Feld f5 an und schafft zugleich dem König Platz. Es drohte 18. – Tb6 19. D×a3 T×b1+!) **18. – e4 19. Sh4 Tb6 20. Df4 Dc3 21. Kg2**
Schwarz gab auf.

## DAMENGAMBIT

### 110.

#### Beljawski–Portisch

#### Reggio Emilia 1986/87

**1. e4 c6 2. c4 d5 3. e×d5 c×d5 4. c×d5 Sf6 5. Sc3 S×d5 6. Sf3 e6 7. d4 Le7** (Die Partie wurde als Caro-Kann-Verteidigung begonnen, lenkte aber schließlich in eine der populärsten Abzweigungen des Damengambits ein.) **8. Ld3 Sc6 9. 0–0 0–0** (Eine charakteristische Stellung. Der vereinzelte Bauer d4 kann im Endspiel schwach werden, aber im Mittelspiel steht Weiß eindeutig aktiver.) **10. Te1 Lf6** (Gegenwärtig ist dies der populärste Zug in dieser Stellung. Wegen 10. – Scb4 siehe die Partie Portisch–Bagirow.) **11. Le4! Dd6!** (Unseres Wissens ist das an dieser Stelle neu, bisher kam nur 10. – Dd6 in der Turnierpraxis vor.) **12. Sb5?!** (Ein gewaltsamer Widerlegungsversuch, der mit einem schmächlichen Rückzug enden wird. Der Prüfstein des vorigen schwarzen Zuges war vielleicht 12. Lc2! oder eventuell 12. Sg5.) **12. – Db8 13. g3 Ld7** (Pariert die durchsichtige Drohung 14. L×d5 e×d5 15. Lf4.) **14. Sc3** (Der frühzeitige Angriff ist also außer Atem gekommen. Schwarz hat ausgeglichen.) **14. – Sce7 15. L×d5** (15. Se5 L×e5 16. d×e5 Lc6 17. Dh5 f5! =) **15. – S×d5 16. S×d5 e×d5 17. Lg5 L×g5 18. S×g5 Dd8 19. Sf3 Db6** (Hinsichtlich der symmetrischen Bauernstellung würde man ein rasches Unentschieden erwarten.) **20. Dd2?!** 20. Te3 Lg4 oder 20. Db3 D×b3 21. a×b3 Le6 hat den Anschein, daß die Partie in beiden Fällen mit Remis enden würde.) **20. – Tfe8 21. Se5** (Wozu die gute Springerstellung, wenn keine Schwächen im gegnerischen Lager auszunutzen sind?) **21. – Lh3!** (Von nun an hat Weiß auf die Grundreihe zu achten.) **22. Te3?** (Weiß überschätzt seine Angriffsmöglichkeiten und vergißt inzwischen seinen eigenen König.) **22. – f6 23. Tb3** (23. Sf3 T×e3 24. f×e3 ist eindeutig für Schwarz günstig.) **23. – Da6! 24. Sd3**

**24. – g5!!**
Ein „häßlicher", aber bärenstarker Zug! Schwarz schränkt die Bewegung des weißen Springers am Königsflügel ein und bereitet auf der e-Linie einen Angriff vor.) **25. f3** (Die Stellung von Weiß ist schon sehr unbequem, z. B. 25. Ta3 De6! 26. Te1 Dg4! oder 25. Sc5 De2 26. D×e2 T×e2 27. S×b7 Tae8 28. Te3 T×e3 29. f×e3 T×b2 30. Sc5 Tg2+ 31. Kh1 Te2 usw.) **25. – Te7**

**26. Sf2** (26. g4 Tae8 27. Sf2 Te2 28. Dd1 Dd6 mit der Drohung 29. – T×f2!) **26. – Te2! 27. Db4 Tc8!** (Das Eindringen ist unabwendbar, z. B. 28. Tc3 Tce8! – +, 28. D×b7 De6 29. Db4 T×f2! 30. K×f2 Tc2+ 31. Kg1 De2 32. Db8+ Lc8 – +.) Weiß gab auf.
(Unter Benutzung von Portischs Notizen.)

## DAMENGAMBIT

### 111.

#### Portisch–Hjartarson
#### Reykjavík 1987

**1. d4 Sf6 2. c4 e6 3. Sf3 d5 4. Sc3 Le7 5. Lg5 h6 6. Lh4** (Sehr gebräuchlich ist auch 6. L×f6.) **6. – 0–0 7. e3 b6** (Die einst am Rande stehende Tartakower-Variante wurde in den letzten zwei Jahrzehnten äußerst populär.) **8. Tc1** (Mit natürlichen Entwicklungszügen baut Portisch seine Stellung auf. Das dereinst für „alleinseligmachend" gehaltene 8. c×d5 hat das schwarze System ganz gewiß nicht widerlegt.) **8. – Lb7 9. Le2 d×c4** (Gibt das Zentrum auf, weil der Läufer sonst nicht ins Spiel kommt.) **10. L×c4 Sbd7 11. 0–0 c5** (11. – Se4 12. Lg3 ergäbe einigen Entwicklungsvorteil für Weiß.) **12. De2 a6 13. a4** (Schwächt das Feld b4, aber Weiß durfte b5–b5 nicht zulassen.) **13. – c×d4 14. S×d4 Sc5 15. f3!?** (Eine Neuerung im Vergleich zum früher üblichen 15. Tfd1.

Weiß beugt dem Springermanöver Se4 vor und ebnet für ein späteres e3–e4 den Weg.) **15. – Sh5?** (Verletzt das Zentralisierungsprinzip. Nach 15. – Sd5! wäre ein weißer Vorteil nicht leicht nachzuweisen.) **16. Lf2!** (Ein Abtausch hätte den Raumnachteil von Schwarz natürlich verringert, der nach dem Textzug wegen der schlechten Plazierung des Springers h5 und der Dame unangenehm wird.) **16. – Ld6!** (Hinsichtlich des drohenden 17. Tfd1 schafft es seiner Dame entsprechenden Platz.) **17. Tfd1 De7 18. b4!** (Nicht so naheliegend, wie man meinen könnte!) **18. – Sd7 19. Dd2!** (Der Pferdefuß schaut hervor: Weiß spielt auf die schwarze Figurenanhäufung auf der d-Linie. 19. b5? wäre freilich ein grober strategischer Fehler.) **19. – L×b4 20. Sf5!** (Die zweite Pointe. Es stellt sich heraus, daß Weiß nach einem Endspiel trachtet, wo er mit Minusbauern positionellen Vorteil besitzt. 20. S×e6 Tfc8! ∞) **20. – e×f5 21. D×d7 Tac8** (21. – D×d7 22. T×d7 Lc8 23. Tc7 Le6 24. L×e6 f×e6 25. Se2! +=) **22. D×e7 L×e7 23. Ld5 L×d5 24. S×d5 Lc5 25. Kf1!**

Auf diese Stellung hin hat der Anziehende gespielt. Der am Rande steckengebliebene Springer, der Doppelbauer und der erdrückende Raumnachteil von Schwarz wiegen den Materialverlust für den Anziehenden mehr als auf. **25. – Kh7?!** (Jetzt und im nächstfolgenden Zug war a5 am Platze, damit Weiß die Stellung des Läufers c5 nicht unterminieren kann.) **26. Tc2 Tfd8? 27. a5!** (Dadurch gerät Schwarz am Damenflügel in eine hoffnungslos kritische Lage.) **27. – Tb8** (Im Fall des Schlagens oder Vorrückens des Bauern gewinnt 28. T1c1 eine Figur.) **28. g4! f×g4 29. f×g4 Sf6 30. S×f6+ g×f6 31. Tb1 Kg6 32. Ke2 Ld6** (Da Weiß nach entsprechender Vorbereitung mit Lg3 den Bauern b6 sowieso erobern kann, gibt Schwarz ihn freiwillig her und versucht, sich anderswo eine Entschädigung dafür zu verschaffen. 32. – f5 33. e×f5+ K×f5 34. a×b6 und dann e3–e4+ gewinnt eine Figur.) **33. a×b6 a5** (33. – L×h2 34. Ta2 wäre trostlos für Schwarz, aber mit Rücksicht auf das sich reduzierende Material hätte Schwarz doch etwas mehr Remisaussichten. Jetzt könnte aber Weiß mit dem Vorrücken des a-Bauern einen Fehler begehen.) **34. h4 a4 35. h5+** (Blockiert den Königsflügel, um alle weißen Kräfte auf der anderen Seite konzentrieren zu können.) **35. – Kg7** (35. – Kg5 36. Kf3 nebst 37. Th1 wäre für den schwarzen König äußerst gefährlich.) **36. e4 a3 37. Ta2** (Die beiden gefährlichen Freibauern ergeben schein-

bar gegenseitige Aussichten, aber zwischen den weißen und den schwarzen Figuren besteht ein großer Qualitätsunterschied. Der weiße König steht z. B. dem Hauptkampfplatz näher, und die Möglichkeit des Manövers Tb5–a5–a7 ist gegeben.) **37. – Le7 38. Tb5 Tb7 39. Ta5! Td6 40. Ta7! Tdd7** (Nach 40. – T×a7 41. b×a7 Ta6 42. Kd3 Ta4 43. Kc3 entscheidet 44. Kb3, 45. Tc2 nebst Ka2 und Tc8.) **41. Ld4** (41. T×b7 T×b7 42. Kd3? Ld8! =) **41. – Kf8 42. T×b7 T×b7 43. Kd3 Ke8** (43. – Ld8 44. T×a3 L×b6 45. Tb3 L×d4 46. T×b7, und Schwarz verliert wegen der Schwäche des Bauern f7.) **44. Kc4 Kd7 45. Kb5 Tb8 46. Le3** (Es droht 47. Lf4.) Schwarz gab auf.
(Unter Benutzung der Notizen von Cvetković)

## BENONI-VERTEIDIGUNG

### 112.

#### Beljawski–Portisch
#### Szirák 1987

**1. d4 Sf6 2. c4 e6 3. Sf3 c5 4. d5 e×d5 5. c×d5 d6 6. Sc3 g6 7. e4 Lg7 8. Le2 0–0** (Es sieht so aus, als spiele Portisch gegen sich selbst, denn mit Weiß bevorzugt auch er diese Aufstellung.) **9. 0–0 Sa6** (Nach den Lehren aus der Turnierpraxis ist der Textzug aktiver als 9. – Sbd7.) **10. Sd2 Te8 11. f3** (Ein Patentzug von Gligorić. Zuerst fixiert Weiß das Zentrum, dann sichert er seinen Damenflügel und erst dann richtet er sich gegen den Königsflügel.) **11. – Sc7 12. a4 b6 13. Sc4** (Nach der älteren Theorie ist 13. Kh1 besser, wodurch Weiß dem folgenden schwarzen Manöver vorbeugen könnte.) **13. – La6 14. Lg5 Dd7** (Üblicher ist 14. – h6.) **15. Tb1?!** (Ein für diese Eröffnung charakteristischer Plan. Weiß beabsichtigt, das schwarze Gegenspiel b7–b5 mit b2–b4 zu beantworten. Diese Partie belegt aber, daß die Idee nicht sehr glücklich ist. 15. Dd2! L×c4 16. L×c4 a6 17. Tfe1 b5 18. Lf1 b×a4?! 19. T×a4 Tab8 20. Tea1 ±, Keres – Bobozow, Amsterdam 1971) **15. – L×c4 16. L×c4 a6 17. b4 b5 18. Ld3 c4 19. Lc2 b×a4!** (Ermöglicht scheinbar die aktive Postierung des weißen Läufers, in Wirklichkeit wird dadurch der schwarze Springer ins Spiel gebracht.) **20. L×a4 Sb5 21. Kh1?!** (Wahrscheinlich war 21. Dd2 nebst 22. Lb5 besser, denn so hätte Weiß die wichtige Umstellung Lg5–e3–d4 durchführen können.) **21. – Db7 22. L×b5** (Ein besserer Plan ist nicht zu sehen.) **22. – a×b5 23. Le3?!** (Übersieht eine kleine schwarze Kombination. Es ist aber leichter zu kritisieren, als einen besseren Zug vorzuschlagen. 23. Dd2 Ta3!) **23. – Sg4! 24. Ld4 Se3! 25. L×e3 L×c3** (Schwarz hat also sein Ziel erreicht; der blockierende Springer ist vom Brett verschwunden. Im weiteren wird der gedeckte Freibauer ein entscheidender Trumpf in der Hand des Nachziehenden, während das weiße Übergewicht im Zentrum vorläufig unbeweglich ist.) **26. Ld4 L×d4 27. D×d4 Da7! 28. Dc3** (Auf 28. D×a7 T×a7 29. Ta1 wäre 29. – Ta4 oder 29. – T8a8 gleichermaßen sehr stark.) **28. – De7 29. Ta1 T×a1 30. D×a1** (30. T×a1 wäre von 30. – f5 oder einfach nur von 30. – Tc8 und im geeigneten Moment von De5 gefolgt.) **30. – Tc8 31. Tc1 Dc7! 32. Dc3** (Weiß darf den Vormarsch des Freibauern nicht zulassen, wenn auch die a-Linie infolge des Textzuges dem Nachziehenden anheimfällt.) **32. – Ta8 33. f4** (Schwächt das Bauerngefüge, aber Weiß mußte bereits etwas anfangen.) **33. – Da7! 34. Dd2** (34. e5 Df2!) **34. – Da2 35. De1** (Das Turmendspiel ist unhaltbar. Die letzte Hoffnung von Weiß liegt in einem raschen Zentrumsdurchbruch aber dazu hat er nicht genügend Zeit mehr. Auch die Schwäche der Grundreihe ist unangenehm.) **35. – Db2 36. Tb1**

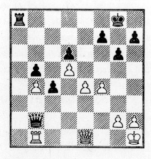

**36. – c3!**
Schwarz nutzt die Schwäche der gegnerischen Grundreihe und die Möglichkeiten seines eigenen Freibauern großartig aus. Weiß darf freilich jetzt nicht schlagen.
**37. h3 Ta2!** (Weitere Variationen zu einem Thema. 38. T×b2 c×b2 39. Kh2 Ta1) **38. Df1 c2! 39. Tc1 D×b4 40. e5 Tb2! 41. Df2 De4 42. Kh2 D×d5**
Weiß gab auf.

## GRÜNFELD-VERTEIDIGUNG

### 113.

**Portisch–Nunn**
**Stichkampf um die Kandidatur**
**Budapest 1987**

**1. c4 g6 2. d4 Sf6 3. Sc3 d5 4. Lf4 Lg7 5. Tc1** (Eine neuartige Behandlung. Dieser Zug ist im allgemeinen erst nach 5. Sf3 oder 5. e3 üblich.) **5. – d×c4 6. e4!** (Energischer als das solide 6. e3.) **6. – c5 7. d×c5** (7. d5?! b5!) **7. – Da5** (7. – D×d1+? 8. T×d1 Le6 9. Sd5 ±) **8. L×c4 0–0** (8. S×e4?? 9. Dd5!) **9. e5!**
Eine sorgfältig vorbereitete Neuerung im Vergleich zu 9. f3, was in einer Partie Ftačník–Stohl (Tschechoslowakei 1986) geschah. Der Textzug scheint etwas verdächtig zu sein, denn der Königsbauer zieht waghalsig vor. Nach der Analyse der Varianten zeigt sich aber, daß der Entwicklungs- und der Raumvorteil wichtigere Faktoren sind.
**9. – Sfd7!** (9. – Sh5?! 10. Ld2!

L×e5 11. Sb5 Dd8 12. Lh6 Sg7 13. Sf3 Sc6 14. S×e5 und 15. Le2 ± bzw. 10. – D×c5? 11. Sd5 ±) **10. Sf3 S×c5?** (Viel besser ist 10. – Sc6!, denn mit 11. e6 f×e6 12. L×e6+ Kh8 ist für Schwarz das in der Partie fehlende Tempo gewonnen.) **11. 0–0 Sc6 12. Sd5 Le6 13. b4!** (Lenkt den schwarzen Springer auf das Feld b4 hin, wo er in eine unangenehme Fesselung gerät.) **13. – S×b4 14. S×e7+ Kh8 15. Ld2! Tad8!** (Der einzige Zug, der den sofortigen Verlust abwendet!) **16. L×e6 f×e6 17. a3!?** (17. Tc4!?) **17. – D×a3 18. T×c5 Sa6 19. S×g6+ h×g6** (Die Züge von Schwarz waren erzwungen. Das materielle Gleichgewicht wurde zwar wiederhergestellt, aber die Umgebung der schwarzen Königsstellung wurde verhängnisvoll geschwächt.) **20. Tc2 Sb4?!** (Es scheint logisch zu sein, daß Schwarz den am Rande des Brettes stehenden Springer ins Spiel bringt, doch ist der Textzug in Wirklichkeit nicht sehr gut. In Erwägung kam 20. – Dd3, obwohl nach 21. Sg5! die Drohungen 22. S×e6 und 22. Dg4 ziemlich unangenehm sind, z. B. 21. – Df5 22. f4 und 23. g4! bzw. 21. – L×e5 22. S×e6 L×h2+ 23. Kh1! ±.) **21. L×b4 D×b4 22. Dc1 De7 23. De3! Tf5** (gegen 24. De4 und 25. Sh4) **24. Tfc1 Kg8 25. h3 b6** (Es gibt nichts Besseres, z. B. 25. – a6 26. Db6! L×e5?! 27. Tc8 Lf6 28. Sd4! +– oder 25. – Td7 26. D×a7 L×e5 27. S×e5 und Db8+.)

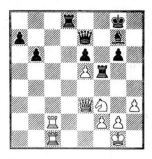

**26. Sd4! T×d4** (26. – T×e5 27. Sc6 T×e3 28. S×e7+ Kf7 29. Sc6!) **27. D×d4 T×e5 28. Dg4** Schwarz gab auf.

## ANGENOMMENES DAMENGAMBIT

### 114.

**Portisch–P. Nikolić**
**Brüssel 1988**

**1. d4 d5 2. c4 c6 3. Sf3 Sf6 4. Sc3 d×c4 5. a4 Sa6** (Der Hauptzweck dieses etwas eigenartigen Zuges besteht darin, das Feld b4 zu erobern. Was seinen Wert anbetrifft, so taucht er zeitweilig in der Turnierpraxis auf, war aber nie so populär wie das natürlichere 5. – Lf5.) **6. e4 Lg4 7. L×c4 e6 8. Le3 Lb4?!** (Obwohl dieser Zug nach 5. – Sa6 nicht logisch erscheint, halten ihn die Theoriewerke doch nicht für schlecht. Das sofortige 8. – Sb4 oder 8. – Le7, 9. – 0–0 und 10. – Sb4 ergibt dem Anziehenden ein etwas freieres Spiel.) **9. Dc2 L×f3 10. g×f3** (Schwarz hat sein Ziel teilweise erreicht: Er hat die gegnerische Bauernstruktur zerrissen. Weiß wird aber dafür durch das Läuferpaar, das starke Bauernzentrum und die offene g-Linie reichlich entschädigt.) **10. – 0–0 11. 0–0** (Auch das gewaltsame 11. Tg1 wird hier empfohlen. Portisch wählt aber eine solidere Spielweise.) **11. – c5!?** (Der charakteristische Angriff auf das weiße Zentrum.) **12. d5 L×c3** (12. – e×d5? 13. S×d5 S×d5 14. L×d5, und das weiße Läuferpaar spielt eine dominierende Rolle.) **13. b×c3 e×d5 14. Tad1 Sc7** (Der Vorschlag von Hübner. Seine taktische Begründung besteht darin, daß 15. L×c5 Te8 16. e×d5 von 16. – Te5! mit beiderseitigen Chancen gefolgt wäre. In der Partie Hübner – Smyslow, Tilburg 1979, geschah 14. – Dc8?! 15. e×d5 Dh3?! 16. Tb1 D×f3 17. Le2 Dh3 18. T×b7 +–.) **15. e×d5** (Eine einfache und natürliche Antwort, die den Nachziehenden vor eine schwere Aufgabe stellt.) **15. – Sd7!** (Beugt der Fesselung Lg5 vor und schafft der Dame Platz, um zum Feld f6 zu gelangen. Im folgenden bemüht sich Schwarz, auf dem Feld d6 eine blockierende Figur zu plazieren. 15. – Dd6 16. D×f5 g6 17. Lf4!) **16. Le2!** (Ein guter, praktischer Zug. Er bricht einer eventuellen Erwiderung Se5 rechzeitig die Giftzähne aus und ermöglicht c3–c4 oder f3–f4 und Lf3.) **16. – Df6 17. Kh1! Se8?** (Unter positionellem Aspekt spielt Nikolić zweifellos folgerichtig, aber dieses Manöver ist praktisch zu langsam.

Weiß kommt auf der g-Linie früher zum Zug. 17. – Tfe8!) **18. Tg1 g6 19. d6!** (Behindert die Blockade auf diesem Feld. Es droht 20. Lg5 nebst 21. Le7.) **19. – De5 20. f4 Df6 21. f5 Sg7 22. Ld3** (Der weiße Druck verstärkt sich kontinuierlich) **22. – De5 23. Tg5! c4?!** (Ein verzweifelter Versuch zur kombinatorischen Lösung der sich häufenden Probleme. Auf 23. – Df6 wäre 24. Tdg1, auf 23. – De8 aber 24. Db3! freilich sehr stark.) **24. L×c4 S×f5**

**25. T×f5!**
Dieser elegante Schluß setzt der Spielführung von Portisch die Krone auf.
**25. – D×f5 26. D×f5 g×f5 27. Ld4!** (Die Pointe der Kombination. Der Angriff von Weiß schlägt sogar mit einer Qualität weniger und auch ohne Dame durch. Viel schwächer war 27. Tg1+ Kh8 28. Ld4+ f6.) **27. – Tfc8** (27. – h5 28. Tg1+ Kh7 29. Ld3 +–) **28. Tg1+ Kf8 29. Ld5** (Weiß braucht sich nicht zu beeilen. 30. L×b7 ist nur eine der Drohungen.) **29. – Tab8 30. Tg7**
Schwarz gab auf.

# VERZEICHNIS DER ERÖFFNUNGEN

(*Zahl* = Partienummer)

# VERZEICHNIS DER PARTIEN

Zahl = Partienummer
Fettgedruckt = Portisch war Anziehender

# INHALT